KB138853

지혜로운 교사는
교실 속 문제를
어떻게 해결하는가

지혜로운 교사는
교실 속 문제를
어떻게 해결하는가

초판 1쇄 발행 2021년 12월 31일
초판 3쇄 발행 2023년 6월 10일

지은이 황덕현, 고영규, 왕건환, 이상우, 이영기, 홍경은
펴낸이 이형세
펴낸곳 테크빌교육(주)
편집 옥귀희 | **디자인** 곰곰사무소 | **제작** | 제이오엘엔피
주소 서울시 강남구 언주로 551, 프라자빌딩 5층/8층 | **전화** (02)3442-7783(333)

ISBN 979-11-6346-141-8 03370

책값은 뒤표지에 있습니다.

테크빌 교육 채널에서 교육 정보와 다양한 영상 자료, 이벤트를 만나세요!
블로그 blog.naver.com/njoyschoolbooks   **페이스북** facebook.com./njoyschool79
티처빌 teacherville.co.kr   **클래스메이커** classmaker.teacherville.co.kr
쌤동네 ssam.teacherville.co.kr   **티처몰** shop.teacherville.co.kr

지혜로운 교사는 교실 속 문제를 어떻게 해결하는가

황덕현, 고영규, 왕건환, 이상우, 이영기, 홍경은 지음

테크빌교육

추천의 말

우리 교육에 대한 희망과 믿음

선생님들이 《지혜로운 교사는 교실 속 문제를 어떻게 해결하는가》를 처음 기획하는 단계부터 각자 원고를 쓰고 그 원고를 검토하고 협의하는 모든 과정을 지켜보면서 제 마음이 너무 아프고 슬프고 안타까웠습니다. 교육 현장이 다양한 방면에서 침해를 받고, 그 과정에서 교원들의 교육활동은 물론 교권과 인권마저 침해당하고 있음을 생생하게 느낄 수 있었기 때문입니다. 하지만 동시에 우리 교육에 대한 희망과 믿음도 가질 수 있었습니다. 선생님 한 분 한 분이 교육 현장에서 맞닥뜨리는 수많은 문제에 슬기롭게 대응하고 극복해 온 경험과 지식과 지혜를 이 책을 통해 많은 동료 선생님들과 나누려는 마음을 확인할 수 있었기 때문입니다. 이 땅의 교육 현장을 지키는 많은 초등 교원들이 선생님들의 마음이 담긴 이 책을 잘 활용할 수 있기를 바랍니다. 이 책은 한 번 주어진 삶을 초등교사로 행복하게 살아가기로 선택한 모든 선생님들에게 좋은 벗과 같이 많은 도움을 줄 것입니다.

이주영 어린이문화연대 대표

우리의 문제는 현장에 답이 있다

《지혜로운 교사는 교실 속 문제를 어떻게 해결하는가》는 고사성어 '우문현답'을 떠오르게 하는 책이다. 학교 현장에서 학생들과 교감하며 소통, 철학, 고민으로 행복한 학급운영에 성공하기를 바라는 여섯 교사의 '우문현답'의 노력이 고스란히 녹아 있기 때문이다. 교사들이 학교 현장에서 마주치는 학생이나 학부모, 때로는 교원 간의 갈등 사례 56가지를 유형별로 나누어 치밀하게 분석하고 나름의 해법을 제시하고 있다. 또한 딱딱한 매뉴얼이 아닌 현장 교사의 시각에서 담담하게 해결방안을 풀어냄으로써 마치 동료 교사와 상담하는 듯한 구성이라 더욱 돋보인다. 교사를 꿈꾸는 예비 교사나 신규 교사는 물론이고 경력 교사와 교감, 교장 등 관리직 교원까지, 교육 현장에 있는 교원이라면 누구에게나 이 책이 훌륭한 길잡이 역할을 해 줄 것이다.

백정흠 서울특별시강서양천교육지원청 교육장

밤잠을 설쳐 가며 고민해도 풀리지 않던 그 문제들의 해결법

《지혜로운 교사는 교실 속 문제를 어떻게 해결하는가》는 교직생활 중에 당면하게 되는 다양한 문제들을 사례를 통해 현실감 있게 보여 준다. 그리고 밤잠을 설쳐 가며 고민해도, 각종 도서를 탐독해도, 상담을 받아도 해결하기 어려웠던 문제의 원인과 그 해결방안을 현장 경험

과 관련 도서 등을 바탕으로 명쾌하고 명료하게 기술함으로써 이를 쉽고 편안하게 이해하고 적용할 수 있도록 안내한다. 이 책은 진정한 교직생활 가이드북으로서 교육 현장의 다양한 문제들을 이해하고 해결하는 데, 또 학급경영 능력을 배양하여 행복한 교육활동을 실현하는 데 큰 도움이 될 것이라고 믿는다. 학교 현장에 대한 이해를 높이고 원만하고 성공적이면서 행복한 교직생활을 꿈꾸는 예비 교사, 유·초등 교사들에게 이 책을 적극 추천한다.

김영식 서울특별시교육청교육연수원 초등교원연수부장

매년 성장여행을 같이하는 교사와 학생을 위하여

경험이 많은 전문가 선생님들이 뭉쳐 교육 현장에서 자주 만나는 여러 문제를 분야별, 사례별로 소개하고, 이를 쉽게 해결할 수 있도록 방향성을 제시하는 훌륭한 길라잡이 《지혜로운 교사는 교실 속 문제를 어떻게 해결하는가》가 탄생한 것을 가슴 깊이 고맙게 생각합니다. 40여 년이 넘는 교직생활을 뒤돌아보니 교사와 학생은 매년 성장여행을 하고 있다는 생각이 듭니다. 그런데 행복하고 즐거워야 할 성장여행이 갈수록 복잡하고 다양한 변수들로 인해 어려움이 많아지고 있습니다. 어려워져 가는 교사의 성장여행에 이 책이 훌륭한 나침판이 될 것이라 확신하며 강력하게 추천합니다.

조옥진 서울노일초등학교교장

지혜로운 교사의 기본 소양을 위한 필독서

많은 교사들이 학급운영과 교수-학습을 잘하면 될 거라고 생각합니다. 하지만 생활부장으로 3년, 학교폭력 업무 담당으로 8년을 일하면서, 교사는 어떤 문제가 생겼을 때 그것을 잘 해결하는 것도 중요하다는 생각이 들었습니다. 사실 그런 문제들은 상당히 많이 일어나고 그것이 교사에게 큰 영향을 미치기 때문입니다.

학부모와의 소통 부족이나 과도한 민원은 선생님들의 열정을 식게 만들고, 동료 교사와의 갈등은 교육활동을 위축되게 만듭니다. 국민신문고 민원이나 아동학대 신고와 같은 심각한 민원과 소송은 큰 트라우마를 남기고, 병이 생기거나 학교를 떠나게 되는 원인이 되기도 합니다.

이 책《지혜로운 교사는 교실 속 문제를 어떻게 해결하는가》는 초등교육의 기본이 되는 학급운영과 생활교육뿐 아니라 교권침해, 학부모 관계 문제, 교직원 간의 갈등, 그리고 민원과 소송 같은 법률 대응에 대해서도 자세히 알려 줍니다. 교사에게 이런 문제가 생겼을 때는 물론이고 예방하는 데에도 큰 도움이 될 것입니다. 법적인 문제해결 능력이 기본 소양이 된 시대의 필독서입니다.

정유진 사람과교육연구소장

교사들을 역동적인 교육 현장 한가운데로 안내하며

교사를 희망하는 많은 예비 교사들이 기대하고 꿈꾸는 학교의 모습과 교사의 역할이 실제와 어느 정도 일치할까요? 2021년을 사는 교사들은 역동적인 교육 현장의 변화 속에서 예측하지 못했던 일들을 만나고 해결하며 교사의 역할을 훌륭히 수행해야 하는 현실 앞에 서 있습니다.

《지혜로운 교사는 교실 속 문제를 어떻게 해결하는가》는 교직 이

론서에서 배우지 못하는 실제 학교 현장의 문제 상황과 6명의 훌륭한 교사들의 경험과 노하우가 담긴 솔루션을 제공합니다. 이는 예비 교사들이 능동적인 문제해결 역량과 유연한 대처 역량을 함양하는 데 매우 유용하게 쓰일 것이라고 확신합니다. 또한 현직 교사들에게는 유사한 상황에서 문제를 해결하는 동안 훌륭한 길잡이 역할을 해 줄 것이라고 기대합니다.

김보경 서울여자간호대학교 교직과 교수

교육 현장의 선생님들에게 큰 힘이 되기를

가정교육과 부모교육의 부재로 학교 현장에서 일어나는 여러 가지 문제들, 그 뒷감당을 하느라 우리 선생님들이 얼마나 힘든지 모릅니다. 코로나19까지 덮친 지난 2년 동안 묵묵히 어려움을 헤쳐 가는 선생님들이 있어, 보이지 않는 곳을 지키는 선생님들의 헌신, 사랑, 열정, 목적의식이 있어 제 가슴이 뭉클합니다. 아이들의 손을 따뜻하게 잡아 주는 선생님 한 분, 한 분이 바로 이 나라의 '교육의병'이라고 생각합니다. 이 책《지혜로운 교사는 교실 속 문제를 어떻게 해결하는가》를 통해 소중한 교육 현장의 선생님들이 큰 힘을 얻을 수 있기를 바랍니다.

6명의 선생님들이 이렇게 귀한 작업을 묵묵히 지속해 나가는 모습이 눈물겹습니다. 늘 뒤에서 응원하겠습니다.

권영애 사람&사랑연구소 소장

초등학교를 다니는 두 아이의 아빠이자, 대치동 학원가에서 수많은 학생과 교사, 강사들의 몸과 마음을 치료하고 있는 한의사로서 예비 교사, 현직 교사는 물론 요즘 초등학교가 궁금한 모든 분에게 《지혜로운 교사는 교실 속 문제를 어떻게 해결하는가》를 강력하게 추천합니다.

교사教師란 국가에서 법령으로 정한 자격을 갖추고 학생들을 교육하고 이끌어 주는 사람입니다. 그런데 최근 교육 현장에서는 교사와 교권이 보호받지 못하는 안타까운 상황이 많이 발생합니다. 이 책은 교사들에게 필요한 학급운영 노하우, 생활교육 방법, 교권침해 예방, 학부모와의 소통, 직장으로서 학교생활, 그리고 각종 민원 및 소송에 대응하는 법 등을 총망라하고 있습니다. 각각의 주제에 대하여 실제 상황을 생생한 이야기로 들려주고 그 속에 등장하는 아이를, 학부모를, 교사를, 또 그 상황을 사회적, 심리적, 의학적인 측면에서 설명함으로써 '아, 그럴 수도 있겠구나' 하고 이해하도록 도와줍니다. 또 문제 상황에 대한 대비책, 대응방법을 친절하게 알려 줍니다. 교사로서 어려운 일이 생겼을 때 선배 교사에게 들을 수 있는 따뜻한 조언처럼 술술 읽히는 책입니다.

예비 교사와 현재 어려움을 겪고 있는 현직 교사들에게 이 책이 어려운 상황을 지혜롭게 해결해 나갈 수 있도록 돕는 길잡이가 되어 주리라 확신합니다.

박재현 대치동 경희바름한의원장

사막의 오아시스처럼《지혜로운 교사는 교실 속 문제를 어떻게 해결하는가》는 교사에게 단비 같은 책입니다. 순우리말인 단비의 사전적 의미는 '꼭 필요한 때 알맞게 내리는 비'입니다. 가뭄으로 힘든 시기를 견디는 농부에게 단비는 최고의 선물이자 명약입니다. 학교에서 여러 가지 문제로 힘든 시간을 견디고 있는 여러 선생님에게 이 책은 최고의 선물이자 명약인 동시에 '단번에 여럿을 구하는 비법'을 담은 단비도 될 것입니다.

저는 담임교사와 교과전담교사 두 가지를 모두 경험한 후에야 양쪽의 입장을 온전히 이해할 수 있었습니다. 덕분에 학교에 대해서도 이전과는 다른 관점에서 생각할 기회를 가질 수 있었습니다. 책에 수록된 다양한 사례에는 학교에서 어려움을 겪다 지친 선생님들에게 용기와 힘을 주는 지혜가 담겨 있습니다. 초·중·고등학교에 재직 중인 많은 선생님들이 이 책을 통해 다양한 관점에서 학교에 대해 생각해 볼 기회와 어려움에 직면할 때 슬기롭게 헤쳐 나갈 지혜를 얻을 수 있기를 바랍니다.

류혜원 청주 개신초등학교 교사

교육청 교권전담 변호사로 시작하여 학교 관련 분쟁을 맡아 일하면서 선생님, 학생, 학교생활을 지켜본 지도 10년이 되어 갑니다. 예전과 달리 서로 간의 믿음과 신뢰보다는 법률을 통해 문제를 해결하다 보니 소신껏 애쓰고 마음 쓴 부분들이 오히려 문제가 되어 힘들어하고 두려움에 위축되는 선생님들의 모습을 종종 보게 됩니다. 정말 안타깝습니다.

《지혜로운 교사는 교실 속 문제를 어떻게 해결하는가》는 이런 저의 안타까움을 덜어 줄 소중한 책입니다. 교사의 교육활동 보호를 위한 법률적 지식을 선생님들이 한 번쯤 경험했을 다양한 사례와 접목하여 꼭 필요한 예방과 대응책을 제안합니다. 교사로서의 사명감을 지킬 수 있도록 도와줄 중요한 정보들이 담긴 이 책이 선생님들께 많은 도움이 되기를 바랍니다.

이나연 교사노조연맹 자문 변호사(법무법인 공간)

나의 목표는 '웃음꽃이 피는 학급'

'웃음꽃이 피는 학급'. 이것은 변함없는 저의 학급목표입니다. 매년 학기 초가 되면 아이들이 어떻게 하면 즐겁게 학교생활을 할 수 있을지 고민에 고민을 거듭하지만 학급운영과 생활교육은 늘 어렵기만 합니다. 이 책을 통해 교직생활을 하면서 겪을 수밖에 없는 다양한 문제들에 대해 여섯 선배 교사들로부터 실질적인 조언을 들을 수 있어서 너무 반가웠습니다. 덕분에 제가 초임교사 시절 느꼈던 학급운영에 대한 자신감을 다시 회복할 수 있었습니다. 이 책은 56가지 문제 상황들과 그에 대한 실질적인 대처법과 해결책을 잘 정리해 줍니다. 학급운영과 생활교육에 대한 고민으로 지친 교사, 해답을 찾기 어려운 학생 문제에 당면한 교사 혹은 그러한 상황을 미리 생각해 보려는 교사에게 이 책《지혜로운 교사는 교실 속 문제를 어떻게 해결하는가》는 분명 큰 도움이 될 것입니다.

전찬영 서울중평초등학교 교사

교직이 처음인 신규 교사라면, 그리고 스스로 잘하고 있는지 돌아보는 교사라면 꼭 읽어야 할 책! 초등교사로서 언제든지 겪을 수 있는 어려움과 그 해결방안, 그리고 따뜻한 위로까지 담겨 있다.

《지혜로운 교사는 교실 속 문제를 어떻게 해결하는가》는 교사이기에 알 수 있는 다양한 문제들과 전문적인 조언을 함께 제시한다는 점에서 특별하다. 단순히 선생님이니까 학생을 사랑해야지 하는 수준을 넘어 어떻게 학생과 관계를 맺고, 어떻게 학생 주변의 여러 문제를 해결해야 하는지를 알려 준다. 마치 동료 교사들과 이야기하듯 편안하게 읽다 보면, 어느새 고민 해결! 책장에 꽂아 두고 마음이 어려울 때마다 꺼내 보기 좋은 책이다.

정온 전국초등교사노동조합 위원장

《지혜로운 교사는 교실 속 문제를 어떻게 해결하는가》는 그 제목처럼 학교 현장의 선생님들이 이런저런 문제로 힘들거나 궁금한 것이 있을 때 편하게 꺼내 볼 만한 책입니다. 학생과 학부모와의 신뢰 형성, 학급운영 방법과 같은 기본에서 시작하는 책이라서 더욱 믿음직합니다. 노동조합에서 일하는 사람이다 보니 현장에서 마주할 수밖에 없는 어려운 상황들, 특히 선생님들을 당황하게 만드는 다양한 교권 침해 상황들에 대해 실질적 조언을 얻을 수 있다는 장점이 크게 다가옵니다.

이 책이 선생님들이 성장을 위해 내딛는 발걸음에 힘을 더해 줄 도움닫기의 역할을 톡톡히 할 것이라고 자신 있게 추천합니다.

김희성 전국초등교사노동조합 수석부위원장

신규 교사라면 반드시 챙겨야 할 책

2019년 '교사의 소진 예방과 치유'라는 주제로 처음 강의를 한 것은 서울 성북교육지원청이었습니다. 그후 같은 주제로 경북, 충북, 경기도에 이어 부산에서도 강의를 했고, 최근에는 한 연수원에서 신규 교사 추수 연수를 해 달라는 요청을 받았습니다.

흔히 꽃길을 걷고 있으리라 생각하는 신규 교사에게 소진이 문제가 된다니 믿기 어려울 것입니다. 가시밭길 같은 과정을 통해 임용에 성공하고도 여러 가지 난관에 부딪혀 첫해에 교직을 그만두는 비율이 점점 높아지는 추세입니다. 많은 신규 교사들이 《지혜로운 교사는 교실 속 문제를 어떻게 해결하는가》를 읽으며 그 난관을 이겨낼 수 있겠다는 생각이 들었습니다. 건강한 교직생활을 위한 보약을 미리 챙길 수 있기를 바랍니다.

송형호 서울시교육청 생활교육 정책자문관

교직은 아마 그 어떤 직종보다도 대면 업무가 많을 것입니다. 대면 업무가 많으면 정말 기상천외한 사람들을 많이 만나기 마련입니다. 그중에는 학생이나 학부모만 있는 것이 아닙니다. 동학년 교사, 관리자 중에도 왜 저럴까 싶은 사람들이 있으니까요.

많은 선생님들이 지나치게 착합니다. 이는 긍정적인 의미인 듯하지만 실은 부정적인 의미도 있습니다. '저 사람이 나에게 왜 그럴까? 혹시 내가 무슨 잘못을 한 건 아닐까?' 하는 의문을 시작으로 선생님의 머릿속에서는 이상한 망상이 번지다 최악의 결론에 이르곤 하기 때문입니다. 그렇게 부정적 생각이 슬금슬금 선생님의 정신을 갉아먹기 시작합니다.

이상한 사람은 이유가 없습니다. 선생님은 묻지 마 폭행, 교통사고를 당한 겁니다. 이상한 사람에게 휘둘린 후, 자신을 지나치게 책망하면 안 됩니다. 다시 강조합니다. 어떤 사람이 선생님에게 악의를 가지고 온갖 민원을 올리고 하더라도 최대한 방어적으로 넘기는 것이 좋습니다.

선생님은 사안에 대해 수용하고 지혜롭게 이겨내는 방법을 찾아야 합니다. '커피 한 잔 마시고 고개 한 번 숙이고 치울 수 있는 일은 치워라. 단, 법률적으로 오해가 생기면 적극 방어해라'라는 말을 꼭 기억하기 바랍니다.

고영규

저는 신규 교사 시절을 학교와 현실에 대한 분노로 살았습니다. '저런 선배 교사는 되지 말아야지' 하면서 후배 교사들과 인터넷, SNS를 통해 소통하다 보니 좋은 선생님들을 많이 만나 서로 배우고 나눌 수 있었습니다. 그러던 중 가깝게 지내던 후배 교사 두 명이 연달아 스스로 세상을 버리는 일이 생겼습니다.

세상을 버릴 만큼 아프고 괴로운 교사가 있다면, 마지막 선택을 앞둔 교사들은 훨씬 많다고 생각했습니다. 그리고 그 교사가 가르치는 학생들도 적지 않은 영향을 받을 거라고 생각했습니다.

몸과 마음, 어디든 아프지 않은 교사를 찾기가 힘듭니다. 저 역시 그렇습니다. 그러다 보니 신규 교사 시절 분노하던 '저런 선배 교사'의 모습을 저에게서 발견하게 되었습니다. 그렇게 그분들을 이해할 수 있게 되었지만, 이대로 있을 수는 없었습니다. 자신도 모르게 '저런 선배 교사'가 되게 만드는 악순환을 끊고 싶었습니다. 그래서 도움이 될 만한 경험과 생각들을 짬짬이 글로 정리했습니다.

초등교사를 만나 결혼한 후로는 아내가 근무하기 좋은 초등교육 환경을 만드는 것이 무엇보다 중요한 삶의 목표가 되었습니다. 아내를 비롯하여 많은 선생님들에게《지혜로운 교사는 교실 속 문제를 어떻게 해결하는가》가 좋은 선물이 되면 좋겠습니다.

왕건환

학생 상담과 생활지도, 학교폭력, 학부모 상담에 대해 오랫동안 연구하면서 이제는 나도 웬만큼 교육 전문가가 되었다고 자부하는 마음이 있었습니다. 그러던 중 현장에서 수많은 관계 문제와 법적 다툼으로 고생하는 선생님들을 그대로 보고만 있어서는 안 되겠다는 황덕현 선생님의 이야기에 제 경험과 지식을 보태고 싶었습니다. 뜻있는 초중고등학교 선생님을 만나 함께《지혜로운 교사는 교실 속 문제를 어떻게 해결하는가》를 만드는 과정은 제게 무척 귀한 경험이었습니다. 이미 몇 권의 공저를 출간한 왕건환 선생님을 여기서 또 만날 줄은 몰랐습니다. 이영기 교장 선생님과 같이 작업한 것도 새로운 경험이었습니다. 저는 아직 1학년을 맡아 보지 않았는데 홍경은 선생님을 통해 세심하고 실제적인 1학년 학급운영 기법을 알 수 있게 된 것도 기뻤습니다.

처음에는 선생님들에게 어떤 영역에서 도움을 드릴까 고민했습니다. 선생님들과 줌으로 협의하고 직접 만나고 단톡방에서 수개월을 함께하며 원고를 다 썼을 무렵, 되돌아보니 오히려 제가 모르던 영역을 새롭게 배우고 그동안 알고 있다고 생각했던 영역을 다른 관점에서 이해할 수 있었습니다. 남을 돕는 길이 나를 돕는 길이 되고, 남을 가르치기 위해 애쓰다 보니 어느새 내가 배우고 성장할 수 있어서 행복했습니다. 이 책을 읽는 선생님들도 같은 경험을 하기를 소망합니다.

이상우

요즘 학교는 '피로 사회'입니다. 교사, 학생, 학부모, 지역사회 모두 제각각 자신의 입장에서 불만을 토로하고 비판하는 일이 많습니다. 자기가 원하는 대로 성과가 나오지 않을 때 상대를 탓하기 때문입니다. 성과 사회가 좋아하는 '능률, 자율, 실적, 성공률, 자기주도'라는 말은 좋게 보이지만, 그 이면을 보면 우리로 하여금 스스로를 옥죄고 피로하게 만듭니다. 스스로 자기를 희생하며 능률을 올리고 실적을 거두지만 결국은 자신을 망가뜨리는 우울한 사회, 이것은 교사, 학생, 학부모, 지역사회 모두가 원하는 것은 아닙니다.

우리에게는 우리의 모습을 되돌아보는 사색적인 삶, 성과를 생각하지 않고 멍 때릴 수 있는 무위의 삶, 일을 생각하지 않는 휴식의 삶, 너와 내가 다르지 않음을 인지하는 역지사지의 삶이 필요합니다. 모두 행복한 나의 삶을 위해 필요한 것들입니다. 그리고 이는 더불어 살아가는 관계 속에서 서로 만족감을 주는 삶을 영위하게 할 것입니다.

학생에겐 누구나 꿈과 재능이 있어 배움이 즐거워야 하고, 선생님은 자율과 존중을 바탕으로 한 긍지와 보람으로 교육 열정을 펼칠 수 있어야 합니다. 또 학부모, 지역사회는 소통, 공감, 협력으로 서로 상생하는 교육공동체가 되어야 합니다. 이 책의 사례가 지기지피知己知彼하는 데 도움이 되어 교사뿐만 아니라 교육공동체 전체가 행복했으면 합니다.

이영기

사람들은 흔히 교직에 대해 5시 전에 퇴근할 수 있는 것은 물론 기나긴 방학까지 있어서 시간도 많고 여유로울 거라고 생각합니다. 공문에 허덕이고 학부모 민원에 시달리고 화장실도 짬을 내어 가고 점심도 편히 먹지 못하는 일상이나 학생들의 아우성 속에 생활해야 하고 방학 중에도 각종 연수, 캠프 등으로 바쁜 현실은 알지 못한 채 말입니다. 그 모습이 마치 한가로워 보이지만 아무도 보지 않는 발은 물 속에서 아주 바삐 움직여야만 하는 백조 같습니다.

백조를 지켜보는 사람들은 수면 아래의 바쁨은 모르고 이러쿵저러쿵 말이 많습니다. 그리고 가끔 '사안' 또는 '문제'라는 돌을 던지기도 하지요. 그 돌은 언제 어디서 날아올지 예측하기 어렵습니다. 학교에서도 시기와 내용을 예측하기 어려운 다양한 문제들이 일어납니다. 갑작스럽게 문제 상황을 맞은 교사는 당황하여 결국 실수하게 됩니다. 그 실수는 때론 교사에게 상처를 남기고, 그 상처는 고스란히 교사 개인의 몫이 됩니다. 오늘의 내가 상처받지 않았다 하여 내일의 내가 상처받지 말라는 법은 없습니다.

《지혜로운 교사는 교실 속 문제를 어떻게 해결하는가》가 이런 다양한 사안 혹은 문제를 예방하고 해결하는 데 도움이 되기를 바라며 용기 내어 글을 썼습니다. 백조가 된 것은 어쩔 수 없으니, 상처받지 않는 백조가 될 수 있기를 소망하면서 말입니다. 이 책이 저의 작은 소망을 이루는 데 소중하게 쓰이기를 원합니다. 감사합니다.

홍경은

꿈꾸던 일이 현실이 되었습니다. 책을 만들고 싶었습니다. 컴컴한

밤에 저 멀리 켜진 등불이 있어 조심조심 찾아갈 수 있는 용기를 주는 책입니다. 초등교사가 겪는 어려움을 해결할 수 있도록 도와주는 백과사전 같은 글을 쓰고 싶다는 무모한 욕심을 냈습니다. 그래서 혼자 쓰려는 마음을 접고 다섯 분의 선생님과 함께 고민하고 경험한 이야기를 정리했습니다. 교직 경험의 차이는 있지만, 어떻게 하면 학교생활의 어려움을 헤쳐 나갈까 하는 고민은 같았습니다. 그 결과인 이 책이 같은 길을 걷고 있는 우리들의 희망을 확인하는 마중물이 되길 바랍니다.

황덕현

머리말

초등교사의 삶을 생각합니다. 초롱초롱한 눈망울로 선생님의 이야기에 머리를 끄덕이며 삶의 지혜를 배우는 아이들, 그 아이들이 스승과 제자 사이에 정情을 느끼며 배움의 기쁨을 경험하는 교실을 꿈꿉니다.

교사는 학교라는 울타리 안에서 사람과 사람의 관계 속에서 살아갑니다. 학교는 교사와 학생, 교사와 학부모, 교사와 관리자 및 동료 교사들의 관계 맺음 속에서 학생의 바람직한 성장을 위해 존재합니다. 교사와 학생의 행복은 둘의 관계 맺음에 따라 늘어나기도 하고 줄어들기도 합니다. 교사는 학생들과 관계가 좋을 때는 '교직을 선택하길 잘했다' 하며 행복을 느끼지만, 관계가 어긋날 때는 퇴근 후까지 가슴앓이를 겪기도 합니다. 또한 학부모, 그리고 관리자 및 동료 교사와의 관계 맺음에 따라 교사에게 학교는 즐거운 직장이 되기도 하고 그렇지 않기도 합니다.

최근의 사회 분위기는 교사를 삶의 지혜를 가르치는 스승보다는 교육 서비스 공급자로 인식합니다. 그래서인지 교사 역시 교직에 대한 보람과 긍지보다 직업으로서의 역할에 만족하기도 합니다. 더구나 초등교사의 경우 학습지도, 생활지도의 전문성을 인정하지 않는 경향이 있어서 학생에 대한 적극적인 지도가 오히려 아동학대로 오해받기도 합니다. 사회가 학교를, 그리고 교사를 도움을 주려는 긍정적인 시선으로 바라보지 않고 '공교육의 위기' 또는 '학교붕괴'라는 말로 비난하며 감시의 눈초리로 바라본다는 것은 부인할 수 없는 현실입니다. 때문에 학교 현장의 교사는 정당한 권위를 상실하여 때로는 학생의 문제행동을 지도하기도 버겁습니다.

예전과 달리 교직생활이 점점 힘들어집니다. 학급당 학생 수는 많이 줄었지만, 초등학생들의 문제행동은 예전보다 훨씬 많고 복합적이어서 살펴야 할 영역이 많습니다. 또한 학부모들의 교사에 대한 요구와 기대는 더욱 다양해지고 양적으로도 급격히 증가했습니다. 그 결과 많은 교사들이 아동학대로, 교권침해로, 법률 소송으로 어려움을 겪기도 합니다.

《지혜로운 교사는 교실 속 문제를 어떻게 해결하는가》는 여섯 명의 현장 교원들이 교직생활을 하면서 겪었던 다양한 문제들을 학급운영, 생활교육, 교권침해, 학부모 관계, 교사의 학교생활, 법률 대응, 여섯 분야로 나누어 문제 상황에 따른 솔루션을 차근차근 제시했습니다. 솔루션은 저자들의 개인적인 경험과 철학을 바탕으로 한 것이니만큼 정답正答이나 정답正答이 될 수 없습니다. 초등교사들의 겪는 경험은 큰 틀에서 비슷하지만 각자의 상황은 다르기 때문입니다. 이 책이 문제 상황을 겪고 있는 선생님들이 자신의 상황에 맞는 정답定答을 만들어 가는 데 좋은 씨앗이 되기를 바랍니다.

저자들은 자신이 경험한 것을 바탕으로 초등교사 커뮤니티에 있는 수많은 사례들을 참고하여 글을 썼습니다. 가능한 범위에서 허락을 구했지만 불가능한 경우 최대한 사례를 각색하였으며 일반적으로 허용되는 수준에서 인용하였습니다. 그리고 원고를 꼼꼼하게 검토해 주신 여러 분들의 노고에 감사드립니다. 저자들의 고민과 글쓰기에 조언을 아끼지 않고 추천사까지 써 주신 분들에게도 감사드립니다. 《지혜로운 교사는 교실 속 문제를 어떻게 해결하는가》는 이 모든 분들의 도움 덕분에 세상에 나올 수 있었습니다.

저자들을 대표하여

황덕현

1. 초등교사들이 겪는 학급운영, 교권침해, 학부모 민원, 교직원 갈등과 관련하여 구체적인 사례를 제시하였습니다. '만일 나에게 저런 일이 벌어진다면 어떻게 대처할까?'에 대해 생각해 볼 수 있습니다.

2. 문제 상황에 대한 이해, 사례에 대한 원칙적인 해결방안과 더불어 실무적인 방안을 제시하였습니다. 구체적인 법률 대응 방안에 대해서는 이 책의 PART 6과 시도교육청의 예시를 참고하세요.

3. 문제 상황에 대한 솔루션에 더해 저자들의 제언을 팁으로 제시하였습니다. 교육부 및 각 시도교육청, 학교의 행정적인 대처방안도 제시하였습니다.

차례

Part 1 학급운영
행복한 학급운영은 소통, 철학, 고민에서 시작돼요 • 27

Part 2 생활교육
생활교육으로 아이들 마음에 존중과 배려를 싹 틔워요 • 79

Part 3 교권침해
학부모와 교사의 튼튼한 신뢰가 교권침해를 예방해요 • 133

Part 4 학부모 관계
학부모 민원 전성시대를 공감과 소통으로 이겨내요 • 177

Part 5 교사의 학교생활
갈등을 극복하고 함께 성장하는 학습공동체를 만들어요 • 259

Part 6 법률 대응
각종 민원과 소송, 피할 수 없다면 철저히 대비해요 • 323

Part 1
학급운영

행복한 학급운영은 소통, 철학, 고민에서 시작돼요

인터넷에서 '학급운영'을 키워드로 검색하면 300여 권의 책 목록이 주르륵 뜹니다. 교사들을 위한 다양한 교육서 중에서도 학급운영은 꽤 큰 비중을 차지합니다. 왜 그럴까요? 성공적인 학급운영이 교사들의 최고 관심사이자 정답을 찾기 어려운 영역이기 때문은 아닐까요?

훌륭한 교사의 기본은 학생과의 소통이다

'나는 어떤 교사인가?'라는 질문에 떠오르는 단어가 하나 있습니다. 바로 '기선제압'입니다. 신규 교사로 발령받은 첫해 6학년 담임을 맡았습니다. 초임 티를 내고 싶지 않았던 저는 '외형적 카리스마'가 있는 동학년 선생님을 제 멘토로 삼아 조언을 듣고는 했습니다. 멘토 선생님 반의 학생들은 담임 선생님을 '스승님'이라고 불렀고, 차분한 분위기에서 자발적으로 무언가를 열심히 했습니다.

저는 선생님의 노하우가 참으로 궁금했습니다. 그런데 알려 주신 노하우들 중 제 관심을 끈 것은 바로 등교 첫날 '올 블랙 패션'으로 학생들을 맞이한다는 것이었습니다. 긴 가죽 재킷에 장갑까지 검정색으로 준비해서 이른바 '풀 세팅'을 한 모습으로 말이죠. '아, 바로 이거구나!' 저는 바로 다음 해부터 몇 해 동안 등교 첫날 올 블랙 패션으로 아이들을 맞이했습니다. 그리고 그 때문인지 제가 맡은 반은 사건 사고 없이 일사불란하게 잘 굴러가는 듯 보였습니다.

그렇게 몇 해를 보내고 《부드러운 카리스마》라는 책을 학부모에게 선물받는 굴욕을 당하고서야 진실을 마주할 수 있었습니다. 담임교사인 저와 몇 명의 친구들만 잘 굴러간다고 생각했다는 진실을 말이죠. 당시에는 부끄럽기도 하고 분하기도 해서 누구에게 말도 못하고 혼자 속으로만 끙끙거렸습니다. 그러면서 깨달은 사실은 그 선생님에게는 '올 블랙 패션'뿐 아니라 학생을 향한 '웃음'과 학생들의 말에 귀 기울이고 선을 지켜가며 그들의 요구를 잘 수용하는 '소통'이 있었다는 것입니다. 그 시절 제 모습을 생각하면 참으로 부끄럽고 그때 담임을 맡았던 학생들에게 미안합니다.

그 후부터 저는 '학급운영을 위해 어떻게 소통하는 교사가 될 것인가?'를 항상 고민합니다. 같은 자료를 활용해도 교사의 수업방법에 따라 완전히 다른 수업이 되는 것처럼, 모두가 좋다는 학급운영 방법도 교사가 얼마만큼 학생들과 소통할 수 있는가에 따라 그 성패가 좌우되기 때문입니다.

지난해 선생님들은 코로나19로 눈코 뜰 새 없이 바빴습니다. 저 역시 제 부족함으로 인해 남부럽지 않은(?) 고생을 했습니다. 게다가 우리의 고생을 누구도 알아주지 않는 것 같아 속상하고 억울했습니다. 그런데 얼마 후 학교 선생님들 앞으로 정성스럽게 포장된 액상 커피와 쿠키가 코로나19로 고생하시는 선생님들을 위해 준비했다는 편지와 함께 배달되었습니다. 알고 보니 교장 선생님의 제자가 보낸 것이더군요. 그런데 정작 교장 선생님은 그분이 아주 모범적인 학생은 아니었다고 하셨습니다. 실은 매해 스승의 날 즈음이 되면 교장 선생님의 제자들이 보낸 호두과자며 파이 같은 선물이 배달되곤 했습니다. 그때마다 교장 선생님은 '공부, 성적, 모범적인 학교생활'과 '인생의 성공'은 별개더라는 사실을 본인의 제자들을 통해 배우게 된다며 이렇게 말씀하셨습니다.

"공부, 모범적인 태도, 리더십 등 어른들이 쉽게 칭찬하는 기준으로는 인정받을 수 없는 학생들이 사소한 일상을 존중받고 배려받는 경험을 통해 훌륭한 어른으로 자라는 경우를 많이 봤습니다. 학생들은 모두 나름의 보석을 갖고 빛날 준비를 하고 있기에 공부를 잘하는 학생이든, 체육만 잘하는 학생이든, 친구들과 수다 떨기를 행복해하는 학생이든 그 모습 그대로를 존중받아야 합니다. 어떤 모습의 학생이든 존중받고 있다는 것을 느끼게 하고 믿음으로 기다려야 합니다. 그런 마음으로 학급을 운영하면 교사도 행복해집니다. 많은 선생님이 제발 그 사실을 알았으면 좋겠습니다."

교장 선생님의 이 따뜻한 '철학'이 학생들이 자신의 보석을 찾고 성공적인 삶을 살아가게 한 원동력이 되었다고 생각합니다.

고민하는 교사가 성장한다

학급운영과 관련하여 생각해 볼 다음 단어는 '고민'입니다. 대부분 모범생으로 학교생활을 해 온 선생님들은 분명 인정받는 분위기 속에서 확신을 배우며 성장했을 것입니다. 그래서인지 소위 '문제아'를 이해하기 어렵다는 선생님들의 얘기를 종종 듣습니다. 그런데 선생님이 이해하기 어려운 그 학생이 정말 문제아일까요?

세상은 빠르게 바뀌는데 선생님들의 시계는 그 속도를 따라가기 급급합니다. 결국 그 피해는 고스란히 우리의 미래, 학생들이 감당할 수밖에 없습니다. 신념과 철학을 가지는 것은 중요하나 '업그레이드'되지 않는 신념과 철학 그리고 교육방법을 고집하는 것은 위험합니다.

절대적 가치를 지니는 것은 없습니다. 그때는 맞았던 것이 이제는 틀릴 수 있습니다.

지금 내가 교사로서 학생들에게 가르치는 지식이 절대적으로 의미있는 지식일까? 내가 하는 학급운영은 과연 바른 것일까? 나는 어떤 교사가 될 것인가? 끊임없이 고민하고 변화를 추구하여 나를 성장시킬 수 있으면 좋겠습니다.

2020 도쿄 올림픽에서 어린 선수들이 메달의 색, 획득 여부와 상관없이 자기 생각과 의견을 당당히 말하는 모습을 보며 자랑스러웠습니다. '어쩜 저리 말을 잘할까?' 생각하던 중 무릎을 탁 쳤습니다. 어쩌면 토론과 토의를 중시하고 생각과 의견을 적극적으로 표현하게 한 교육의 영향이 아닐까 하는 생각이 떠올랐기 때문입니다. 편하고 익숙한 강의식 수업에서 벗어나 미래 사회에 필요한 덕목을 교육에 접목한 토론식 수업을 하기 위해 노력했던 많은 교사가 있었기에 선수들이 그토록 멋진 소감을 이야기할 수 있지 않았나 생각했다면, 너무 큰 비약일까요?

여기에서 소개해 드리는 학급운영과 관련한 내용이 절대 정답은 아닙니다. 애초에 정답은 있을 수 없습니다. 그리고 소개해 드리는 내용보다 훨씬 훌륭한 방법으로 멋지게 학급운영 중인 선생님들도 많을 것입니다. 그럼에도 이 글을 쓰는 이유는 성공적인 학급운영을 통해 선생님들이 자존감을 높이고 행복을 느끼는 경험을 하는 데 도움이 되었으면 좋겠다고 생각하기 때문입니다. 많은 선생님이 소통, 철학, 고민으로 행복한 학급운영에 성공하기를 바랍니다.

3월 첫날, 이런 활동 어때요?

교사생활을 시작하고 여러 해가 지났지만 3월 첫날에 학생들과 무엇을 하면 좋을지 아직도 고민스럽습니다. 그냥 공부를 가르치는 것이 훨씬 수월하겠지만 첫날부터 진도를 나갈 수는 없으니까요. 얼굴도 낯설고 기질도 잘 모르는 학생들과 어떤 활동을 하면 좋을까요?

무엇이든 '처음'이 가장 어려운 것 같습니다. 3월 첫날, 학생들과의 만남도 마찬가지입니다. 학생들의 이름은 이미 알고 있지만, 그 이름을 얼굴과 연결하는 것은 이제 시작입니다. 또 2월부터 새 학기를 준비하느라 꽤 시간을 보낸 덕에 나름 익숙해졌다고 느끼던 교실이 '담임선생님은 어떤 사람일까?' 궁금해하는 학생들의 눈빛 때문인지 다시 낯설게 느껴지기도 합니다. 1학년 담임이라면 더욱 막막합니다. 그러나 급한 마음에 너무 많은 것을 시도하는 것은 바람직하지 않습니다. 첫날에는 교사 주도가 아닌 학생 주도의 한두 가지 활동을 하면서 여유를 갖고 학생들을 관찰하는 것이 좋습니다. 학생 주도 활동을 몇 가지 소개합니다.

담임편지로 선생님 소개하기

학생들에게 담임교사를 소개하는 담임편지를 나누어 주고 함께 읽습니다. 이때 학생들이 이해하기 어려운 내용이나 더 설명하고 싶은 부분이 있다면 자세히 풀어서 이야기합니다.

담임편지에는 어떤 내용을 담으면 좋을까요? 우선 자기소개와 간단한 인사입니다. 그리고 학급운영에 있어 중요한 교육철학, 학생들이 준비해야 하는 물품, 담임교사로서 공식적으로 전달하고 싶은 당부, 학생들과 1년을 보내는 다짐 등을 적습니다. 이 담임편지는 하교 후 학부모에게 전달하도록 지도합니다.

교사는 학생은 물론 학부모와도 좋은 관계를 맺어야 합니다. 담임교사를 학생보다 더 궁금해하는 학부모도 있습니다. 학부모나 학생들이 궁금해하는 '교사'를 효율적으로 알려 주는 수단이 '담임편지'입니다. 담임편지에 너무 세부적인 사항까지 담을 필요는 없습니다. 그것은 학부모 총회를 통해 안내하는 것이 더 효율적입니다.

학급을 운영하다 보면 다양한 문제가 발생합니다. 학생들은 문제 상황에서 때로는 좁은 시야로, 그리고 자기 위주로 생각하곤 합니다. 그런 생각을 학생이 학부모에게 전달하는 순간, 학부모가 자녀의 말만 믿고 교사를 오해하는 상황이 생깁니다. 오해를 줄일 수 있는 첫걸음은 학기 초 라포를 형성하는 것입니다. '라포'란 사람과 사람 사이에 만들어지는 상호 신뢰 관계를 말합니다. 라포 형성의 시작으로도 담임편지가 좋습니다. 수려하고 거창한 문장이 아니라 진심을 담은 담임편지면 됩니다.

다만 1학년 학생들은 편지를 읽는 게 어려운 아이들이 있을 수 있으니 담임편지를 나누어 주고 부모님과 함께 읽어 보도록 지도합니다. 대신 초성으로 선생님 이름 맞추기, 초성으로 선생님이 학생들에게 해 주고 싶은 말 맞추기(사랑해, 반가워 등 간단한 내용)를 통해 아이들과 친해지는 시간을 갖습니다.

친구 이름으로 빙고하기

학생들에게 빙고판 학습지를 나누어 주고 반 친구들의 이름으로 빙고게임을 합니다. 학습지는 A4용지에 빙고판 2개가 들어가도록 만드는데, 하단에 빙고판에 적을 반 친구들의 이름을 모두 적어 둡니다. 학생의 학년과 활동 시간에 따라 1줄 빙고, 3줄 빙고, 5줄 빙고 중 하나를 선택합니다. 저학년이라면 대각선을 잘 모를 수도 있으니 대각선 빙고는 과감히 제외합니다.

빙고는 25칸 빙고가 가장 일반적입니다. 학생이 25명이라면 가장 이상적이지만 만일 담임 선생님을 포함해도 25명이 되지 않는다면 교사가 당부하고 싶은 덕목(성실, 진실, 최선, 신의 등)을 추가합니다. 만일 25명이 넘는다면 게임을 2번 이상 진행해서 빙고판에 모든 친구 이름을 한 번은 꼭 적도록 안내합니다. 선생님이 학생 이름을 하나 말하면 호명된 친구가 다른 친구를 호명하며 게임을 진행합니다.

가족화 그리기 활동하기

'우리 가족' 하면 떠오르는 모습 또는 바라는 모습을 그리는 가족화 그리기 활동입니다. 가족화 그리기 학습지는 가로로 넓은 것으로 준비하고, 색연필은 학습준비물실에서 미리 대여해 옵니다.

가족화를 그리라고 하면 학생들이 '강아지를 기르는데 그려도 되나요?', '같이 살지 않지만 이모나 삼촌을 그려도 되나요?', '동생을 그리지 않아도 되나요?' 혹은 '아무것도 그리지 않아도 되나요?' 등 이런저런 질문을 합니다. 마지막 질문 말고는 모두 허용합니다. 그리고 그림을 잘 그리지 못해도 전혀 상관없다는 것과 친구 그림을 보려 하지 말고 자신의 그림에 집중할 것을 학생들에게 꼭 이야기해 주십시오. 또 친구가 보는 것이 신경 쓰인다면 가리고 그림을 그려도 괜찮다고도 이야기합니다.

그림 속 사람들이 누구인지 명칭을 적도록 하고, 시간이 여유 있다면 색칠도 합니다. 그림 그리기를 모두 마치면 학습지 뒷면에 있는 질문에 대답을 적습니다. 학생의 이름, 그림에 대한 설명 등을 간략하게 묻는 질문은 선생님이 학습지를 만들 때 미리 적어 둡니다.

학생들이 그림을 가지고 오면 교사는 그림과 질문에 대한 답변을 보고 궁금한 점이 있다면 질문하고 답변을 적어 둡니다. 그리고 아이들이 모두 하교한 후 그림을 다시 찬찬히 살펴봅니다.

제가 그림에서 보는 내용은 다음과 같습니다.

1) 그림의 크기

그림을 유난히 작게 그렸다면 자신감이 없거나 위축되어 있을 가능성이 높습니다. 그러나 단순히 그림 그리는 것이 어려워 작게 그렸을 수도 있으므로 속단해서는 안 됩니다.

2) 가족의 구도

우리 집을 그리며 벽을 그렸는지(소통과 단절의 문제), 아이와 가장 가까이 있는 가족은 누구인지(아이가 친밀감을 느끼는 가족의 존재), 가족 중 가장 크게 그린 사람과 가장 작게 그린 사람은 누구인지(가족 내 서열), 아이는 자신을 얼마만 하게 그렸는지, 가족의 표정은 어떠한지 등을 살펴봅니다.

3) 색, 모양, 아이템

가족 중 옷 색깔이나 머리 모양, 몸에 그린 아이템이 같은 가족을 찾아봅니다. 같음은 동일시를 나타냅니다.

4) 그림 자국

반복하여 그림을 지웠다 다시 그리는 친구들, 선을 짧게 나누어 그려 다소 지저분한 느낌을 주는 그림을 그리는 친구들이 있습니다. 그렇다면 마음에 불안이나 어려움, 위축감은 없는지 학기 초 자세히 살펴봅니다.

가족화 그리기 활동을 통해 교사는 학생에 대해 걱정이 많은지, 대범한지, 연필 잡기가 올바로 되어 있는지 등 여러 가지 특성을 관찰할 수 있습니다. 그리고 그림을 토대로 학생들과 간단하게 이야기를 나누며 라포를 형성할 수도 있습니다. 나아가 상담이나 학부모 총회 때 이 그림을 활용하여 학부모와 학생에 관해 이야기를 나눌 수도 있습니다. 이를 위해서는 연수나 책을 통해 그림을 활용하는 상담 공부를 미리 해 두어야 합니다. 물론 그림에 너무 큰 의미를 두는 것은 경계해야 합니다.

1학년은 아직 한글을 모르는 친구들도 있으므로 명칭 적기와 질문에 대한 답 작성하기는 하지 않습니다. 대신 학생들이 학습지를 제출할 때 교사가 필요한 질문을 하고 답을 뒷면에 적습니다. 비슷한 활동으로는 '어항 속 물고기 그림 그리기', '집 그림 그리기' 등이 있습니다.

나를 소개하기

반 친구들에게 자신을 소개하는 활동입니다. 이 활동도 미리 만들어 둔 '나를 소개하기' 학습지를 활용합니다. 선생님은 학습지를 미리 작성하여 학생들에게 예시 겸 자신을 소개하는 자료로 사용합니다.

학습지를 다 작성하면 한 사람씩 발표합니다. 이때 자신의 것을 발표하는 방법도 있지만, 친구의 학습지를 발표하는 방법도 있습니다. 후자는 3학년 이상 되어야 수월하게 진행할 수 있습니다. 친구의 학습지를 발표하면 아이들이 좀 덜 쑥스러워합니다.

삼행시를 발표할 때는 이름을 한 글자씩 강조해 읽음으로써 친구의 이름을 익힐 수 있도록 합니다. 그리고 친구의 학습지를 발표할 때는

1. 내 이름으로 3행시 짓기
○
○
○

2. 다음의 문장을 완성해 주세요.
-내가 제일 좋아하는 과목은 _____ 입니다.

-내가 제일 싫어하는 과목은 _____ 입니다.

-내가 제일 좋아하는 만화, 책, 게임, 티비프로는 _____ 입니다.
(만화, 책, 게임, 티비 프로 중 한 가지에 동그라미 표시하고 그 내용을 적어 주세요.)

-교실앞에 붙어 있는 미덕 중 지금 가장 마음에 드는 단어는 _____ 입니다.

'나를 소개하기' 학습지

2번의 문장 완성하기 주어를 '내가' 대신 '○○가'로 바꾸어 친구의 이름으로 발표합니다. 1학년에게 위 학습지의 질문은 너무 많고 어렵습니다. '오늘 아침에는 _____을 먹었습니다'처럼 쉽고 간단한 문장 1개만 발표하는 것이 좋습니다.

나와 같은 친구 찾기

'나와 같은 친구 찾기' 학습지를 활용한 활동입니다. 짜장/짬뽕, 피구/발야구, 미술/음악 중 더 좋아하는 것을 동시에 말하여 텔레파시가 통하는 친구를 찾습니다. 이를 통해 아이들은 친구와 자신의 공통점을 찾아 서로 친해질 기회를 얻습니다. 이 활동은 '나를 소개하기'

<탐정되기, 텔레파시로 너를 찾는다!>

이름 :

1. 교실을 돌아다니며 친구를 만납니다.
2. 손을 흔들며 '안녕'이라고 말하고 손을 내린 후 '내 이름은 000' 이라고 말합니다.
3. 아래의 질문 중 한 가지씩 골라 서로에게 질문합니다.
예를 들어 내가 "짜장, 짬뽕"이라고 말하고 하나, 둘, 셋을 외치면 동시에 본인이 더 좋아
하는 아이템을 대답합니다. 만일 같은 대답이 나오면 질문 옆에 서로의 이름을 적습니다.
만일 다른 아이템을 대답한다면 다른 친구를 찾아 떠납니다. 이때 바로 떠나며 안 되고 상
대방의 질문으로도 텔레파시 활동을 한 번 더 합니다. 질문 옆에 친구 이름을 적게 되면
그 질문은 통과한 것입니다. 이때, 하나의 질문 옆에 여러 명의 친구이름이 있어도 됩니
다. 한 질문으로 여러 명과 텔레파시가 통할 수도 있기 때문입니다. 단 텔파 친구 이름이
비워져 있으면 안 됩니다.

① 짜장 vs 짬뽕   텔파 친구 이름 :

② 피자 vs 치킨   텔파 친구 이름 :

③ 게임 vs 만화   텔파 친구 이름 :

④ 인스타그램 vs 페이스북   텔파 친구 이름 :

⑤ 피구 vs 발야구   텔파 친구 이름 :

⑥ 미술 vs 음악   텔파 친구 이름 :

'나와 같은 친구 찾기' 학습지

활동을 마친 후에 하면 더 좋습니다. 만일 그렇게 할 경우 나를 소개
하기 학습지는 모두 걷습니다. 그래야 학습지를 보고 하는 학생들이
생기는 것을 방지할 수 있습니다.

아이엠그라운드 모둠별 자기소개하기

아이엠그라운드는 많은 사람이 즐기는 네 박자 게임입니다. 학생들
을 4~6팀으로 나누고 팀별로 대표 학생이 나와 게임을 합니다. 대표

학생은 계속 바뀌므로 교사는 그 이름을 칠판에 적어 줍니다. 반 친구들의 이름을 익히고자 하는 것이므로 대표 학생의 이름이 여러 번 불릴 수 있도록 충분한 시간을 가지고 게임을 하는 것이 좋습니다. 예를 들어 하루에 한 명씩 대표 학생이 되어 게임을 하도록 며칠 동안 진행하는 것도 좋은 방법입니다.

1학년에게는 어려운 게임이므로 네 박자에 맞추어 손동작을 연습하고 마지막 박자에 자신의 이름을 한 번씩 말하도록 변화를 줍니다. 혹시 아이들이 너무 잘하면 박자에 맞춰 이름을 여러 번 말하는 활동도 해 봅니다. 반대로 6학년은 네 박자가 쉽다고 할 수 있으므로 여덟 박자 게임으로 업그레이드하고, 대부분의 친구가 서로 이름을 알 확률이 높으므로 대표 학생을 자주 바꿔 하루에 게임을 마무리해도 됩니다.

일인일역 정하기, 학급 임원 선거

학교는 개학 당일을 제외하고는 바로 정상 수업입니다. 따라서 일인일역은 첫날 뽑는 것이 좋습니다.

칠판에 필요한 일인일역을 모두 적고 원하는 역할에 손을 들도록 해서 정합니다. 이때 하나의 역할에 너무 많은 학생이 지원한다면 그 역할은 일단 넘어갑니다. 인기 많은 역할을 미리 정하면 그 역할에서 떨어진 학생들이 다른 역할에도 계속 도전하게 되어 '선량한 피해자'가 발생할 수 있기 때문입니다. 이렇게 인기 역할을 제외한 일인일역을 모두 정한 후 인기 역할은 가위바위보로 결정합니다. 이때 모든 학생은 단 하나의 역할에만 지원할 수 있습니다. 인기 있는 칠판 닦기에서 떨어지고 다시 인기 있는 우유 당번에 도전할 수는 없는 것입니다.

학급 임원 선거는 민감한 사항이므로 학생들에게 되도록 빠르고 정확하게 선거 관련 정보를 안내해 주어야 합니다.

3월 첫날 할 수 있는 활동 몇 가지를 소개했습니다. 마음 편하게 실행할 수 있는 활동들로 새 학기 첫 단추를 바르게 끼우는 데 도움이 되기를 바랍니다.

Tip

1. 학급운영 노트를 준비해 작성하는 것도 큰 도움이 됩니다.
2. 개학식 날 많이 하는 활동으로 하얀 거짓말 토론 '진진가 게임'도 있습니다.
3. 3월 한 달은 진도보다 아이들을 파악하는 것에 중점을 두어야 합니다. 무조건 학생들의 이야기를 많이 듣고 많이 관찰하세요. 그래야 교실에서 교사만 모르는 일이 발생하지 않습니다.

교사는 오케스트라의 지휘자입니다

교사가 되려고 준비하는 과정에서 제가 가장 신경 썼던 것은 '가르치는 방법'이었습니다. 그런데 막상 교사가 되고 보니 교과목을 가르치는 일보다 학급을 운영하는 일이 점점 더 어렵게 느껴집니다. 옆 반을 보면 척척 잘 돌아가는 것 같은데, 저는 허둥지둥 하루하루 버텨 내는 데 급급한 모양새입니다. 그래서 학교에 오는 것이 괴로울 때도 있습니다. 어떻게 하면 좋을까요?

한 교장 선생님이 교감의 역할을 오케스트라 지휘자에 비유하는 것을 들은 적이 있습니다. 그런데 저는 교사야말로 지휘자 같아야 한다고 생각합니다. 지휘자가 각 악기의 음색과 연주할 악보를 정확히 이해하고 곡을 잘 표현할 방법을 찾아 모든 악기가 잘 어우러진 아름다운 음악을 완성해야 하듯이, 교사는 각 학생의 특징과 교육과정을 정확히 이해하고 학생들에게 적용할 수 있는 방법을 연구하여 학생들이 교육목표에 다다를 수 있도록 이끌어야 합니다.

교사가 제 역할을 잘하기 위해서는 학년 교육과정의 이해, 학생 개개인의 특징 파악, 수업방법의 연구, 세 가지가 반드시 필요합니다.

이 중 '학년 교육과정의 이해'는 대학에서 공부를 시작한 후부터 교사생활을 하는 지금까지 꾸준히 누적되었기에 아주 어렵지 않습니다. 물론 교육과정 개정과 조금씩 변하는 교과서를 분석하는 것이 쉬운 일은 아닙니다. 게다가 창체와 범교과학습까지 가르치려면 여간 복잡한 일이 아닙니다. 그래도 '학생 개개인의 특징 파악', '수업방법의 연구'보다는 변동성이 덜하다고 볼 수 있습니다. 여기서 수업방법이란 교과목뿐 아니라 창체시간의 운영도 포함됩니다.

이렇게 교육과정을 이해하고 학생의 특징을 파악하고 수업방법을 연구하여 적용하는 총체적인 모든 것이 학급운영이라고 생각합니다. 학급운영이 잘 이루어지면 시계의 톱니바퀴처럼 학생과 학생, 학생과 교사, 교사와 학부모의 관계가 잘 맞물려 돌아갑니다. 그리고 교사는 심리적으로 편안하고 행복한 학교생활을 할 수 있습니다.

행복한 학교생활을 위해 학급운영을 좀 더 구체적으로 '학습습관 형성 지도방법', '생활습관 형성 지도방법', '인적 환경 구성방법', '창체시간 활용방법'으로 나누어 이야기해 보겠습니다. 선생님들의 노하우를 정리하는 데 도움이 되기를 바랍니다.

학습습관 형성 지도방법

다음은 1885년 헤르만 에빙하우스가 연구한 자연적인 망각에 대한 지수를 그래프로 나타낸 것입니다. 흔히 망각곡선이라고 하지요. 망각곡선을 기반으로 한 다양한 연구에 따르면 같은 내용을 한 번 보는 것과 두 번 보는 것은 기억되는 양에 큰 차이를 보이고, 복습시간이 빠를수록 훨씬 더 많이 그리고 잘 기억한다고 합니다. 또 자신만의 언어로 정리하여 되새김질하면 더 효과적으로 기억할 수 있습니다. 따라서 수업이 끝나는 즉시 중요한 학습의 내용을 자신의 말로 정리하는 학습노트의 활용은 매우 의미 있는 활동입니다. 이를 통해 복습은 물론 배운 내용을 스스로 정리하며 자기주도적 학습력과 종합적 사고력을 함께 기를 수 있기 때문입니다.

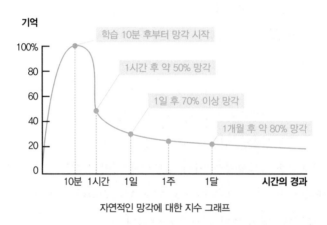

자연적인 망각에 대한 지수 그래프

1) 학습노트 활용

제가 사용하는 학습노트 활용법은 표나 마인드맵, 코넬노트 정리법을 활용하는 방법입니다.

꼭 기억해야 하는 것은 학습노트 정리를 위해 쉬는 시간을 사용하지 않는 것입니다. 왜냐하면 학생들이 불만을 품어 담임교사와 마찰을 일으키거나 노트 정리를 대충할 수 있기 때문입니다. 따라서 수업을 5~10분 정도 일찍 끝날 수 있게 설계하고 그 시간을 활용하여 노

표나 마인드맵을 활용한 노트 정리　　　　　코넬노트 정리법을 활용한 노트 정리

트를 정리할 수 있도록 합니다. 일찍 끝내는 것이 여의치 않을 때는 노트 정리를 다른 시간에 하는 것이 쉬는 시간을 사용하는 것보다 더 낫습니다.

2) 게임을 활용한 수업

수업에 게임을 자주 활용합니다. 단원이 끝날 때마다 '모둠별 점수 게임'을 하고 수학시간에는 시작할 때마다 수 카드를 들고 '사칙연산 연습 게임'을 합니다. 이때 '시간단축'이라는 목표를 두고 진행하면 몰입도가 높아집니다. 더불어 '카드로 마피아 찾기', '진화게임', '몸으로 설명해요', '그림으로 설명해요' 등의 게임도 수업에 적용하기 좋습니다. 게임을 활용해 수업을 진행하면 학생들의 다양한 모습을 관찰할 수 있는 기회도 얻을 수 있습니다.

그리고 교사 연수 중 '놀면서 할 수 있는~'이라는 제목의 연수는 게임을 활용한 수업에 도움이 됩니다.

생활습관 형성지도방법

1) 성격과 기질 이해하기

요즘 MBTI가 학생들 사이에서 유행하고 있습니다. 원래의 MBTI 검사는 400문항 정도로 이루어져 있어 시간이 많이 필요하지만, 저는 학생들과 인터넷에 있는 간이 MBTI 검사로 간편하게 학생의 성격을 확인합니다. 이 검사를 통해 학생 개개인이 어떤 성격을 갖고 있는지는 물론이고 반 학생들이 외향성과 내향성, 감각형과 직관형, 사고형과 감정형, 판단형과 인식형 중 어느 쪽에 더 많이 분포해 있는지도 살펴봅니다. 그래서 발표 수업이나 표현 수업을 할 때 그 성향을 고려하여 순서를 정하고, 학생들 사이에 갈등이 있는 경우 해당 학생의 성향에 따라 접근방법을 달리하곤 합니다. 예를 들어 두뇌형이면서 판단형인 친구에게는 감정에 호소해 봤자 소용이 없지만, 감정형이면서 판단형인 친구에게는 그 방법이 잘 통하는 것이지요.

최근에는 학생들의 기질을 이해하는 데 TCI 검사를 활용하는데, 이 검사는 자격을 가진 전문가만 검사를 진행할 수 있습니다. 때문에 학급에 심각한 문제가 발생하고 학생들이 도저히 이해되지 않을 때, 학교에 양해를 구하고 일정한 예산을 들여 TCI 검사를 진행할 수 있습니다.

두 검사에 대해서는 이 책 72~76쪽에 자세히 정리되어 있습니다.

2) 미덕카드 활용

시중에 팔고 있는 미덕카드를 학급비로 구입하여 선생님 책상에 두고 등교하는 대로 한 명씩 미덕카드를 뽑습니다. 학생은 카드에 있는 미덕을 정의하는 여러 문장 중 가장 마음에 와닿는 문장을 준비된 노트에 적습니다. 그리고 그 미덕을 생각하며 하루를 보냅니다.

미덕이 적힌 현수막을 활용할 수도 있습니다. 현수막을 교실 앞 한쪽에 붙여 놓고 학생들과 수시로 미덕에 대해 이야기를 나눕니다. 예를 들어 한 학생이 교실에 있는 쓰레기를 자발적으로 주웠다면, 학생들과 그 친구의 행동이 어떤 미덕에 해당하는지 함께 이야기를 나누고 칭찬합니다. 또 반대로 수업시간에 떠드는 등 바르지 못한 행동을 한 학생에게는 관련 미덕에 대해 이야기하며 올바로 행동할 것을 권함으로써 차분히 지도합니다. 그러면 학생도 본인의 잘못을 보다 쉽게 인정하곤 합니다.

3) 칭찬막대(소원카드) 활용

학생들과 미리 칭찬막대를 받는 행동을 정합니다. 선생님은 함께 정한 행동을 하거나 칭찬받을 만한 행동을 했을 때 칭찬막대를 나누어 줍니다. 제가 사용하는 칭찬막대는 꼬치용 나무 막대의 뾰족한 쪽에 펠트지 하트를 앞뒤로 붙여 만든 것입니다. 모양이 마치 작은 요술봉 같습니다. 펠트지를 어떤 모양으로 붙이느냐에 따라 칭찬막대의 분위기가 확 달라집니다.

급식을 남기지 않고 모두 먹었을 때, 독서기록장이나 일기장을 검사받을 때, 알림장에 부모님 사인을 받아 올 때 등등 칭찬받을 행동을 하면 칭찬막대를 하나씩 나누어 줍니다. 고학년은 발표를 3번 이상 하면 칭찬막대를 받습니다. 더불어 체육관에서 줄을 바르게 서거나 쓰레기를 스스로 줍거나 다른 친구들을 돕는 등 일상생활 속에서 칭찬할 일이 생겨도 칭찬막대로 보상합니다. 이렇게 받은 칭찬막대는 개인 색종이 컵에 모아놓습니다. 그리고 막대가 5개 되면 가지고 나와 막대가 꽂혀 있던 통에 스스로 넣고 독서기록장 표지 안쪽에 선생님의 칭찬도장을 받습니다.

칭찬도장이 약속한 개수만큼 찍히면 선생님은 소원카드를 줍니다. 그러면 부모님이 소원을 들어줍니다. 이때 소원카드 한 장의 가치는 대략 5천 원에서 1만 원으로 생각하면 됩니다. 저는 도장 20개, 50개, 100개를 모을 때마다 소원카드를 주었습니다. 그리고 학기 말이 되면 도장 개수에 따라 차등으로 선물 뽑기판에서 종이를 뽑을 수 있습니다. 학생들을 3개 그룹으로 나누어 도장이 제일 많은 그룹은 7개, 다음 그룹은 5개, 도장이 제일 적은 그룹은 3개를 뽑도록 했습니다. 선물은 학급비로 사탕이나 초콜릿, 과자 등 간식부터 지우개, 연필, 수첩 등 학용품까지 다양하게 준비합니다. 선물을 고를 때는 학교 근처 문방구를 방문해 요즘 아이들에게 인기 있는 것을 고르는 것이 좋습니다. 그리고 도장을 가장 많이 모은 친구에게는 제 돈으로 산 문화상품권을 선물로 주기도 합니다.

다양한 칭찬막대와 개인 색종이컵

칭찬도장, 소원카드, 선물 뽑기판

4) 감정노트 쓰기

감정노트 쓰기는 미덕카드와 비슷한 활동으로, 미덕카드가 없을 때 실행할 수 있는 활동입니다. '우정이란', '배려란', '슬픔이란', '성장이란'과 같은 주제를 1주에 한 가지씩 주고 나만의 정의를 적도록 합니다. 이때 나만의 정의는 '내가 경험한 것'이나 '나만의 생각'을 쓰는 것이라고 설명합니다. 예를 들어 '우정이란, 내가 지우개를 가지고 오지 않았을 때 친구가 새 지우개도 거리낌 없이 빌려주는 것', '슬픔이란, 방에서 엄마 몰래 게임을 했는데 엄마에게 손보다 더 아픈 말로 맞는 것'처럼 자신의 경험과 지극히 주관적인 생각을 적는 것이지요. 내용에 어울리는 그림을 그리고 꾸미는 활동도 좋습니다.

감정노트를 쓰면 학생들이 무엇인가에 대해 자꾸 생각하는 연습을 하게 되고 자연스레 어휘와 사고가 발달합니다. 학생들의 감정노트는 일주일에 한 번씩 검사하고 기발하거나 나누면 좋을 만한 정의를 학생들과 함께 공유합니다. 저는 일반 노트를 반으로 잘라 감정노트로 활용합니다.

인적환경 구성방법

1) 자리 바꾸기(짝꿍 바꾸기)

초등학교 2학년부터는 짝꿍이나 자리를 제 임의로 정하지 않습니다. 되도록 학생들의 운에 맡깁니다. 다만 같은 짝꿍을 연속으로 만나거나 시력 등의 문제로 자리를 바꿔야 하는 경우에만 학생들에게 이유를 설명하고 자리를 조정합니다. 그리고 1학년은 제 임의로 자리를 정합니다. 그 이유는 1학년은 매우 자기중심적인 사고를 하기 때문에 서로 맞지 않는 친구끼리 짝꿍이 되는 경우 많은 갈등이 생길 수 있고 갈등의 해결도 어렵기 때문입니다.

- 자리 숫자 뽑기

종이에 1부터 차례로 숫자를 쓰고 접습니다. 그리고 그 숫자의 자리가 여학생의 자리인지 남학생의 자리인지 구분해 놓습니다. 여자는 여자 자리 숫자를 남자는 남자 자리 숫자를 뽑습니다. 이것은 자리를 바꾸는 가장 간단하고 쉬운 방법입니다.

- 책 이름 맞추기

종이에 책 이름을 적습니다. 그리고 그 종이를 반으로 잘라 각각 다른 바구니에 넣습니다. 종이를 자를 때 손으로 찢어서 준비하면 짝꿍끼리 맞춰 보는 즐거움도 생길 수 있습니다. 남학생은 남자 바구니에서 여학생은 여자 바구니에서 종이를 뽑습니다. 서로의 종이를 맞춰 짝꿍을 찾고, 함께 나와 다시 한번 숫자가 적힌 종이를 뽑습니다. 숫자는 학생들이 앉을 자리를 의미합니다. 짝꿍과 함께 자리의 위치를 확인하고 각자 자신의 책상과 의자를 가지고 자리를 옮깁니다.

종이에 적는 주제를 달리하면 또 다른 재미가 있습니다. 예를 들어 '로미오-줄리엣, 견우-직녀, 벨-야수, 백설공주-난쟁이, 콩쥐-두꺼비, 심청이-용왕님, 평강공주-온달장군, 헨젤-그레텔, 안나-크리스토프, 신데렐라-왕자님'처럼 짝꿍이 되는 동화 속 주인공의 이름을 적을 수도 있습니다.

- 천생연분

남자는 교실 쪽 복도 벽면에, 여자는 복도 쪽 교실 벽면에 자유롭게 줄을 섭니다. 교실 벽을 사이에 두고 남학생과 여학생이 줄을 서는 것입니다. 이때 서로 보이지 않도록 숨어서 줄을 서는 것이 중요합니다. 줄 서기가 끝나면 남학생과 여학생이 한 명씩 앞문으로 나와서 서로를 확인합니다. 짝꿍이 된 두 학생은 함께 문 가운데 서 있는 교사에게 와서 미리 준비한 숫자 종이를 뽑습니다. 이렇게 놀이처럼 짝꿍과 자리를 정하는 방법도 좋습니다.

- 내 짝꿍은 누구일까?

먼저 남학생이나 여학생 중 한쪽이 숫자 종이를 뽑아 그 자리에 가서 앉습니다. 그리고 눈을 감고 엎드린 채 짝꿍을 기다립니다. 남은 학생들도 숫자 종이를 뽑아 자리를 정합니다. 이 방법의 재미는 먼저 자리를 뽑은 학생은 엎드리고 있어서 누가 내 짝꿍이 될지 몰라 기대감을 갖게 되고, 나중에 자리를 뽑은 학생은 살금살금 다가가 새로운 짝꿍을 깜짝 놀라게 해 준다는 것입니다. 짝을 찾아갈 친구가 몇 명 남지 않았을 때는 모두 한꺼번에 짝을 찾아갑니다. 그래야 모든 친구가 짝꿍에 대한 기대감을 느낄 수 있습니다.

2) 일인일역

일인일역을 기간을 정해 정기적으로 바꾸어 주면 즐거운 학교생활에 도움이 됩니다. 이를 정하는 방법은 이 책의 42~43쪽에 있습니다.

3) 학급 임원 선거

학교 선거 규칙에 맞게 선출합니다. 담임교사의 판단으로 절차를 생략하거나 재량으로 선거 규칙을 수정하지 않습니다.

창체시간 활용방법

학생들에게 학교가 좋으냐고 물어보면 대부분의 학생들은 "좋으면서 싫어요" 내지는 "싫지만 좋아요", "나쁘지 않아요"라고 대답합니다. 사실 "싫어요"라고 말하는 학생은 별로 없습니다. 학교가 마냥 좋은 것도 아니지만, 그리 싫기만 한 것도 아닌 학생들이 대부분인 것이지요. 왜 그럴까요?

제 생각에는 단연 친구들을 만나는 것이 첫 번째 이유라고 생각합니다. 그리고 재미있는 이벤트, 간혹 재미있는 수업도 그 이유일 수 있습니다. 학생들에게는 교실에서 이뤄지는 작은 이벤트들이 학교를 재미있게 만드는 중요한 요소입니다. 따라서 적절한 시기에 창체시간을 활용하여 이벤트의 장을 마련해 주는 것은 학교를 다니는 재미를 배가시키고 사회성도 기를 수 있는 좋은 방법입니다.

1) 생일 파티, 파자마 파티

한 달 또는 두 달에 한 번 생일 파티를 합니다. 생일 케이크는 생일을 맞은 학생 수만큼의 초코**나 몽*을 사용합니다. 구입은 미리 해 두는 것이 좋습니다. 초코**마다 초를 꽂고 생일축하노래를 부른 후 불을 끕니다. 이때 재미있는 생일 축하 음악을 틀어 분위기를 돋울 수 있습니다.

축하가 끝나고 나면 학생들은 미리 준비한 예쁜 포스트잇에 생일인 친구에게 전하고 싶은 메시지를 적습니다. 메시지는 구체적인 칭찬을 담아 정성스럽게 작성할 수 있도록 미리 지도합니다. 선생님은 학생들의 메시지를 색이 있는 A4 종이에 붙여 정리합니다. 생일인 친구에게 친구들의 메시지와 더불어 교사가 준비한 '미니 미역' 등을 선물로 줍니다. 간단한 생일 파티가 끝나면 장기자랑을 합니다. 춤, 태권도 시범, 마술 등 다양한 장기자랑을 모두 허용합니다. 이후의 시간은 학생들과 이야기를 나누어 체육이나 영화 보기 등 학생들이 하고 싶어 하는 활동을 합니다. 메시지를 붙인 A4 종이는 아이들이 하교한 후 선생님이 코팅하여 다음 날 해당 학생에게 선물로 주는 것도 좋습니다.

생일 파티와 더불어 학기 말에는 파자마 파티를 합니다. 이때는 코스프레나 잠옷 등 자기가 원하는 복장을 준비해 오도록 합니다. 그리고 학생들에게 핸드폰으로 사진을 찍는 것도 허락합니다. 학생들이 한 바탕 사진을 찍고 논 후에는 함께 간단한 게임을 하거나 영화를 봅니다. 고학년 아이들과 파자마 파티를 하면 아주 기발하고 재미있습니다.

2) 각종 학급대회

학급에는 공부를 잘하는 학생보다 공부가 아닌 다른 분야에 재능을 가진 학생들이 더 많습니다. 다양한 대회를 열어 이런 재능을 펼칠 기회를 준다면 보다 많은 학생들이 신나는 마음으로 학교를 다닐 수 있습니다. 젓가락으로 콩 빨리 줍기 대회, 공기대회, 딱지대회, 카프라 높이 쌓기 대회, 보드게임 대회, 윷놀이 대회, 멀리뛰기 대회 등 각종 대회를 엽니다. 대회를 할 때는 반드시 미리 학생들에게 공지하여 연습할 시간을 충분히 줍니다. 또 어떤 대회를 열지 학생들과 회의를 통해 함께 정하는 것도 좋습니다.

3) 절기를 활용한 이벤트

추석, 단오, 어버이날 등 각종 절기에 맞추어 다양한 계기 교육을 할 수 있습니다. 다만 종교와 관련된 활동은 조심하여 운영해야 합니다. 만일 종교와 관련된 행사를 하고 싶다면 불교와 기독교는 공평하게 하는 것이 좋습니다. 부처님오신날에 연등 꾸미기 활동을 했다면 크리스마스에는 트리를 만듭니다.

무엇이든 관찰하여 좋은 것을 찾아내기 위한 노력이 필요합니다. 다른 교실, 다른 선생님을 관찰합니다. 내가 좋아하는 선생님이면 좋아하는 부분을, 싫어하는 선생님이면 싫은 부분을 따라 하거나 배제해 봅니다. 새롭게 적용했던 방식이 나와 잘 맞는다 싶으면 그 수업방법이나 마음가짐을 온전히 내 것으로 만들기 위한 노력을 더합니다.

또 다른 학급에 자주 놀러 가 선생님들과 수다를 떨어 보십시오. 많은 선생님들과의 만남이 불편하다면 한두 명의 선생님들과 꾸준히 교류하십시오. 특히 나와 다른 스타일의 선생님과의 교류를 추천합니다. 저는 그것이 무엇보다 훌륭한 '연수'라고 생각합니다. 선생님들은 무의식적으로 서로에게 끊임없이 배우고 있습니다. 많은 선생님들이 수다와 교류로 배우며 성장할 수 있기를 기대합니다.

Tip

1. 교원학습공동체
'교원학습공동체'가 바로 수다로 성장할 수 있는 활동입니다. 선생님들과 수다를 떨며 나의 전문성을 기르는 시간을 만들 수 있는 좋은 제도라고 생각합니다. 게다가 활동비도 지원받고 연수로 인정도 받을 수 있습니다. 상황이 여의치 않으면 연수 이수는 중간에 포기할 수도 있습니다. 그렇다고 예산을 돌려 달라 하지는 않습니다.

2. 미리캔버스
수업 준비나 학급활동을 위해 예쁜 ppt가 필요하다면 '미리캔버스'라는 사이트를 이용합니다. 기본 디자인과 글꼴이 다양하고 예뻐서 활용하기 좋습니다.

3. 인디스쿨 '멍멍쌤'(mungkhs.tistory.com)
저는 칭찬막대를 실물로 활용하고 있지만, 앱을 활용하여 운영할 수도 있습니다. 인디스쿨에서 활동하는 닉네임 '멍멍쌤'이 제작한 프로그램들은 정말 많은 도움이 됩니다.

학생의 의견을 자주 묻고 들어요

우리 반 학생들은 서로 사이가 참 좋습니다. 별로 싸우지도 않고 서로 소통이 잘됩니다. 그런데 수업시간에 담임교사인 저만 겉도는 느낌이 듭니다. 다양한 방법으로 수업을 준비하지만, 학생들의 반응은 영 신통치 않습니다. 어떻게 하면 좋을까요?

유난히 선생님과 학생들의 사이가 겉도는 해가 있습니다. 그게 바로 '띠 궁합'이라고 말하는 선생님들도 있습니다. 처음에는 '그런 게 어디 있어?'라고 생각했지만 여러 해 학생들과 만나 보니 '정말 그런 것이 있나?' 싶기도 합니다. 그러나 띠 궁합을 핑계로 학생들과 겉돌기만 하는 1년을 보낼 수는 없으니 어떻게든 잘 지내려고 노력해야겠지요. 요즘은 학생이 선생님에게 맞추기를 기대할 수만은 없으니까요.

이렇게 선생님과 학생의 사이가 겉돌면 수업은 재미없어지고 학급운영은 삐걱거리기 마련입니다. 게다가 매해 상상할 수 없던 새로운 문제들이 생깁니다. 이때 선생님과 학생의 관계가 원만하다면 대부분 편안하게 넘어가는 것도 사실입니다. 그래서 학생들과의 관계는 중요합니다. 좋은 관계 형성을 위해 제가 사용하는 방법은 '묻기'와 '듣기'입니다. 대부분의 선생님이 실천하고 있겠지만, 제 경험을 바탕으로 보다 구체적인 실천방법을 이야기해 보겠습니다.

학급을 운영할 때 학생들의 의견을 묻는다

일인일역을 정하거나 대청소의 구역과 담당 학생을 정하는 것, 배식 순서를 정하는 것처럼 중차대한(?) 일부터 자유시간을 갖고 나중에 공부할지, 공부하고 남는 시간만큼 자유시간을 가질지, 체육활동 후 남는 시간에 무엇을 할지, 다음 날 미술시간에 필요한 색도화지의 색은 어떤 것이 좋을지 등등의 사소한 일까지, 학급운영과 관련해 학생들에게 의견을 묻습니다. 이때 매번 목소리 큰 학생들의 의견이 반영되는 일이 생기지 않도록 주의해야 합니다.

'학급운영 관련 의견 듣기'는 학습활동에 관한 내용도 해당됩니다. 교과서에는 한 가지 학습목표 달성을 위한 다양한 활동이 제시되어 있습니다. 예를 들어 '봄동산 꾸미기'라는 하나의 목표를 달성하기 위해, 요구르트병으로 나비 만들기, 클레이로 꽃 만들기, 모루로 나비 만들기 등의 다양한 활동이 제시되어 있습니다. 그러면 학생들에게 무엇이 가장 하고 싶은지, 이유는 무엇인지를 들어 보고 학생들의 의견을 따릅니다. 이때 각각의 장단점을 미리 이야기해 주면 학생들이 보다 합리적으로 생각하는 데 도움이 됩니다. 물론 생각보다 많은 시간이 필요할 때도 있지만, 학생들이 자신의 생각과 의견을 말하고 서로 의견을 조율하는 것은 매우 중요한 경험입니다. 시간이 너무 빠듯하여 교과서의 진도를 다 나가지 못해도 괜찮습니다. 교과서는 교육목표 달성을 위한 텍스트 중 하나일 뿐입니다. 모든 교과서의 모든 페이지를 다 다뤄야 한다는 생각은 하지 않아도 됩니다.

쉬는 시간, 점심시간, 수업시간 중에도 관심사를 묻는다

학급운영을 위해 수업시간에 학생들의 의견을 묻는 것이 '공적인' 대화라면, 쉬는 시간에 학생과 이야기를 나누는 것은 '사적인' 대화입니다. 저는 학생들이 좋아하는 게임이나 만화 캐릭터에 대해 자주 물어봅니다. 요새는 인기 있는 유튜버나 인플루언서에 관해 물어보기도 합니다. 저학년 친구들은 쉬는 시간에 종이접기를 자주 하는데, 그 학생에게 접는 방법을 배워 다른 학생들에게 알려 주면 그렇게 좋아할 수가 없습니다. 접는 방법을 알고 있던 학생에게 직접 다른 친구들을 가르치게 하면 되지 않냐고요? 아무래도 학생이 학생에게 종이접기를 가르치는 것은 쉽지 않습니다. 그래서 가르치는 것은 선생님이 하고, 이 종이접기는 "우리 반 친구 ○○○이 선생님한테 가르쳐 준 거예요"라고 공지하는 편이 여러모로 효율적입니다.

또 선생님에게 배우기만 했던 학생인지라 선생님을 가르칠 기회를 주면 정말 신나 합니다. 그렇게 열심히 설명할 수가 없습니다. 이렇게 공부가 아닌 학생의 관심사를 알게 되면 학생과 선생님의 거리를 좁히는 데 매우 좋습니다. 학생들이 설명할 때 '어머나, 저렇게까지?' 혹은 '다른 방법이 더 나을 텐데' 하는 생각이 들더라도 겉으로는 티를 내지 말고 최대한 호응해 주세요. 학생들의 이야기에 '토'를 달기 시작하면 입을 금방 닫아 버릴 수 있습니다. 그리고 이렇게 학생들에게 배운 것들을 수업 중 예로 들거나 설명의 소재로 활용하면 더욱 좋습니다.

가끔 특정 학생이 우울해 보이거나 힘든 일이 있어 보이면 다른 학생들이 떠들어 시끄러운 틈을 타 개인적인 상황을 넌지시 물어보는 것도 필요합니다. 물론 위계에 따른 압력으로 여겨지거나 사생활 침해와 관련되지 않도록 조심해야 합니다.

선생님의 사소하고 작은 행동들이 학생들에게는 '존중'과 '배려'로 느껴지고 '우리 의견을 잘 들어주시는 선생님'이라는 생각을 갖게 합니다. 그리고 잘 들어주는 선생님이 되면 학교폭력으로 발전할 수 있는 문제, 아동학대가 될 수 있는 상황 등 학급 내에서 발생할 수 있는 여러 갈등을 미연에 방지할 수 있습니다. 그러므로 학생들의 문화에 관심을 가져야 합니다. 학생들을 가르치려고만 하는 교사 말고, 학생들의 문화를 배우기 위해 노력하는 교사가 되어야 합니다.

공감대 형성은 상대방의 상황에 관심을 가지고 수용해 주는 것에서 시작됩니다. 유난히 학생들과의 관계가 힘든 해가 있다면 소통에 더욱 관심을 기울이세요. 그것이 교사인 내가 괴롭지 않을 수 있는 방법입니다. 내가 괴롭지 않으면 '나'도 '학생들'도 행복한 학교생활을 할 수 있습니다.

특수교육 대상 학생을 맡았다면?

문제 상황 ①

저희 반에 도움반 여학생이 있습니다. 특수교육 대상 학생이지요. 부모님도 장애가 있어 대화를 통해 약간의 소통은 가능하나, 학생의 개인 위생관리가 전혀 이루어지지 않고 있습니다. 도움반 선생님과 내용을 공유해 보아도 어려움은 여전합니다. 개학 이후 머리는 단 한 번도 감지 않았고, 날은 점점 더워지는데 계속 같은 옷을 입고 학교에 옵니다. 도움반 학생의 개인 위생교육을 학교 밖에서 지원받을 방법이 있나요?

문제 상황 ②

다운증후군 학생을 맡고 있습니다. 도움반 학생을 만난 것이 처음이라 어떻게 해야 할지 모르겠습니다. 심성은 착하고 수업을 방해하진 않지만 이해할 수 없는 6학년 교과를 들어야 하는 학생이 안쓰러울 때가 많습니다. 물론 학습만을 위해 교실에 있는 것은 아니겠지만 그렇다고 수업시간 내내 그대로 두는 것도 마음에 걸립니다. 지금은 색칠하기나 글씨 쓰기 등 단순한 활동을 자주 제공하고 있는데, 그 외에 무엇을 시키면 좋을까요?

문제 상황 ③

우리 반에 도움반 친구가 한 명 있습니다. 학습 수준은 좀 떨어지지만 순한 성격이라 다른 친구들에게 방해가 되진 않고 혼자 조용히 잘 지냅니다. 그런데 짝꿍이 자꾸 그 친구를 무시하고 싫어합니다. 짝꿍과 함께 하는 활동 시간이 되면 싫어하는 티를 내고 활동하지 않고 계속 버팁니다. 오늘은 급식 먹을 때 마주 보고 먹기 싫다고 직접 이야기하기도 했습니다. 이제 학기 시작인데 나중이 더 걱정입니다. 제가 반 전체를 대상으로 교육도 하고, 도움반 학생의 짝에게는 개별적으로 이야기해야 하는 걸까요? 저경력 교사여서 어떻게 해야 할지 고민이 됩니다.

문제 상황 ④

4학년 담임입니다. 우리 반에 있는 한 학생이 경계성 장애가 있는 것으로 생각됩니다. 어느 정도 상황 판단은 하지만 본인 위주로 생각하는 경향이 강하고 말과 행동은 1~2학년 정도의 수준입니다. 국어와 수학 두 과목은 도움반으로 가서 특수교사와 수업을 하고, 나머지 과목은 제가 가르치고 있는데 영어와 체육은 특수실무사 선생님이 지원해 줍니다. 3학년 때도 같은 방법으로 원반과 도움반 수업을 이수하였습니다.

제가 경계성 장애를 검색해 보니 IQ가 71~84 정도라고 합니다. 학생의 어머니에게 특수교육 대상자 판정을 받아 볼 것을 조심스럽게 요청하였는데, 아이가 좀 느린 정도지 특수학생으로 취급하지 말아 달라고 단호하게 대답하였습니다.

학교에 입학한 후 도움반이나 특수실무사 선생님에게 도움을 많이 받아서인지 자신이 할 수 있는 과제를 앞에 두고 가만히 있거나 도와 달라고 요청하는 일이 하루에도 여러 번입니다. 다행히 다른 학생들과의 갈등이나 어려움은 없지만 항상 도와 달라는 이 학생을 어떻게 지도해야 할지 난감합니다.

《한국민족문화대백과》에 따르면 통합교육은 특수교육 대상 학생을 일반학교에서 장애 유형이나 장애 정도에 따라 차별을 하지 않고 비장애 또래 학생들과 함께 가르치는 교육을 말합니다. 이는 특수교육 대상 학생과 일반 학생에게 학급 구성원으로서 동등한 자격을 부여하고 서로의 차이점을 인정하고 각자에게 적합한 교육적 지원을 제공하여 궁극적으로는 사회로의 통합을 이루는 것이 목적입니다. 통합학급에 속한 특수교육 대상 학생은 일반 교과 내용을 이해하기는 어려울 수 있지만 학급 규칙, 규정을 익히고 또래와의 관계를 습득하면서 사회성을 키워 나갈 수 있습니다.

한편 특수교육 대상 학생을 지원하는 특수학급은 학습도움반, 통합교육지원실, 개별학습반, 푸른반 등 다양한 이름으로 불립니다. 그리고 특수교육 대상 학생을 일반 학생들과 함께 편성한 통합학급은 원반原班이라고도 부릅니다. 보통은 특수교육 대상 학생을 중심으로 통합학급 담임교사와 특수학급 특수교사가 서로 협력적 관계를 유지합니다. 따라서 특수교사와 담임교사는 긴밀하게 소통하면서 특수교육 대상 학생에 대한 여러 정보를 주고받아야 합니다.

특수교육 대상 학생이 학급에 배정되었다면 학생에 대해 특수교사와 긴밀히 소통하는 것과 더불어 한 가지 더 신경 써야 할 것이 있습니다. 바로 보호자와의 소통입니다. 특수학생의 보호자는 담임교사와 특수교사 양쪽에서 도움을 받게 되므로 상황에 따라 누가 보호자에게 연락할지 미리 정해 두는 것이 좋습니다.

이제 앞의 구체적인 문제 상황을 통해 특수교육 대상 학생의 교육에 대해 좀 더 알아봅니다.

문제 상황 ①은 특수교육 대상 학생의 돌봄에 문제가 있는 것으로 보입니다. 글의 내용만으로 단정할 수는 없지만, 지역 주민센터에서 관리하는 대상 가정일 확률이 높으므로 주민센터의 복지 관련 부서에 문의하는 것도 방법입니다.

또 반 학생 중에 통합교육의 취지를 이해하고 남에게 도움을 주는 것을 좋아하는 학생이 있다면 그 학생의 도움을 받는 방법도 있습니다. 먼저 도움을 주고자 하는 학생의 동의를 받은 후 '통합교육팀장'으로 임명합니다. 단, 도움의 범위는 통합교육팀장 학생에게 피해가 없는 정도여야 합니다. 그리고 도와준 내용들은 담임교사와 공유해야 합니다. 통합교육팀장으로 어려움이 생긴다면 언제든 담임교사와 상의하도록 안내합니다.

문제 상황 ②는 다운증후군 학생에 관한 내용입니다. 다운증후군은 신생아 750명당 한 명일 정도로 상당히 많습니다. 사교성이 좋다고 알려진 다운증후군은 근력 발달이 또래보다 느립니다. 그렇기에 무엇보다 근력을 발달시킬 수 있는 활동에는 참여하는 것이 좋습니다. 이를 위해 특수실무사의 지원을 적극적으로 요청해야 합니다. 특수교육 대상 학생이 읽기나 쓰기가 가능하다면 학급 내에서 공책, 숙제 검사

후 나누어 주기 등의 고정된 역할을 주는 것도 좋습니다.

특수교육 대상 학생이 통합학급에서 생활하는 가장 큰 이유는 비장애 학생과 지내는 것을 통해 사회성을 키우는 것이니 그 아이의 진짜 선생님은 또래 친구들인 셈입니다. 그러므로 교사는 또래 친구들이 그 아이를 친구로 받아들일 수 있는 분위기를 마련해 주는 역할에 집중해야 합니다.

문제 상황 ③과 같이 짝이 특수교육 대상 학생을 마음에 들어 하지 않는다면 자리를 바꿔 주는 것을 고려합니다. 저는 학기 초 한 달 정도는 짝과 모둠을 교사의 재량으로 구성합니다. 자리를 번호순으로 정하고 일주일 단위로 짝꿍을 바꿔 여러 친구들과 짝꿍이 되어 보도록 하는 것이 가장 무난합니다. 그 과정에서 도움이 필요한 학생과 친구를 잘 도와주는 학생을 파악할 수 있습니다. 하지만 특정 학생이 특수교육 대상 학생을 잘 돕는다고 하여 매번 그 학생을 짝꿍으로 지정하면 절대 안 됩니다. 어쩌면 그 학생도 있는 힘껏 참고 있는 것일 수도 있기 때문입니다. 학급 전체가 특수교육 대상 학생을 이해하고 도움이 필요할 때 도와주는 분위기가 되도록 노력해야 합니다.

문제 상황 ④는 통합학급에서 잘 지내는 특수교육 대상 학생의 학습태도에 관한 것입니다. 원칙적으로 자신이 할 수 있는 것까지 특수실무사나 담임교사에게 항상 도움을 요청하면 안 됩니다. 안전사고에 관련된 도움 요청은 예외입니다. 일단 사람들 사이에서 도움을 요청하고 도와주는 것은 자연스러운 일이지만 자신이 할 수 있는 것까지 항상 다른 사람에게 도와 달라는 것은 바람직하지 않다는 점을 지도합니다. 그리고 그 학생과 하루 동안 요청할 수 있는 도움 횟수를 약속합니다. 처음에는 하루에 3회로 하고 익숙해지면 1회로 줄입니다. 그리고 전혀 도움을 요청하지 않는다면 칭찬과 보상을 합니다.

저도 비슷한 경험이 있었는데, 처음엔 어려워했지만 점차 나아져 2학기에는 꼭 필요한 도움(정교한 가위질이나 만들기) 말고는 스스로 해결하려는 모습으로 변화하였습니다. 그리고 학급의 규칙을 일반 학생들과 똑같이 지키도록 하고 상벌도 마찬가지로 적용했습니다.[*]

Tip

다음은 특수교사와의 협력 관계를 통해 느낀 점입니다.

1. 특수교사와 담임교사는 서로 의견을 나누고 자신의 생각과 계획을 사전에 알려 주는 것이 좋습니다.
2. 특수교사의 도움으로 특수교육 대상 학생에 대한 이해는 물론 통합학급과 특수학급 협력의 필요성에 대해 알게 되었습니다.
3. 특수교육 대상 학생 학부모에게는 특수교사가 주로 연락하되, 필요에 따라 담임교사도 연락하는 것이 학부모와의 소통에 도움이 됩니다.
4. 통합학급 담임교사, 특수학급 특수교사, 특수실무사, 학부모의 협력적 관계가 잘 만들어져야 특수교육 대상 학생이 좋은 교육을 받을 수 있습니다.

---

[*] 고광삼, '학급 아이들이 멀리하는 아이 케어하기', 《새교육》, 2016년 12월호 (cafe.naver.com/ket21/11261)

아이들을 집중시킬 효과적인 방법은?

반 아이들을 집중시키는 좋은 방법이 있나요? 저는 현재 제가 '침!' 하면 아이들이 '묵!'이라고 하는데, 별로 좋은 방법이 아니라는 것을 알았습니다. 수업 중 아이들을 집중시킬 수 있는 다른 좋은 방법이 있으면 알려 주세요.

수업시간 학생들이 교사의 말에 집중해야 할 때가 자주 있습니다. 학생들이 다른 사람의 말에 집중할 수 있는 시간은 학년에 비례한다는 이야기가 있습니다. 근거가 있는 말인지는 모르지만 1학년은 1분, 3학년은 3분, 6학년은 6분이라는 얘기지요. 더구나 화려한 영상에 익숙한 요즘 학생들을 교사의 말에 집중하게 만드는 것은 쉬운 일이 아닙니다. 발달 과정에 있는 학생들은 자신의 욕구나 재미에 집중하는 경향이 강하니까요. 때문에 학생들이 활동을 멈추고 교사의 말에 집중하도록 만드는 노하우나 팁은 매우 유용합니다.

초등교사 커뮤니티에서 전국의 많은 선생님들의 다양한 주의집중 방법을 수집했습니다. 다음의 여러 가지 방법 중에서 선생님에게 맞는 방법을 찾을 수 있길 바랍니다.

1. 교사가 "선생님을!"이라고 하면 학생들은 "보세요!" 하고 박수를 2번 칩니다.

2. 교사가 "선생님을!"이라고 하면 학생들은 "봅시다!" 하며 박수를 2번 치고 손을 무릎에 놓습니다. 필요에 따라 '선생님을' 대신에 '화면을', '칠판을', '교과서를'이라고 바꿀 수 있습니다. 그리고 학생이 발표할 때는 '선생님을' 대신에 'ㅇㅇ를'이라고 바꿉니다.

3. 고학년이라면 교사가 "집!" 하면 아이들은 "중!" 또는 교사가 "경!" 하면 학생들은 "청!"이라고 합니다. 저학년은 교사가 "입!" 하면 아이들이 "꾹!"이라고 합니다.

4. 교사가 먼저 "집중!"이라고 말하면 학생들도 따라서 "집중!"이라고 말하며 교사를 바라봅니다.

5. 교사가 "선생님을 봅시다!" 하면 학생들은 "선!"이라고 하며 교사를 바라봅니다. 그리고 학생이 발표할 때는 교사가 "홍길동을 봅시다!" 하면 학생들이 "홍!"이라고 하며 발표자를 바라봅니다.

6. 교사가 "주!" 하면 학생은 "목!"이라고 말합니다.

7. 교사가 "눈은?" 하면 학생들은 "선생님!", 교사가 "입은?" 하면 학생들은 "다물고!", 교사가 "손은?" 하면 학생들은 "무릎에!" 하며 해당 동작을 합니다.

8. 교사가 "선생님을 보세요!" 혹은 "TV를 보세요!" 하면 학생들은 "짝짝 집중!" 합니다.

9. 교사가 "조용히!" 하면 학생들은 "하자!" 합니다. 같은 방법으로 '자

리에/ 앉자', '줄을 / 서자'라고 할 수 있습니다.

10. 교사가 "집중의 박수를!" 하고 외치면 학생들은 박수를 2번 치고 손 무릎을 합니다. 학생이 발표할 때는 "○○○에게 집중의 박수를!"이라고 문구를 변경해 활용합니다.

11. 선생님만의 집중 구호를 만들어 아이들과 놀이처럼 연습합니다. 저는 집중 구호로 "여러분!"을 사용합니다. 구호를 외치고 잠시 기다려 아이들이 교사에게 집중하면 "경청을 준비해 주어 고맙다" 하고 수업을 이어갑니다.

12. 협동학습에서 많이 쓰는 방법입니다. 교사는 왼손 두 번째 손가락을 세워 코에 가져다 대며 "쉿!" 하고 동시에 오른손을 손바닥이 앞을 향하게 듭니다. 학생들이 조용히 하면서 동작을 모두 따라 하면 집중 성공입니다. 이런 말 없는 손 기호도 좋습니다.

13. 교사가 "선생님!" 하면 학생들은 "말씀하세요!" 하고 외칩니다.

Tip

주의집중 방법을 소개한 동영상을 소개합니다.

1. 허승환, [학급경영] 소란한 교실 2초 만에 집중시키기
   (youtube.com/watch?v=my3xLYhPEYg)

2. 송성근, 학급경영 | 효율&재미있게 집중시키는 방법
   (youtube.com/watch?v=WlL-VqDhPdY)

3. 자담쌤, 집중 구호?! 대신 교과서를 활용한 집중 방법!
   (youtube.com/watch?v=PnizdiC1Sj0)

학생을 이해하려면 기질을 파악하라

작년에는 2학년을, 그리고 올해에는 3학년을 맡게 되었습니다. 연임으로 가르치는 것을 원하지는 않았지만, 작년 학교생활이 나쁘지 않았기에 다시 한번 힘을 내기로 했습니다. 다만 마음에 걸리는 학생이 한 명 있습니다. 작년에 가르쳤던 여학생인데, 학습이면 학습, 교우관계면 교우관계, 숙제면 숙제, 하나부터 열까지 부딪히는 부분이 많았습니다. 때로는 그 여학생을 보고 있는 것만으로 스트레스를 받기도 했고요. 그렇다고 내색을 할 수도 없으니 더욱 힘들었습니다. 마지막 인사를 나누며 내년에는 나보다 더 사랑이 많은 선생님을 만나기 바랐습니다. 혹시라도 올해에 또 그 학생을 맡게 된다면 어떤 표정을 지어야 할지 벌써부터 걱정입니다. 5반밖에 되지 않는 작은 학교여서 다시 만나게 될 확률이 높은데, 이 학생을 다시 만난다면 저는 어떻게 해야 할까요?

학생들과 지내다 보면 복장 터지는 일이 한두 가지가 아닙니다. 학교폭력, 절도, 성 관련 사안 등 누가 봐도 문제라고 여길 만한 굵직한 속 터짐도 있지만, 반항, 투닥거림, 딴짓, 못 들은 척하기 등 누군가는 그냥 넘길 수도 있는 사소한 속 터짐도 꽤 있습니다. 교사가 아닌 사람들은 '그깟 초등생'이라고 입찬소리를 하기도 하지만, 교사 입장에는 '그깟 초등생'이어서 환장할 노릇입니다. 차라리 어른이라면 속 시원하게 따지기라도 할 텐데 말이죠. 그리고 '그깟 초등생' 때문에 속썩는 내 모습이 한심하고 어이없기도 합니다.

성격유형검사 MBTI

성격유형검사인 MBTIThe Myers-Briggs Type Indicator는 4개의 항목을 각각 상반되는 2개의 결과로 구분 지어 8개의 항목(외향/내향, 감각/직관, 사고/감정, 인식/판단)을 조합, 총 16개의 유형으로 성격을 나눕니다. 그리고 각 유형에 따라 생각하는 패턴, 행동양식 등 특징을 설명합니다. 사람들은 각 성격의 특징에 대한 설명에 열광하고 관련 '짤'들을 수없이 만들어 냅니다. 많은 이가 열광하는 것을 보면 '나'에 대해 잘 모르는 사람이 많은가 봅니다. 그러니 명쾌한 해석에 환호하는 것이겠지요. 그러고 보면 나도 아닌 '어린 타인'을 이해해야 하는 교사는 참 어려운 직업입니다.

저는 1998년경 MBTI를 처음 접했습니다. 2005년 즈음에는 교직 사회에서도 MBTI에 관한 연수가 많이 있었습니다. 몇 번의 연수를 듣고 학생용 간이 MBTI로 우리 반 학생들을 검사, 이를 바탕으로 다양한 진로활동도 했습니다. 당시 학생이나 학부모는 MBTI가 생소했고 그 결과를 신기하게 여겼습니다.

MBTI는 학생을 이해하는 데 매우 유용합니다. 검사 결과에 따라 성격을 구분하여 '앞으로 그렇게 행동할 것이다' 하고 예측할 수 있습니다.

하지만 도대체 '왜' 그렇게 행동하는지에 대해서는 알 수가 없습니다.

기질성격검사 TCI

몇 해 전 교내 특강을 통해 클로닝거 교수의 TCI^{Temperament & Chracter} Inventory를 알게 되었습니다. 이에 따르면 사람의 인성은 기질과 성격으로 구분되는데, 둘 다 유전적인 요소가 작용합니다. 다만 인성의 원재료가 되고 자극에 대한 정서적 반응에 해당하는 '기질'은 굉장히 바꾸기 어렵고, '성격'은 기질을 바탕으로 환경과 상호작용해서 발달하는 것이어서 기질에 비해 상대적으로 바꾸기 쉽다고 합니다.[*] 저는 우리 인성 안에 잘 바뀌지 않는 타고난 '기질'이 있다는 것과 성숙한 성격을 발달시킨다면 즉각적이고 자동적으로 나타나게 마련인 강력한 기질 반응을 조절할 수 있다는 것을 알게 되었습니다. 그리고 덕분에 타인을 있는 그대로 이해하기 위해 조금 더 노력하게 되었습니다.

TCI 검사를 받으면 네 가지의 기질 척도 점수를 얻게 됩니다. 그리고 그 점수가 평균을 중심으로 어디에 위치하느냐에 따라 각 기질이 높거나 낮다고 표현합니다.

1) 첫 번째 기질 : 자극 추구
외부 환경에서 주어지는 새로운 자극들에 대해 반응하는 정도입니

---

[*] 강지현, '기질 및 성격검사(TCI)를 통한 자녀의 적응 역량 키우기', 2019. 미출판 간행물.

다. 새로운 자극을 좋아하는 사람은 자극 추구가 높고 변화를 싫어하는 사람은 자극 추구가 낮습니다.

자극 추구	
높은 사람 특징	낮은 사람 특징
• 자극적인 모험 추구 • 낯선 상황에 흥분함 • 단조로운 작업을 힘들어함 • 직관적 • 감정과장 • 돈과 에너지 충동적 소비	• 익숙한 작업 선호, 안정 추구 • 낯선 상황이 불편하거나 관심 없음 • 변화를 힘들어함 • 논리적 • 감정 표현 적음 • 예산에 따라 소비, 저축

2) 두 번째 기질 : 위험 회피

외부 환경에서 주어지는 자극 중 '새로운 자극', '새로운 경험' 등을 어떻게 인지하는가와 관련됩니다. 이를 생소하게 느끼거나 위험 요소로 받아들이는 사람은 위험 회피가 높고, 긍정적으로 받아들이는 사람, 느긋하게 받아들이는 사람은 위험 회피가 낮습니다.

위험 회피	
높은 사람 특징	낮은 사람 특징
• 익숙한 상황에도 위축, 긴장함 • 미리 걱정 • 비관적, 부정적 사고가 많음 • 쉽게 피로하여 휴식이 많이 필요 • 스트레스와 질병에 취약	• 잠재적인 위험 예상에도 잘 위축되지 않음 • 미리 염려하지 않음 • 대체로 자신감, 낙관적 사고를 많이 함 • 높은 활력 • 스트레스의 회복 속도 빠름

3) 세 번째 기질 : 사회적 민감성

외향/내향의 구분과는 조금 다릅니다. 쉽게 말하면 타인의 시선을 얼마나 신경 쓰는가와 관련된 기질입니다. 사회적 민감성이 높으면 타인의 시선에 신경을 많이 쓰는 사람이고, 사회적 민감성이 낮으면 타인이 뭐라든 내 갈 길을 가는 사람입니다. 사회적 민감성이 높은 사람은 조직에서 좋은 사람이라는 평판을 얻기는 쉽지만, 본인의 스트레스가 상당히 높을 가능성이 큽니다. 그리고 사회적 민감성이 낮은 사람들은 자신만의 뚜렷한 성과를 내기가 쉽습니다.

사회적 민감성	
높은 사람 특징	낮은 사람 특징
• 타인과 가깝고 친밀한 관계를 원함 • 분위기파 • 중요한 사람의 거절에 민감 • 사소한 무례도 예민 • 사회적 압력 동조	• 타인에 대한 개인적 느낌을 신뢰하지 않음 • 친밀감을 쉽게 느끼지 않음 • 동정심에 이끌린 행동 거의 없음 • 타인의 기쁨보다 주로 개인의 이득을 위해 일함

4) 네 번째 기질 : 인내력

인내력도 타고나는 기질입니다. 인내력은 예전에 큰 효과를 얻었던 방법을 지금 당장 문제해결에 도움이나 이득을 주지 않는다 해도 꾸준히 실행할 수 있는 힘을 말합니다.

인내력	
높은 사람 특징	낮은 사람 특징
• 지칠 때까지 스스로를 몰아붙임 • 쉽게 포기하지 않음 • 고집이 셈 • 성취 야망이 있고, 부지런함 • 완벽주의자	• 해야 하는 일만 함 • 마음이 쉽게 변함 • 좌절, 피곤하면 쉽게 포기 • 현재에 만족, 현실과 타협 • 실용주의자

위의 네 가지 지표는 타고난 기질입니다. 이것은 쌍꺼풀의 유무, 얼굴형, 손가락 모양처럼 타고나는 것입니다. '나는 왜 쌍꺼풀이 없을

까?' 하고 아무리 고민하고 화를 내 봤자 쌍꺼풀은 생기지 않습니다. 대신 화장이든, 성형이든 쌍꺼풀이 없는 눈을 예쁘고 매력적으로 보이게 만들 다른 방법을 찾아낼 수는 있습니다. 마찬가지로 어떤 자극에 대한 타고난 기질적 반응은 어쩔 수 없겠지만 후천적으로 성숙한 성격을 만들면 최종 행동으로 드러나는 양상은 달라질 수 있습니다.

성격 역시 타고나는 부분이 있지만, 기질에 비해 상대적으로 바꾸기가 용이한 것으로 알려져 있습니다. 기질을 바탕으로 환경과의 상호작용으로 만들어진 성격 척도는 자율성, 연대감, 자기초월 세 가지입니다.

자율성은 자신이 선택한 목표와 가치를 이루기 위해 자신의 행동을 상황에 맞게 통제, 조절, 적응시키는 능력입니다. 이 점수가 너무 높으면 협업을 하는데 어려움이 생길 수 있고, 너무 낮으면 매사에 수동적으로 행동하곤 합니다. 연대감은 개인이 자신을 사회의 일부분으로 이해하는 능력입니다. 이 점수가 높으면 타인에게 관대하고 친절하고 협조적인 특성을 보이고, 점수가 낮으면 다른 사람의 욕구를 인정하기 어려워합니다. 자기초월은 자기중심에서 벗어나 나를 내려놓고 불확실한 것을 수용하고 현재를 즐기는 능력입니다. 이 수치가 높은 사람은 자기 모습 그대로에 충만감을 느끼지만, 반대로 낮은 사람은 자신을 애써 꾸며 좋게 보이려 하고 눈앞의 목표나 결과에만 집중하느라 마음의 여유가 없습니다.

기질로 학생을 이해하는 기본 원리

기질로 학생을 이해하는 데 있어 가장 중요한 점은 '기질의 인정'입니다. 이를 위해 교사는 다음의 기본 원리를 받아들여야 합니다.

- 기질은 타고나는 것이다.
- 기질은 변할 수 없다.
- 기질을 어떻게 인정받고 격려받느냐에 따라 성격이 형성된다.
- 기질의 항목을 이해하고 학생별로 지나치게 높거나 낮은 항목이 있는지 파악한다.
- 기질은 개인의 잘못이 아니므로 나와 맞지 않는 기질에 대해 비난하지 않는다.(나도 완벽하지 않다.)
- 나의 기질을 파악하는 것도 중요하다.
- 나와 기질적으로 맞지 않는 학생은 무조건 있을 수밖에 없다.
- 학생보다는 성숙한 어른인 교사가 기질적으로 맞지 않는 학생을 이해하는 지혜가 필요하다.

기질은 타고나는 것이며 변화하기 굉장히 어렵다는 것을 알고부터 제가 학생들을 보는 눈이 달라졌습니다. '왜'라는 질문이 성립하지 않는다는 것을 알았기 때문입니다. 기질을 이해하면 문제학생(?)을 만났을 때 '자극 추구가 높아 교실을 돌아다니는구나', '인내력이 낮아서 딴짓을 하는구나', '불안이 높아 친구들과 싸우거나 반항적 행동을 하는구나'라고 그 원인을 이해할 수 있습니다. 지금의 모난 성격이 기질을 올바로 이해받지 못한 결과일지 모른다는 생각에 도리어 안타까운 마음입니다. 그리고 내가 그 학생의 기질과 성격을 이해하고 지지해 주어야겠다는 생각도 듭니다.

Tip

기질에 관해 제가 안내해 드린 것은 아주 기초적인 내용입니다. 기질에 대해 더 많은 것이 궁금한 분은 TCI 검사의 활용에 대한 워크숍을 진행하는 동덕여대 아동학과 강지현 교수(counsel4u@dongduk.ac.kr)에게 문의하거나, TCI 검사를 국내 표준화한 ㈜마음사랑(www.maumsarang.kr)을 찾아보기 바랍니다. 기질로 학생들을 이해했다면 버츄 카드로 인성교육을 실천해 볼 수도 있습니다.

Part 2
생활교육

생활교육으로 아이들 마음에 존중과 배려를 싹 틔워요

과거에는 마을 공동체, 대가족 안에서 자연스럽게 자기 조절력, 대인관계 기술, 갈등 해결 역량 등을 기를 수 있었습니다. 그러나 요즘은 마을 공동체는 사라지고 가족도 핵가족화되어 이러한 역량을 배울 기회가 없습니다. 그래서 학교에서 이를 가르치기 위한 다양한 교육과정이 필요합니다. 이것이 넓은 의미의 '생활교육'입니다.

학교 현장에서 '생활교육'은 업무 면에서는 학교폭력예방과 학생선도나 징계와 관련된 생활지도부나 인성생활부의 업무가 해당됩니다. 내용 면으로는 교과교육 이외의 나머지 활동입니다. 예를 들어 창의적 체험활동 등 교육과정이 포함되기도 하고 담임교사가 학급을 운영하면서 실천하는 인성교육, 생활교육 프로그램을 말하기도 합니다.

생활교육이 필요한 이유는 무엇일까?

자기 조절력, 대인관계 기술, 갈등 해결 능력 향상을 위한 '생활교육'은 왜 필요할까요?

초등교사는 대부분 담임교사입니다. 담임교사와 반 학생들이 교실이라는 한 공간에서 등교부터 하교까지 함께 생활합니다. 학교 사정에 따라 급식까지 교실에서 이루어지기도 하지요. 즉, 교실은 학생들이 학습, 놀이, 생활하는 복합 공간입니다. 학급 인원이 30명 가까운 학급에서 학습, 놀이, 생활이 원만하게 이루어지려면 교사와 학생, 학생과 학생 사이에 존중하고 배려하는 관계가 반드시 필요합니다. 그리고 존중과 배려는 교과교육이 아니라 생활교육을 통해 확보할 수 있습니다. 교육은 가르치는 사람과 배우는 사람의 상호 이해와 공감을 바탕으로 이루어질 때 성과를 거둘 수 있습니다. 이해와 공감을 형성하기 위해서는 학생의 감정, 생각, 경험 등을 교사가 이해하는 것이 중요합니다.

예전에는 '생활지도'라는 표현을 많이 사용했지만 요즘은 대부분 '생활교육'이라고 부릅니다. 생활지도와 생활교육은 무엇이 다를까요? '생활지도'는 영어의 guidance를 번역한 말로 '이끌다', '조언하다'의 의미입니다. 즉 어른이나 교사가 학생의 발달 가능성을 파악하고 더욱 발달할 수 있도록 지도하는 것을 말합니다. 반면 '생활교육'은 교육적 요소를 강조하여 학생 중심의 자율적 성장을 지원하는 의미입니다. 그래서 '회복적 생활교육', '민주시민 생활교육'과 같이 쓰입니다.

어떤 생활교육 프로그램을 선택해야 할까?

생활교육 프로그램은 정말 다양합니다. 수업 전에 하는 훈화나 10분

독서도 생활교육의 하나입니다. 어울림 프로그램, 회복적 생활교육, 비폭력 대화, 행복한 교실을 위한 1-2-3 매직, 사회적 기술, 학급긍정 훈육법, 버츄 프로젝트 등도 많은 선생님들이 하는 생활교육 프로그램입니다. 최근에는 진로교육과 연계된 '교실 속 직업놀이'도 있습니다. 프로그램마다 교육목표에 따라 자기 조절 능력, 타인과 관계 맺기, 갈등 해결 능력 등 강조하는 부분이 조금씩 다릅니다.

여러 가지 생활교육 프로그램 중에서 어떤 것을 선택해야 할까요? 먼저 나에게 쉽고 꾸준히 실천할 수 있는 프로그램을 선택해야 합니다. 저는 교실에서 교사와 학생, 학생과 학생 사이에 존중과 배려의 분위기를 조성하기 위해 '높임말 쓰기'를 실천하고 있습니다. 학생들에게 높임말 쓰기는 남을 존중하고 배려하는 마음의 구체적 실천이라는 점과 나부터 시작하면 우리 반 전체가 존중, 배려의 학급이 된다는 점을 이야기하고 학기 초에 동의를 받습니다. 교사는 학생의 이름을 '○○님'이라고 부르며 수업 중에는 물론이고 학생과의 대화에도 꼭 높임말을 사용합니다. 그리고 앞 칠판 위에 '친구를 존중하는 마음으로 높임말을 씁니다. ○○님이라고 불러주세요^o^'라고 게시하고 있습니다.

그리고 버츄 프로젝트를 실천하고 있습니다. 매일 52가지 미덕이 쓰인 카드 중 하나를 선택하여 관련 내용을 읽고 오늘의 미덕을 실천합니다. 학생들이 매일 미덕을 읽고 마음에 새겨 나를 돌아보고 다른 사람을 존중하고 배려하는 긍정적인 마인드를 형성할 수 있도록 하기 위함입니다.

높임말 쓰기와 버츄 프로젝트를 실천하며 제가 얻은 것은 무엇일까요? 우선 학생에 대한 제 생각이 변화한 것입니다. 수동적인 교육 대상이 아니라 발전 가능성이 무궁무진한 어린 사람이라고 여기게 된 것입니다. 그리고 학생들이 서로 존중하고 배려하는 이유를 알고 실천하려 노력한다는 사실입니다. 마지막으로 학생들 사이에 심각한 다툼, 갈등과 같은 학교폭력 사안이 없었고, 그 결과 교실에 평화로운 분위기가 정착되었습니다.

다음으로 학년 전체를 대상으로 하는 생활교육 프로그램도 필요합니다. 학생들은 학급의 경계를 넘어서 다른 반 학생들과 함께 각종 문제를 일으킵니다. 그러므로 해당 학년의 생활지도의 문제점을 파악하고 관련 학생들에 대한 자료를 공유하여 학년 단위에서 생활교육 계획을 세워 상황에 따라 학년 전체 및 학급에서 실시하는 것이 좋습니다.

참고

1. 회복적 생활교육 (kopi.or.kr)
2. 비폭력 대화 (krnvc.org)
3. 사회적 기술 (cafe.naver.com/ket21/13415)
4. 한국버츄프로젝트 (www.virtues.or.kr)
5. 이수진, 《교실 속 직업놀이》, 지식프레임, 2021
6. 높임말 쓰기 (blog.naver.com/lucky_gj/221683628953)
7. (초등) 스마트폰 중독 예방 ppt (cafe.naver.com/ket21/15190)
8. (초등고학년) 생활교육(학교폭력예방교육) (cafe.naver.com/ket21/13798)
9. (초등) 5학년 수련활동 사전 안전교육 (cafe.naver.com/ket21/13768)
10. (초등저학년) 저학년 생활교육 (cafe.naver.com/ket21/12930)
11. (초등) 현장체험학습 사전 안전교육 (cafe.naver.com/ket21/11635)

친구관계 때문에 어려움을 겪는 학생

학생이 친구관계의 어려움으로 자해하거나 학교에 나오지 않을 때 학부모 상담은 어떻게 해야 할까요?

저는 개인적으로 학생 생활교육과 관련한 문제들은 다양한 경험과 관련 지식을 바탕으로 어렵지 않게 해결하는 편입니다. 하지만 그런 제게도 정말 어려운 몇 가지 경우가 있었습니다. 그것은 바로 학생들 사이의 성폭력이나 학교폭력, 그리고 그로 인한 학생의 자해와 등교 거부입니다.

이 중 성폭력은 양측의 진술이 다르다는 것도 문제이지만, 피해학생의 상처가 너무 크다는 것이 가장 큰 문제입니다. 또 피해학생 측에서는 가해학생이 잘못을 인정하지 않는다고 분노하고, 가해학생 학부모는 학교에서 공정하게 조사하지 않는다며 계속 불만을 제기합니다.

성폭력이나 학교폭력으로 인해 피해학생이 자해를 하거나 등교를 거부하는 경우, 혹은 부모가 자녀를 학교에 보내지 않는 경우도 정말 해결이 어려운 문제입니다. 학부모에게 자녀의 자해는 엄청난 충격을 안겨 줍니다. 때로는 자해를 자살의 징표로 보고, 자녀가 자살할지도 모른다는 두려움에 빠져서 아예 학교를 보내지 않는 경우도 여러 번 경험했습니다. 문제는 집에서 계속 있는다고 학생의 상태가 나아지지 않는다는 점입니다. 수업을 듣지 않아서 학업도 뒤처지고 친구도 만나지 못한 채 혼자서 집에서 버텨야 하니 감옥이 따로 없습니다. 자식을 보는 부모는 불안하고, 그런 부모를 보는 자녀는 더 불안해집니다. 결국 학생의 상태를 더 악화시키는 악순환이 계속됩니다. 이런 상황이 되면 대개 두 가지 일이 발생합니다.

하나는 내 아이를 이렇게 만들었다고 생각되는 가해학생의 부모에게 전화하거나 직접 집에 찾아가 강하게 항의하는 것입니다. 또 하나는 예고도 없이 학교 교무실로 찾아와서 "도대체 학교에서는 무엇을 했느냐?", "우리 아이가 저 지경인데 어떻게 책임질 거냐?"며 사자후를 내뿜는 것입니다. 그러나 그래 봤자 아무것도 해결되지 않습니다.

그리고 신기하게도 가해학생과 학교에 향하던 불만은 결국 담임교사나 학교폭력 책임교사에게 이어집니다. 시도 때도 없는 전화와 문자메시지에 시달리지만 사실 교사도 분명한 해결방법이 있는 것이 아니라 막막합니다. 그러다 보면 교사로서의 자존감이 하락하고 스트레스로 인해 건강을 해치기도 합니다. 이런 경우 교사는 어떻게 해야 할까요?

학부모의 날카로운 비난에 상처받지 않기

모든 상담이 그렇듯이 경청과 공감은 필수입니다. 학부모가 잘못 알고 있다 하더라도 중간에 말을 자르지 말고 일단 끝까지 듣습니다. 특히 자해와 등교 거부가 같이 이루어지는 경우는 학부모 감정이 매우 격앙되기 때문에 쉽게 교사를 비난하듯 거칠게 말할 수 있습니다. 이런 말을 들으면 교사도 상처를 받습니다. 그러나 상처가 되는 비난의 표현이 아니라 그 말 뒤에 숨은 '내 아이 좀 살려 주세요', '방법을 알려 주세요', '도와주세요'라는 메시지에 주목해야 합니다. 학부모의 날선 말 속에 담긴 이런 메시지를 읽을 줄 알면 교사는 상처를 덜 받을 수 있습니다. 그러면 평정심을 유지하며 상담도 잘 마무리할 수 있고요.

상담 초반에는 학부모의 부정적 에너지가 폭발적으로 높기 때문에 공감보다는 경청에 초점을 맞춰야 합니다. 대면상담이라면 연민의 눈으로 고개를 조금씩 끄덕이는 것만으로 충분하고, 전화상담이라면 "아, 네", "많이 걱정되시겠어요", "○○가 많이 힘들어하는군요" 정도만 합니다. 이렇게 하면 교사에 대한 학부모의 한탄과 적개심이 조금은 줄어듭니다.

한편 학부모가 퇴근 후에 전화와 메시지를 보낸다면 어떻게 할까요? 경우에 따라 다르나 보통 초기에 2~3번 정도는 받아 줄 수 있습니다. 그러나 그 이상은 힘듭니다. 교사도 퇴근 후 정상적인 가정생활과 휴식을 해야 다음 날 학생들을 교육하는 데 전념할 수 있기 때문입니다. 이러한 이유를 설명해도 비난을 계속한다면 어떻게 해야 할까요? 그것은 교사가 어떻게 할 수 있는 것이 아닙니다. 학부모 상담의 핵심은 할 수 있는 부분에 집중하는 것입니다. 교사는 할 수 있는 일만 하면 됩니다. 원인이 무엇이든 교사가 할 수 있는 일과 할 수 없는 일이 무엇인지 구분하고 할 수 있는 일을 하면 됩니다.

학부모의 격앙된 감정에 휘말리지 않기

학부모와 소통할 때는 녹음될 가능성을 염두에 두고 모든 대화에 신중하게 답변해야 합니다. 특히 학부모가 감정적으로 격앙된 상태라면 더욱 그렇습니다. 교사는 학부모의 감정에 휘말리지 말고 침착하고 차분하게 대응해야 합니다. 학생 문제로 여러 번 통화하다 보면 상황에 따라 설명이나 말의 뉘앙스가 달라질 수 있습니다. 그런데 몇몇 학부모는 그런 부분을 꼬투리 잡기도 합니다. 교사가 말실수했다면 정중히 사과하면 되겠지만, 학부모가 예민한 상태에서 주관적으로 말을 잘못 해석하는 경우도 있으므로 이를 대비하기 위함입니다.

그리고 학부모가 어떤 것을 물어볼지, 교사는 어떤 것을 알려 줘야 할지 어느 정도 정리한 뒤에 대화하는 것이 좋습니다. 잘 모르는 부분에 대해서는 추측해서 말하기보다 양해를 구한 후 자세히 알아보고 나중에 알려 주거나 필요할 경우 담당교사와 연결시켜 주는 것이 바람직합니다.

특히 부모가 매우 격앙된 상태로 학교에 올 것이 예상되는 상황이라면 혼자 상담하는 것이 좋을지, 교감이나 부장교사 혹은 담당교사와 같이 얘기하는 것이 좋을지 미리 결정해 두는 것이 좋습니다. 또 교실보다는 교무실 같이 보다 개방된 공간에서 얘기를 나누는 것이 좋습니다. 그리고 도저히 정상적인 대화가 어렵고 교사의 신변에 위협이 되는 상황이라면 경찰의 도움을 요청할 수 있음을 기억하십시오.

자해를 하고 등교를 거부하는 학생의 학부모 상담은 많은 시간을 필요로 합니다. 가장 중요한 것은 '학생의 안전과 성장'에 상담의 초점을 맞추는 것입니다. 교사로서 학생의 회복을 돕고자 하는 마음이 학부모에게 전달되도록 하는 것이 핵심입니다. 그리고 학생이 3일 이상 결석하면 가정 방문을 하고 학교에서 출결 상 다른 조치가 있을 수 있다는 것을 안내합니다. 이때 학생과 학부모가 악의적인 경우가 아니라면 규정의 범위 내에서 최대한 우호적인 결정을 내리는 것이 좋습니다. 또 학교에서 도울 수 있는 상담과 복지 차원의 지원, 학교폭력 피해학생의 경우 교육감 지정 치료기관에 대한 정보 등을 적절한 시기에 안내하는 것도 필요합니다.

문제해결의 열쇠는 결국 학생과의 소통이다

물론 해당 학생과도 꾸준히 소통해야 합니다. 결국 문제해결의 열쇠는 학생에게 있으니까요. 교사는 학생의 고민과 아픔에 공감하고 동의하지 않더라도 마음을 같이 하면서 회복하기를 기원하면 됩니다. 또 교사에게 부탁하고 싶은 부분이 있으면 언제든 말해 달라고 얘기합니다. 다만 학교에 오라고 강요하는 언행은 하지 않는 것이 좋습니다.

장난으로 시작된 남학생과 여학생의 서로의 물건 가져가기가 나중에 한 여학생에 대한 남학생들의 집단폭력으로 이어지고 피해학생이 자해까지 한 경우가 있었습니다. 이때 저는 사실을 알고 난 후 피해학생에게 "선생님이 좀 더 자세히 살펴보지 못해서 미안합니다. 많이 힘들었을 텐데 말해 줘서 고맙습니다"라고 사과했습니다. 그리고 교사로서 제가 할 수 있는 일을 찾아 하고 학급 친구들의 도움도 받으며 차분히 대처했습니다. 다행히 그 학생은 병원 치료를 위해 2주 정도 학교를 빠지기는 했지만 점차 회복되어 다시 학교로 돌아왔습니다.

　교사가 할 수 있는 일만 차근히 하십시오. 그리고 결과는 내 몫이 아님을 알고 기다리십시오. 그것이 교사가 할 수 있는 전부입니다.

2

나는 선생님이야, 엄마가 아니라고!

처음으로 1학년 담임을 맡고 학기 초에는 여러 가지 어려움이 많았다. 입만(?) 살아 있고 글은 모르는 학생, 자존심만 세서 자기가 원하는 대로 되지 않으면 떼쓰기 일쑤인 학생, 공부를 시작하기만 하면 지루해 몸을 베베 꼬는 학생, 이야기할 때는 듣지 않고 다시 물어 나를 녹음기로 만드는 학생 등. 기본적인 학교생활을 이어가는 것조차 너무 어려웠다. 하지만 '요새 1학년이 그렇다'는 동료 선생님들의 조언으로 하루하루를 버티며 학생들과 친밀감을 쌓아가자 그런 어려움은 조금씩 해결되었다. 그런데 학생들과 너무 친해진 것일까? 남자아이 하나가 나에게 안기며 내 배를 만지작거렸다. 나를 좋아해서 그런 건 알고 있지만, 그냥 이해하고 넘어가기에는 뭔가 마음이 불편하다. 어떻게 하면 좋을까?

"엄마, 이거 해요? 앗! 선생님이지. 선생님, 이거 해요?" 1학년 아이들을 가르치다 보면 자주 듣는 말이 '엄마' 또는 '할머니'입니다. 처음 이런 말을 들었을 때는 내가 아줌마 같아 보이나 싶어 기분 나쁘기도 했습니다. 그런데 여러 해 1학년 담임을 하다 보니, 나를 친근히 여겨서 하는 말이거나 아무 의미 없는 말이라는 것을 알게 되었습니다.

선생님과 친해졌다고 생각하는 1학년 학생들은 선생님에게 다가와 머리나 어깨를 잘 만지고 심지어 다른 신체 부위를 만지기도 합니다. 어린 학생들이 성희롱을 하려는 것은 아니겠지만, 그렇다고 마냥 넘어갈 일도 아닙니다. 저 역시 비슷한 경험이 있습니다. 예전에 운동장에서 자유시간을 보낸 1학년 학생들을 불러 줄을 세우고 있는데, 한 남학생이 기분이 좋았던지 두 팔을 벌리고 제게 달려왔습니다. "선~ 생~님~!" 제 품에 푹 안긴 학생이 너무나 자연스럽게 제 배를 쓰다듬더군요! 너무나 당황스러웠지만 학생에게 정색할 수도 없는 노릇이었습니다.

이처럼 어린 친구들이 친밀감을 지나치게 표현하면 교사는 난감할 수밖에 없습니다. 어린 학생들은 선생님에게 안기려 하는 경우가 종종 있는데, 키가 작다 보니 제 경험처럼 학생 손이 선생님의 아랫배나 엉덩이와 같이 애매한 곳에 닿게 되는 것이지요.

이럴 때는 당황하지 말고 학생의 손을 찬찬히 떼어 낸 후 위치를 바꾸어 안아 주며 "○○이 손 때문에 선생님이 너무 놀랐어. 다음에는 조심해 주기"라고 가볍지만 정확하게 이야기합니다. 머리카락이나 어깨, 손 등을 자꾸 만지는 친구에게도 "선생님 머리 모양이 예뻐 보이는구나? 하지만 예쁜 머리 모양이 망가질 수도 있으니까 이제는 만지지는 말고 눈으로만 볼까? 그리고 선생님뿐 아니라 친구, 동생, 심지어 어른들의 몸도 반드시 먼저 허락을 받고 만져야 한단다", "우와, 우리 ○○이는 손힘이 정말 세구나. 선생님 어깨를 주물러 줘서 고마운데, 이제는 해 주지 않아도 괜찮아. 오늘은 정말 고마웠어"와 같이 부드러운 어투로 정확한 내용을 학생들에게 알려야 합니다. 그래야 오해 없이 상황을 종료하고 같은 일이 반복되지 않을 수 있습니다.

성인지감수성이 발달한 덕분인지 요즘에는 선생님에게 성적으로 기분 나쁜 말이나 행동을 하는 학생들이 많지는 않습니다. 하지만 의도성을 갖고 성적으로 선생님을 당황시키는 학생이 있다면, 교권보호위원회의 도움을 받을 수 있습니다. 최근에는 6학년 남학생이 담임교사의 치마 속을 스마트폰으로 촬영하여 문제가 되기도 했습니다. 교권보호위원회를 개최하기 위해서는 1차적으로 학교 관리자에 대한 보고가 우선입니다. 보통 교권보호위원회는 교감이 위원장이고 교무부장이 주무인 경우가 많습니다. 그러므로 사안이 발생하면 적극적인 도움을 요청하십시오.

3

학생이 ADHD 같아요

문제 상황 ①

1학년 아이입니다. 얼마 전 그 아이가 난동을 부려 심각한 문제가 생겼습니다. 우리 반 아이들 9명이 맞았고, 분리조치하는 과정에서 저와 보건교사도 많이 맞았습니다. 저는 몸싸움은 물론이고 발로 배를 차이고 심지어 머리채를 잡혀 주먹으로 얼굴을 가격당했습니다. 온몸이 땀으로 젖고 손이 부들부들 떨렸습니다. 여덟 살짜리 애한테 그런 일을 당하고 나니 정말 교사를 그만하고 싶은 마음이 굴뚝 같습니다. 아이는 다음 날 웃으며 학교에 왔습니다. 저는 물론이고 맞은 아이들에게 사과를 하지 않아서 제가 억지로 시켰습니다. 그것도 3명에게만 하더군요. 이번에는 학부모에게 꼭 정신건강의학과에 가 보라고 말해야겠습니다.

저는 지금 가슴 속에는 휴직서류를 품고 있습니다. 이런 험한 일을 내가 당할 줄은 정말 몰랐습니다. 게다가 비슷한 상황이 몇 번 반복되니 진정으로 다음엔 무엇일지 두렵습니다. 오늘도 물레방아 테이프를 던지려는 아이를 저지하면서 '잘못 맞으면 내가 피 흘리고 쓰러졌겠구나' 하는 두려운 마음이 들었습니다. 혹시 연필로 찌르기라도 하면 어쩌죠? 공포감이 가시지 않아 집에 돌아와서도 아무것도 손에 잡히지 않습니다.

제 마음이 이렇다 보니 가정생활도 뜻대로 안 되고 제 아이들 앞에서 계속 눈물만 흘립니다. 죽고 싶은 마음이 들었다가, 그러느니 그냥 욕먹고 휴직하자 하는 마음도 들었다가, 그 애 때문에 힘들어하는 나머지 27명의 우리 반 아이들이 너무 불쌍했다가, 마음이 너무 복잡합니다. 병원에 다니면 괜찮아질지도 모른다는 희망을 품기도 하지만 제 마음은 여전히 공포와 불안에 사로잡혀 있습니다. 밤새 괴로워하다 글을 올려봅니다. 저는 어떻게 해야 할까요? 과연 해결책이 있긴 할까요?

문제 상황 ②

2학년 아이입니다. 3월 초부터 교실에서 소리를 지르고 위협적인 말과 행동을 합니다. 보호자에게 연락했더니 아버지가 소리를 지르는 편이지만 집에서는 제가 말한 정도로 문제행동을 하지는 않는다고 합니다. 조심스럽게 병원에 가서 상담을 받아 보는 것은 어떤지 물었더니 상담을 강요하는 것 같아 불편하다는 대답이 돌아왔습니다. 그 학생은 엄마보다 제가 더 좋다며 졸졸졸 따라다니기도 하지만, 화가 나면 제게도 큰 소리로 비난하는 말을 쏟아냅니다. 아이를 도와주고 싶은데 가정에서 협조가 되지 않아 고민입니다. 저는 아이를 위해서 무엇을 해야 할까요?

문제 상황 ③

학급에 자기 마음대로 되지 않거나 화가 나면 의자를 집어 던지거나 발로 책상을 차는 학생이 있습니다. 사물함 위에 올라가기도 하고요. 제가 제지하면 교실 밖으로 나가 화장실에 숨거나 운동장 놀이터로 도망갑니다. 1학년이라 교실을 비우기가 어려워 학생을 찾아 교실로 데리고 오는 일이 너무 힘듭니다. 학생의 아버지와 어머니를 함께 만나 상담도 했습니다. 아버지가 어렸을 때 엄하게 키웠다고 하고, 자세히는 모르나 많이 혼나고 체벌도 당했던 것 같습니다. 조심스럽게 ADHD 검사를 받아 보라고 권했습니다. 그 이후 병원 진료를 받았고 한 달 정도 검사와 상담을 한 후에 ADHD 약 복용 여부를 결정할 것이라고 연락이 왔습니다. 이제부터 저는 이 학생을 어떻게 지도해야 할까요?

문제 상황 ④

6학년 담임입니다. ADHD 진단을 받은 남학생이 있습니다. 다른 학교에서 여러 가지 문제들을 일으켜 유명했던 학생인데, 4학년 중간에 우리 학교로 전학을 와서 지금까지 그럭저럭 지내고 있습니다. 6학년이 되어 처음 아이를 만난 후 친절하게 대하고 배려해 주었고, 덕분에 마음을 열어 저를 많이 의지하며 안정되는 듯 보였습니다. 그러나 여전히 분노조절이 어렵고 기본적인 학습습관이 형성되어 있지 않고 친구, 외모에 대한 집착을 보입니다. 제가 어떻게 더 도울 수 있을까요?

문제 상황 ⑤

우리 반 남자아이 때문에 너무 힘이 듭니다. 1학년 담임교사가 극한 직업이라지만 도저히 감당할 수가 없습니다. 하루에도 수십 번 아래의 문제행동으로 저를 힘들게 합니다.

1. 쉬는 시간에 교실 밖으로 나갔다 수업시간이 되어도 교실에 들어오지 않기(때로는 다른 친구들을 꾀어서 함께 사라지기도 함)
2. 교과서를 꺼내 놓지도 않고 수업 중 딴짓하기
3. 자기 마음에 들지 않는 친구 놀리기
4. 쉬는 시간에 친구들과 놀다가 자기 맘대로 안 되면 싸움 벌이기

5. 화가 난다고 급식판을 밀어 친구 다치게 하기

가장 괴로운 것은 문제행동을 못하게 하는 저에게 적대적 감정을 드러내며 지도에 따르지 않는 것입니다. 이러한 내용을 가정으로 전달했더니 학부모는 사과는커녕 오히려 녹음기를 학생 주머니에 넣어 학교에 보냈습니다. 그리고 이를 지적하자 미안해하지 않고 아이를 보호하기 위해 그렇게 했다고 당당히 말합니다. 교사로서 너무 화가 나고 학교를 그만두고 싶을 정도로 스트레스를 받고 있습니다. 내일은 정신건강의학과를 예약했습니다. 진단서를 받아 2주나 3주 병가를 내려고 합니다. 이 문제를 어떻게 해결해야 할까요?

문제 상황 ⑥

신규 교사입니다. 반에 심한 ADHD 증상을 보이는 학생이 있습니다. 수업시간에 자리에서 일어나 돌아다니고 친구를 자주 괴롭힙니다. 제가 못하게 하면 바닥에 드러누워 "왜 나만 갖고 그래?" 하고 소리를 지릅니다. 가정 형편이 매우 좋지 않은 것을 알기에 심리상담이나 병원 진료를 권하기도 어렵습니다. 이 학생 때문에 수업하기가 너무 어렵습니다. 어떡해야 할까요?

문제 상황 ⑦

저는 2학년 담임으로 학생 수는 24명입니다. 23명의 학생들은 제 지도를 따라 학급생활을 잘합니다. 그런데 한 명의 학생이 수업 분위기를 망치고 문제를 일으켜 많이 힘듭니다. 교사로서 자괴감과 무력감이 느껴져 때로는 휴직하고 싶은 마음까지 듭니다.

그 학생의 문제점은 장난과 폭력을 구분하지 못하고 타인의 상황을 이해하는 공감 능력이 전혀 없어 보인다는 것입니다. 자기 의자에 앉아 있지를 못하고, 마음에 들지 않는 친구가 있으면 지속적으로 괴롭힙니다. 부모님과 통화하면 ADHD 검사를 받았지만 진단은 안 나왔고 아이가 장난이 심한 것 같으니 가정에서도 신경 쓰고 지도하겠다고 합니다. 학부모가 협조적인 것 같지만 딱히 학생이 개선되지 않으니 더욱 고민입니다.

교사로서 학생 지도 능력이 부족한 것일까요? 주로 고학년을 맡던 제가 저학년을 맡아 더 힘든 걸까요? 한 학급의 분위기가 한 명의 학생이 어떻게 하느냐에 따라 좌우되는 것이 괴롭습니다. 그래서 당장 도망치고 싶습니다. 저는 어떻게 해야 할까요?

세계보건기구는 어린이의 정신건강 문제 중 가장 심각한 문제로 ADHD에 주목합니다. ADHD는 Attention Deficit Hyperactivity Disorder의 약자로 '주의력결핍 과잉행동 장애'로 번역합니다.

여기서 주의력은 필요할 때 주의를 기울이거나 상황에 따라 주의를 전환시킬 수 있는 능력을 말합니다. 과잉행동은 과도하게 끊임없이 움직이는 것을 말합니다. 교실에서 수업 중 자신도 모르게 필요 없는 행동을 하고, 억지로 가만히 있게 만들면 손가락을 뜯는 등 다른 행동이라도 해야 합니다. 과도한 행동을 제지하면 화를 내거나 졸기도 합니다. 움직여야만 답답함이 해결되는 이런 상태를 과잉행동이라고 합니다. 한편 과잉행동이 없는 조용한 ADHD도 있습니다.

만족을 뒤로 미루거나 지연시키지 못하는 충동성 또한 ADHD의 주요 증상입니다. 충동 조절이 어려우면 남의 말을 귀 기울여 듣거나 줄 서서 기다리는 것을 힘들어합니다. 또 놀이 상황에서는 순서를 기다리지 못하고 승부에 지나치게 집착합니다.

일부 학부모는 ADHD를 아이가 산만한 것, 성장하면 괜찮아지는 일시적인 증상이라고 생각합니다. 그러나 의사들은 현재 학급마다 1~2명의 ADHD 성향의 아이들이 있는 것으로 보고, ADHD를 질병으로 간주하여 적극적 약물치료를 권합니다. ADHD를 치료하는 방법은 약물치료, 행동치료, 자연적 치료 등이 있습니다. 가장 효과적인 것은 약물치료이고, 행동치료는 많은 비용과 시간이 필요합니다. 자연적 치료는 나이를 먹어 가며 산만한 행동이 나아지기를 기대하는 것입니다. 의사들은 ADHD 성향의 아이들은 주위 사람들의 지적과 비난이 거듭되면 자책감을 느끼고 부정적 자아가 형성되는 등 심리적인 문제를 겪을 수 있다고 지적*합니다.

현재 학교에서는 1학년, 4학년을 대상으로 '정서행동검사'를 실시합니다. 학교에서 설문지를 보내면 부모가 해당 내용을 체크하고 이를 바탕으로 학생의 정서적, 심리적 문제를 찾아내는 방식입니다. 그러나 이는 부모의 생각에 기반한 결과일 뿐, 집단 속에서 학생을 관찰하는 담임교사의 의견이 반영되지 못한다는 점은 개선되어야 할 부분입니다.

---

* 오디오클립 '서천석의 아이와 나' 중 '산만한 아이, ADHD란 어떤 상태인가요?' (audioclip.naver. com/channels/803/clips/29)

현재 교사는 학급에 ADHD 성향의 아이들이 있는 경우 각 학교의 상담실이나 상담교사, 순회 상담사 등 인력과 Wee센터 및 학교보건원 정신건강센터 등 관련 기관의 도움을 받을 수 있습니다. 그러나 거의 모든 학급에 있는 다양한 ADHD 성향의 아이들을 모두 지원할 수 없기 때문에 상당수 담임교사가 스스로 감당해 내고 있는 것이 현실입니다.

ADHD 성향의 학생을 대하는 교사의 자세

그럼 도저히 수업을 진행할 수 없을 정도로 ADHD 성향이 심각한 학생들은 어떻게 대해야 할까요?

첫째, 교사의 지도 능력이 부족하다는 생각은 절대 하지 않습니다. 교사 자신을 자책하거나 교직에 대해 후회할 필요는 없습니다. ADHD 성향은 본인의 기질에 따른 결과이지 교사의 지도에 따른 결과가 아닙니다. 다만 부주의한 행동을 반복하는 학생에 대해 비난, 처벌, 냉대와 같은 부정적 반응은 하지 않는 것이 좋습니다. 이러한 반응이 반복되면 ADHD 성향의 학생들이 부정적 자아 개념을 형성할 수 있기 때문입니다.

또한 교사는 무력감에 빠져들지 않도록 주의해야 합니다. ADHD 성향의 학생이 일으키는 문제로 교사가 상처받을 이유는 없습니다. 상처와 스트레스로 마음이 소진되어 버리면 정말 힘들어집니다. 교사가 건강해야 학생도 있고 학교도 있고 교육도 있는 것입니다. 학생들

에게 주는 관심, 사랑, 열정의 상한선은 본인이 상처받을 수 있는 선 아래에 두어야 합니다.[*]

둘째, 학교에서 교실 내 긴급 대응 매뉴얼을 만들어 놓아야 합니다. 학생이 교실에서 심각한 문제행동(폭력, 기물파손, 물건 던지기 등)을 한다면 이는 담임교사 혼자서 감당할 수 없습니다. 그러므로 해당 상황에 따른 대응 매뉴얼이 필요합니다.

〈ADHD 성향을 가진 학생의 제지할 수 없는 심각한 문제행동 발생 → 학교 관리자 및 보안관 지원 요청 → 격리 및 분리 → 학부모 연락 → 긴급 상담 → 추후 지도 대책 마련〉

교무실에 위와 같은 긴급 대응 매뉴얼을 요청하고 내부결재를 해 놓아야 합니다. 학생이 난동을 피우고 친구들이나 교사에게 폭력을 행사하는 경우 긴급 대응 매뉴얼에 기반한 적극적인 대처가 가능해야 합니다.

셋째, 학생의 문제행동을 기록하여 학부모에게 협조를 요청합니다. 문제행동의 종류 및 빈도를 꼼꼼히 기록하여 학부모 상담 시 자료로 활용합니다. 이때 ADHD는 교정 가능하고 적극적인 치료가 필요한 것임을 알리고 학부모의 협조를 요청합니다. 소아정신과 전문의 서천석은 늦어도 2학년 말 3학년 초에는 ADHD 치료를 시작할 것을 권고합니다.

넷째, 학교 관리자, 학년부장, 생활부장에게 상황을 보고하고 협조를 요청합니다. 문제 상황이 발생하면 학생 상담 등 해결을 위한 지원

---

[*] 송형호 외, 《교사 119 이럴 땐 이렇게》, 에듀니티, 2019, 375쪽.

을 받을 수 있습니다. 필요에 따라 '학생선도위원회', '생활교육위원회', '교권보호위원회'의 공식적 절차를 거치는 것도 필요합니다.

다섯째, 학교 내 상담 교사 및 교육지원청 상담을 요청합니다. 담임교사 혼자 해결해 보려고 고민하지 말고 전문가에게 의뢰하는 것이 좋은 선택입니다. 교육지원청 학교통합지원센터에서는 학부모에게 절차 및 각종 지원 제도를 안내합니다.*

마지막으로 ADHD 성향 학생들이 긍정적인 피드백을 자주 경험하도록 노력합니다. 학생의 잘한 행동을 적극적으로 칭찬하면 긍정적 행동을 하려는 마음을 불러일으킬 수 있습니다. 교사의 긍정적 피드백은 학생의 자존감을 높여 문제행동의 변화를 가져옵니다.**

---

* 서울교육연구정보원, '서울동부교육지원청, 학교통합지원센터 Save me 프로그램', 《서울교육》, 2020 봄 호, 6쪽
** 네이버카페 '돌봄치유교실', ADHD 학생을 위한 학습 전략 (cafe.naver.com/ket21/14251)

뒷담화는 여학생 갈등의 씨앗

문제 상황 ①

지난주 오후에 3명의 여학생이 얽힌 뒷담화 문제가 있었습니다. A 학생이 C 학생에게 B 학생이 자신을 뒷담화한다는 이야기를 듣고 너무 힘들다며 상담을 요청했습니다. 그래서 등교하는 날에 3명이 함께 이야기해 보자고 했습니다. 그런데 그날 밤 B 학생 엄마가 밤늦게 전화를 했습니다. 그분은 'A 학생이 자신의 딸에게 문자로 "네가 내 뒷담화 까고 다닌다며?" 하고 보냈기에 A 학생한테 전화해서 어디서 들었냐고 물으니 C 학생한테 들었다고 했다. 그래서 C 학생에게 전화를 걸어 정말 우리 딸이 그런 말을 하는 걸 들었냐고 물으니 C 학생이 횡설수설했다'고 이야기하더군요. 다음 날 B 학생에게 전화해 A 학생에 대해 뒷담화한 적이 있냐고 물어보니 절대 그런 적이 없다고 합니다.

내일이 그 일이 있고 처음으로 등교하는 날입니다. 이 세 학생들을 어떻게 상담하는 게 좋을까요? 저도 여자지만 여자아이들의 관계는 너무 어려워요.

문제 상황 ②

저는 올해 처음으로 고학년을 맡았습니다. 학생 상담 중에 A 학생이 여자애들이 자신을 따돌린다고 저에게 도움을 요청했어요. 5명이 있는 단톡방에서 자기가 이야기하면 무시하고 다른 얘기를 하고 카톡 프로필 배경 글이 자기를 저격하는 이야기인 것 같다고 했습니다. 그래서 그 단톡방에서 A 학생이 먼저 나갔고요. 하지만 관계를 회복하고 싶었던 A 학생은 무리 중 한 친구에게 갠톡으로 자기에게 불편한 점이 있는지 물어봤고 그런 점 없다고 오해라는 대답을 들었답니다. 그래서 잘 해결되었다고 생각했지요.

그런데 오늘 등교해서 보니 A 학생이 다가가면 무리 아이들이 일제히 피하는 게 제 눈에도 보였습니다. A 학생이랑 오후에 상담하고 퇴근 후 저녁에도 카톡으로 상담 중입니다.

이야기를 더 들어 보니 무리 아이들이 A 학생을 멀리하는 이유가 있다고 말했는데 그 이유를 쉬는 시간에 쪽지로 물어봐도 대답을 해 주지 않았다네요. 답답한 마음에 A 학생이 오늘 저녁에 단톡방을 만들어서 다시 물어봤는데 지금은 말하기 싫다며 아이들이 다 나갔답니다. 아이들을 개별적으로 불러 상담할까도 했는데 오히려 상황을 악화시킬 것 같습니다. A 학생은 자기가 다 고쳐서라도 원래대로 잘 지내고 싶다고 하는데 교사가 어떻게 개입해야 할지 잘 모르겠어요.

일단 '교우관계 조사 학습지'를 수업시간에 적게 하고 반 전체 개별 상담을 통해 문제를 파악하는 것이 괜찮은지, 교사 주도로 5명이 서로 소통할 수 있도록 대화의 장을 마련하는 것이 괜찮은지 궁금합니다. 제가 생각한 방법이 적절한지 의견 부탁드려요.

교사로서 학생들과 꽤나 많은 시간을 함께했지만 여학생들의 뒷담화 문제는 저 역시 해결이 어렵습니다.

사춘기에 접어든 고학년 학생들, 특히 여학생들은 또래 집단peer group을 형성하는 경향이 있습니다. 함께 몰려다니거나 카톡 단톡방을 만들어 자기들만의 비밀을 만듭니다. 이런 행동이 나쁜 것은 아닙니다. 다만 부모나 교사가 좋은 방향으로, 서로 발전적인 방향으로 이끌어주며, 특정 학생을 따돌리는 등 잘못된 방향으로 흐르지 않도록 관심 있게 지켜보는 것이 중요합니다. 담임교사는 평소 학생들의 교우관계를 파악하고 있어야 합니다. 서로 친한 학생들 중에 어느 순간 따돌림 받는 학생이 없는지 살펴보는 것이지요. 가능하다면 단톡방 현황도 알면 좋습니다.

고학년 여학생들의 심리는 어른들이 이해하기 힘듭니다. 섣불리 아이들을 불러 상담하고 해결책을 제시한다면 어떻게 될까요? 과연 문제가 해결될까요?

제가 6학년 체육 전담교사와 생활부장을 할 때 있었던 일입니다. 6학년 여학생 6명이 학교에서 몰려다니는 것은 물론이고 방과 후에도 함께 놀러 다니며 친하게 지내는 듯 보였습니다. 인원수가 많다 보니 자연스럽게 2~3명씩 따로 연락하기도 하고 전체가 함께 연락하기도 하더군요. 그러다 보니 확인할 수 없는 수많은 카더라 통신이 생겨나면서 서로 상처를 주고받다 갈등이 생겨났습니다. 점점 갈등이 깊어지자 학급생활까지 어려워졌고, 결국 담임교사가 생활부장인 제게 도움을 요청했습니다. 하지만 저 역시 뾰족한 수는 없었습니다. 마침 그때 우리 학교에 일주일에 2~3일씩 출근하는 상담사 선생님이 있었습니다. 제가 그분에게 사정을 말씀드리고 방법이 있는지 문의하자, 그 선생님은 직접 도움을 주고 싶다고 하시더군요.

그래서 학부모와 학생들의 동의를 받은 후 상담사 선생님의 주도로 집단 상담 프로그램을 2주 정도 진행하였습니다. 진행 과정은 저와 담임교사에게 공유되었지만, 저희는 프로그램에는 관여하지 않고 그냥 지켜보았습니다. 다행히 아이들은 서로의 마음을 나타내는 글, 그림 등을 그리면서 친구의 마음을 이해하고 자신의 잘못을 인정하는 사과 편지도 쓰며 서로 화해하였습니다. 그 후 졸업까지 서로 친하게 지냈습니다.

이 일을 경험하면서 저는 몇 가지 배움을 얻었습니다.

첫째, 여학생 집단에서 일어난 뒷담화 사안은 담임교사가 해결하기 어렵습니다. 담임교사는 누구의 잘못이라고 단정 지어 지적할 수 없고, 설사 옳은 해결책을 내놓아도 거부당할 가능성이 큽니다. 생활부장 역시 학생들과 집단 상담을 진행할 노하우도 시간도 없습니다.

둘째, 여학생 사이의 갈등은 굉장히 미묘하고 복잡하기 때문에 전문가의 세심한 상담이 필요합니다. 그러므로 교내 상담교사, 순회 상담사, 비폭력대화 단체, 회복적 생활교육 전문가의 도움을 받는 것이 좋습니다.

셋째, 학생들의 갈등 상황이 길어지면 학부모들도 굉장히 불안해지고, 때로는 그 불안의 원인을 교사나 학교에서 찾아 민원을 제기하기도 합니다. 따라서 전문가의 신속한 개입으로 효과적인 해결 과정을 시작해야 합니다. 전문가의 개입만으로도 학생과 학부모의 심리적 안정과 불안 해소에 큰 도움이 됩니다.

넷째, 학생들의 뒷담화 문제는 언제든 발생할 수 있습니다. 초등 고

학년의 또래 집단 형성은 자연스러운 행동입니다. 다만 부모와 교사가 바람직한 방향으로 발전되도록 이끌어야 합니다. 무리를 짓는다고 해서 비난하거나 책망한다면 반발심에 더 잘못된 방향으로 발전할 가능성이 있습니다. 그리고 사람에 대한 지적이나 불만을 당사자에게 예의를 갖춰 부드럽게 말하는 방법을 알려 주는 것이 필요합니다. 듣는 상대방의 감정을 먼저 생각하는 것이 중요하다는 점도 알려 주세요.

참고

1. 네이버 카페, '돌봄치유교실', 사회적 기술 (cafe.naver.com/ket21/13415)
2. 회복적 생활교육 (kopi.or.kr)
3. 비폭력 대화 (www.krnvc.org)
4. 어울림 프로그램 (stopbullying.re.kr/mps)

학교폭력이 맞다? 아니다?

올해 4월 저는 3학년의 한 담임교사로부터 학부모 상담 과정에서 A 학생의 어머니가 '재작년 1학년 때 A 학생이 학교폭력 피해를 입었고, 학교폭력 가해학생인 B 학생이 옆 반이니 조심시켜 달라'는 부탁을 했다는 이야기를 듣고 무척 놀랐습니다. 2년이나 지난 일을 지금 굳이 이야기하다니 이상했기 때문입니다. 한편 옆 반에 있는 B 학생의 어머니도 학부모 상담에서 재작년 학교폭력 사안에 대하여 억울함을 호소하며 울었다는 이야기도 들려왔습니다.

저는 재작년에 이미 두 학부모를 불러 사실관계를 확인하고 원만하게 해결된 일을 지금까지 이야기하는 것에 대해 문제를 제기하고 싶었으나 괜한 논란만 만들 것 같아 참았습니다. 그리고 혹시나 하는 마음에 재작년 자료를 찾아보았습니다.

사안 개요

1학년 담임인 C 교사에게 2학기 10월경 학부모 3명이 면담을 신청했다. 면담을 통해 드러난 내용은 다음과 같았다.

B 학생이 방과 후 사설 축구 클럽에서 A 학생을 비롯한 3명에게 기합을 주는 등 심한 장난을 했고, 그 3명 중 하나인 A 학생이 기분이 나쁘고 학교폭력이라는 생각이 들어 엄마에게 이런 사실을 알렸다. 한편 A 학생

의 어머니는 전화로 B 학생의 어머니에게 B 학생이 가해 사실을 인정하고 사과할 것을 요구하였으나, B 학생의 어머니는 4명이 규칙을 정하고 한 놀이가 어떻게 학교폭력이냐고 사과를 거부하였고, 더구나 축구 클럽의 코치도 아무 말이 없는데 아이들 말만 듣고 학교폭력이라고 하니 부당하다고 하였다. 그래서 3명의 어머니들은 B 학생을 학교폭력 가해자로 담임교사에게 신고하였다.

사실 확인

다음날 C 교사는 4명의 학생들을 불러 사실관계를 확인하였다. 방과 후 축구 클럽에서 쉬는 시간에 가위바위보 놀이를 했는데 규칙은 '1등이 나머지 친구들에게 간단한 벌칙 주기'였다. 그런데 계속 B 학생이 이겼고 규칙에 따라 엎드려 뻗쳐, 왕복 달리기 등을 시켰다. A 학생은 B 학생에게 "너만 계속 이기냐? 우리는 네가 시키는 대로 하기만 하고?"라며 억울해했고, 이를 저녁에 엄마에게 이야기했다.

사안 해결

4명의 학부모들을 면담하는 과정에서 B 학생의 어머니는 잘못이라고 생각하지 않지만 원만한 해결을 위해 B 학생이 사과를 하겠다고 했다. B 학생은 A 학생을 비롯한 3명에게 미안하다고 사과하였고 함께 놀지 않을 것을 약속하였다. 그리고 학생들을 교실에서 내보낸 상태에서 다시 B 학생 어머니가 A 학생 어머니를 비롯한 3명의 학부모에게 보호자로서 사과하고 재발 방지를 약속하였다.

학교폭력 관련 사안은 어느 범위까지 학교에서 다루어야 할까요? 형사처벌을 받을 정도의 학교폭력이라면 경찰이 개입하여 사건을 처리하겠지만, 그 외의 학생들 간의 사소한 다툼, 방과 후 활동 중에 일어난 문제, 학원에서 벌어진 학교폭력 사안 등을 모두 학교에서 처리하는 것이 맞을까요?

사례는 방과 후 축구 클럽에서 일어난 다툼이지만 3명의 학부모들은 학교폭력으로 판단해 담임교사에게 신고하였습니다. 이는 「학교폭력예방 및 대책에 관한 법률」에 따른 정당한 행동입니다. 현장에 없었던 담임교사가 사안을 처리해야 한다는 점이 이해가 되지 않는 것도 사실이지만, 최근에는 학원이나 방과 후에 일어난 학교폭력 문제를 담임교사가 적극적으로 중재해야 하는 일이 빈번합니다. 이때 담임교사는 어떻게 해야 할까요?

원칙적으로 모든 학교폭력 사안은 담임교사가 처리하면 안 됩니다. 학교폭력 신고는 받을 수 있지만 그 사안은 학교폭력 책임교사나 생활부가 처리하는 것이 맞습니다. 그리고 학교는 관련 법에 따라 사안 조사 및 학교장 자체해결 요건 심의, 교육지원청 사안 보고의 책임을 집니다. 2019년 하반기 「학교폭력예방 및 대책에 관한 법률」 개정으로 학교폭력 사안을 심의하는 기능이 교육지원청으로 이관되었습니다. 그러나 사안 조사 및 상담의 역할은 여전히 학교 책임입니다. 다시 말해 학교에서는 학교폭력 피해자가 발생하면 가능한 한 빠른 시간 안에 가해자에 대한 조치와 피해자에 대한 사과가 이뤄지도록 하고, 가해자는 진심 어린 반성을 통해 잘못한 행동에 대해 책임을 져야 합니다.

다만 학교 현장에 있는 교사의 입장에서는 학교 밖 학원이나 스포츠 클럽 등에서 학교폭력 사안이 발생하면 관련 책임자가 교육지원청에 사안 조사 및 심의를 요청하는 「학교폭력예방 및 대책에 관한 법률」의 개정이 필요하다고 생각합니다.

또한 인식 개선을 위한 학부모 교육이 필요합니다. 어른들이 성숙한 태도로 지켜보면 놀이 과정의 갈등과 다툼은 아이들끼리 해결할 수 있습니다. 바로 그런 경험을 통해 아이들은 성장하지요. 학부모는 자녀의 말이 사건의 진실이라는 지나친 확신을 버리고 사안을 보다 객관적으로 보려는 노력을 해야 합니다. 그래야 아이들 싸움이 어른 싸움으로 번지는 안타까운 결과를 피할 수 있습니다.

Tip

「학교폭력예방 및 대책에 관한 법률」 제2조 제1항에 따르면 "학교폭력"이란 학교 안팎에서 학생을 대상으로 발생한 상해, 폭행, 감금, 협박, 약취 · 유인, 명예훼손 · 모욕, 공갈, 강요 · 강제적인 심부름 및 성폭력, 따돌림, 사이버 따돌림, 정보통신망을 이용한 음란 · 폭력 정보 등에 의하여 신체 · 정신 또는 재산상의 피해를 수반하는 행위를 말한다고 정의되어 있습니다.

그러므로 학교 안이든 밖이든 학생들 간의 다툼이나 그로 인한 피해는 학교폭력에 해당되어 학교와 교육지원청에서 처리해야 합니다. 학교폭력 사안 처리에 시효는 있을까요? 학교폭력은 학생을 대상으로 이루어진 일이므로 관련 학생이 재학 중이라면 언제든 사안 처리를 요청할 수 있습니다. 초등학생 때 당한 피해를 고등학생 때라도 「학교폭력예방 및 대책에 관한 법률」에 따라 조치할 수 있다는 뜻입니다.

유튜브 때문에 학교폭력 신고를?

방과 후, 인터폰으로 전화가 왔습니다. 학교폭력 예방교육 및 전화·문자 상담번호인 117에서 걸려 온 전화인데, A 학생이 학교폭력을 신고했다는 내용입니다. 사실 A 학생은 좀 이상한 방향으로 아이들의 관심을 끄는 아이라 마음이 복잡했습니다. 117에서는 A 학생이 다른 아이들이 유튜브 동영상을 보고 따라 한다고 신고를 했는데, A 학생의 얘기만으로는 정확한 상황이 파악되지 않는 데다 이것이 학교폭력인지 좀 애매하기도 해서 전화했다며 학교 학교폭력 책임교사와 상의를 부탁드린다고 했습니다.

다음 날, 저는 등교하는 B 학생을 교사 휴게실로 데려가 사실 확인을 했습니다. 하지만 유튜브 영상이 무엇인지 물어도 아이들이 따라 하는 게 싫다는 말만 반복합니다. 부글거리는 속을 달래며 이번에는 누가 자꾸 따라 하냐고 묻자, B 학생과 C 학생이라는 대답이 돌아옵니다. 일단 A 학생을 돌려보내고 B 학생과 C 학생을 불러와 이야기를 나눴습니다. A 학생의 유튜브 동영상에 대해 묻자 아이들이 휴대폰을 꺼내 유튜브 영상을 보여 줍니다. A 학생이 토끼 머리띠를 하고서는 "안뇽하세요? B예요"라고 하더니 잠시 후 "오빠 그러지 마~!~!" 소리가 나고 화면이 꺼지는 영상입니다. 아이들은 영상을 올린 A 학생이 링크를 보내 줘서 봤고, 영상의 고정 댓글에 A 학생이 '저는 ○○초등학교 5학년 ○반 A입니다.

구독과 좋아요 눌러주세요. 저를 많이 따라 해 주세요'라고 썼기에 말투를 좀 따라 했을 뿐이라며 어리둥절해했습니다. 저는 "A가 따라 해 달라고 했지만 나중에라도 그 행동이 기분 나쁘다고 한다면 절대 하지 말아야 한다"고 강력히 경고했습니다. 하교 후 저는 A 학생과 다시 마주 앉아, 애들이 따라 하는 게 싫으면 이 영상을 지우는 게 어떠냐고 권유합니다. 하지만 A 학생은 지우는 것은 싫다면서 대신 선생님이 아이들에게 따라 하지 말라고 얘기해 달라고 합니다. 그러면서 "선생님도 구독과 좋아요 눌러 주세요"라고 하네요. 저는 정말 어떻게 해야 할까요?

요즘 아이들의 장래희망 상위권을 차지하는 것이 바로 유튜버입니다. 실제로 꽤 많은 아이들이 유튜브에 자신의 영상을 올리고 있습니다. 그렇다 보니 유튜브로 인한 사건 사고도 점점 늘어나는 추세입니다. 유튜브 관련 사건 사고는 개인정보 유출 혹은 남의 험담을 자기 계정에 올려서 문제가 되는 경우가 많은데, 사례처럼 자신이 올린 '흑역사' 영상을 보고 따라 하는 학생과 그것이 싫은 학생의 마찰이 문제가 되는 경우도 종종 있습니다.

A 학생은 다른 학생이 따라 하는 행동이 불편하게 느껴진다면 학교폭력으로 신고할 수 있습니다. 왜냐하면 학교폭력 관련 법률은 피해학생의 신고, 즉 피해에 대한 주관적인 해석을 상당히 중요하게 여기기 때문입니다. 그러나 B 학생과 C 학생 입장에서는 A 학생이 따라 하라고 해서 했으니 억울할 수도 있습니다. 그러므로 B 학생에게 해당 영상의 삭제를 적극 권유해야 합니다.

분명한 것은 학교폭력이라 주장하는 A 학생에 대해서 임의로 판단해서는 안 된
다는 것입니다. 신고한다면 그것에 대해 진지하게 살펴보고, 학교장 자체 해결
이 되지 않는다면 교육청 심의위원회로 보고해야 합니다.

그리고 B 학생과 C 학생 역시 A 학생을 놀리기 위해서 특정 표현과 말투를 따
라 한 것은 분명합니다. 그렇기에 두 학생에게 그런 행동이 학교폭력이 될 수
있음을 강력히 이야기하는 것 역시 아주 중요합니다.

학기 중 갑자기 담임교사가 되었습니다

3월 말까지 교과전담교사를 하다가 4월 첫 주부터 3학년 담임으로 들어가야 할 상황입니다. 제가 들어가게 된 반은 엄청 시끄럽다고 소문이 난 반입니다. 학급운영 노하우나 팁이 있을까요? 학급 규칙 정하기는 어떻게 해야 할까요? 당장 다음 주부터 담임을 해야 하는데 지금 멘붕입니다. 제가 참고할 만한 책이나 동영상이 있을까요? 저는 어떤 마음가짐을 가져야 할까요?

초등학교는 다수의 담임교사와 소수의 교과전담교사 체제로 운영됩니다. 그런데 가끔 담임교사의 개인 사정에 따라 교과전담교사가 학기 중에 갑자기 담임으로 배치되는 경우가 있습니다. 당연히 어려움이 있을 수밖에 없습니다.

일단 학기 중에 갑자기 담임으로 들어가게 된 경위를 알아야 합니다. 담임을 맡게 된 반이 엄청 시끄럽다고 소문이 난 반이라는 글을 볼 때, 원래 담임교사가 어떤 경위로 그만두게 되었는지 이유를 아는 것이 중요합니다. 건강 이상 등의 개인적인 사정인지, 학급 학생들과의 문제 때문인지 파악하는 것이지요. 그 이유를 어느 정도 파악했다는 것을 전제로 학급운영에 참고할 내용을 정리했습니다.

학급운영 원칙 세우기

1) 설문 조사를 활용해 학급운영 원칙을 정한다

갑자기 담임으로 들어가게 된 경우, 혹은 학교폭력이 발생했거나 소수의 힘 있는 학생이 주도하는 등의 문제가 있는 반을 맡은 경우라면 학급운영 원칙을 정하는 방법도 조심스럽고 신중해야 합니다. 이럴 때 활용하기 좋은 방법이 바로 설문 조사입니다. 학기 초 '선생님께 들려 주는 나의 이야기'라는 제목의 설문 조사를 준비합니다. 이를 통해 학급 학생들이 원하는 것을 파악해 학급운영 원칙을 정하는 데 반영합니다. 설문 결과는 학생들에게 알려 주면 좋지만 꼭 그 결과대로 학급을 운영하지는 않아도 됩니다. 교사는 설문하기 전에 미리 설문 결과대로 운영하는 것이 아니라 그 결과를 학급운영에 참고하겠다는 이야기를 전달하는 것이 좋습니다.

한편 학급회의나 토의로 학급운영 사항을 결정하려 하면 학생들이 그 결과를 담임교사가 반드시 따라야 하는 것으로 오해할 수도 있습니다. 때문에 이보다는 설문 조사를 활용할 것을 추천합니다.

2) 교사로서 친절함과 단호함을 갖춘다

교사는 평소 학생들에게 친절해야 합니다. 하지만 하지 말아야 할 행동에는 단호함으로 대처해야 합니다. 학생들과 친하게 지낸다는 이유로 교사와 학생의 경계선이 무너지는 것은 바람직하지 않습니다. 학생들은 배우고 본받을 만한 선생님을 원하지 친구 같은 선생님을 원하지 않습니다.

친절한 교사는 아이들의 부탁이나 요구를 무조건 들어주는 사람이 아닙니다. 교사의 재량으로 결정할 것과 학생들의 의견을 수렴하여 결정할 것을 구분하여 실천합니다. 민주적인 학급운영과 모든 학급운영에 학생들의 의견을 수렴하는 것은 전혀 다른 이야기입니다. 더구나 후자는 가능한 일도 아닙니다.

교사의 단호함은 언성을 높이거나 교탁을 치는 등 폭력적인 퍼포먼스를 하는 것이 아닙니다. 그런 행동으로 학생들이 교사의 말을 따르는 시대는 지났습니다. 대신 학기 초 아이들과 함께 규칙을 정하고 그것을 철저히 실행하는 것으로 교사의 단호함을 보여 주는 것이 좋습니다.

3) 학급생활을 위한 핵심 가치를 정하고 실천한다

아이들이 학급생활(교사-학생, 학생-학생) 중 중요하게 여기고 실천할 우리 반의 핵심 가치를 정합니다. 제가 생각하는 것은 '존중과 배려'입니다. 학생들에게 인간관계의 기본은 존중에서 출발하고 서로 존중받을 말과 행동을 하는 것이 가장 중요하다고 강조합니다. 또한 배려란 상대방의 요구를 무조건 수용하는 것이 아니라 나의 상황과 배려의 결과를 생각하면서 상대방의 요청을 나의 선택으로 도와주는 것임을 강조합니다. 그리고 교사는 스스로 이를 실천하는 모습으로 본보기가 되어야 합니다.

4) 담임교사의 고유 권한을 인식시킨다

학생들에게 학급 담임교사의 고유 권한을 명확히 인식시킵니다. 예를 들어 자리 교체나 짝 바꾸기는 담임의 고유 권한이고 학생들의 의견을 참고할 수는 있지만, 반드시 따라야 하는 것이 아님을 주지시킵니다. 또 학교에서 잘못을 저질렀을 때 학부모에게 알리는 것 역시 학생들의 요구와 상관없이 담임교사가 판단할 사안임을 명확히 합니다. 담임교사는 말보다는 행동으로 꾸준함을 보여 주는 것이 필요합니다.

5) 신체활동이 필요한 체육 수업은 반드시 한다

초등학교 학생들은 신체활동을 좋아하므로 체육 수업은 가급적 교육과정대로 실행하는 것이 좋습니다. 교육과정에는 체육이 주당 3시간이지만 주당 2시간이라도 반드시 수업을 합니다. 비나 눈이 오면 교실에서라도 합니다. 또한 학급 보상 차원에서 창체시간을 활용하여 아이들이 원하는 활동으로 체육 수업을 할 수 있습니다.

6) 학급운영의 주체는 교사다

학생의 의견을 존중하는 것은 필요하나 사사건건 학생의 의견을 구할 필요는 없습니다. 애매한 사항을 가지고 어설프게 의견을 구하다가 적극적이고 똑똑한 학생들의 의견에 휘말릴 수도 있기 때문입니다. 이런 일이 반복되어 담임교사가 학생들 의견에 휘둘리면 주도권 상실과 학급 붕괴로 이어질 수 있으니 주의해야 합니다. 그러므로 담임교사는 학급운영의 주체가 되어 스스로 필요하다고 판단한 내용만으로 학급을 운영해도 괜찮습니다. 단, 학생들의 욕구를 염두에 두고 참고하는 과정은 필요합니다.

7) 인성교육 프로그램을 꾸준히 실천한다

바람직한 담임교사와 학생 혹은 학생과 학생의 관계 형성을 위한 인성교육 프로그램을 꾸준히 실천하는 방법도 추천합니다.

첫 번째는 높임말 쓰기입니다. 저는 개학 첫날부터 높임말 쓰기를 실천합니다. 높임말은 극존칭일 필요는 없습니다. 극존칭은 오히려 서로 불편하기도 하고 학생들이 교사를 무시하게 되어 학급이 붕괴될 수도 있기 때문입니다. "~하세요", "~합니다"와 같은 높임말은 존중과 더불어 단호함도 가진 말투입니다. 교사가 먼저 실천하여 학생들의 실천을 유도합니다. 저는 높임말을 꾸준히 실천하는 학생들을 폭풍 칭찬하고 적절한 보상도 제공합니다. 또 반 전체가 실천할 경우 반 칭찬 점수를 주어 20점이 되면 체육 수업 1시간으로 보상하기도 합니다.

두 번째는 매일 52가지 미덕이 쓰인 카드 중 하나를 선택하여 관련 내용을 읽고 오늘의 미덕을 실천하는 버츄 프로젝트입니다.

학급운영 노하우 배우기

학급운영에 대한 노하우를 주변의 선배, 후배 교사들에게 배우는 것이 중요합니다. 다양한 교육도서나 유튜브 동영상 등을 참고하는 것도 좋습니다. 하지만 학급운영 노하우를 배우는 데도 나름의 원칙이 필요합니다.

첫째, 모든 노하우를 내 것으로 만들겠다는 무모한 생각은 버립니다. 내가 하고 싶은 것, 할 수 있는 것에 집중하고 한 가지라도 꾸준히 실천합니다.

둘째, 친분 있는 선후배 교사의 교실을 방문하여 학급운영 원칙이 무엇인지 묻고 그중 내가 좋은 것, 내가 할 수 있는 것을 몇 가지 선택합니다. 그리고 그 원칙을 실천하는 데 필요한 자료를 요청하거나 궁금한 것을 질문한 후 나의 상황과 기준을 고려해 실천 가능한 것을 다시 취사 선택하고 실천합니다. 이후 피드백 과정을 거치면 더 좋습니다.

셋째, 학급운영 관련 도서나 동영상을 참고할 때도 마찬가지입니다. 정보를 검색하고 내가 할 수 있고 관심이 가는 것을 선택하여 실천합니다.

학교생활이 만족스러우면 교사 개인의 삶도 만족스러울 가능성이 높습니다. 교직 만족도는 보통 담당하고 있는 학급이나 수업에 대한 만족도가 좌우합니다. 결국 교사와 학생이 서로 존중하고 배려하는 가운데 원만한 인간관계를 유지할 때 교직 만족도 또한 높아집니다.

참고

1. 김대권 외, 《바로 지금 협동학습!》, 즐거운학교, 2013
2. 송형호 외, 《교사 119 이럴 땐 이렇게》, 에듀니티, 2019, 372~376쪽
3. 이영근, 《초등 학급운영 어떻게 할까?》, 보리, 2016
4. 이진영, 《열두 달 학급경영과 교사의 마음 돌보기》, 테크빌교육, 2021
5. 강승숙, 《행복한 교실》, 보리, 2003
6. 네이버카페 '돌봄치유교실'
7. 이주영, 《이주영 선생님의 책으로 행복한 교실 이야기》, 행복한아침독서, 2014

꾀병으로 하루 종일 보건실에 있겠다고?

저희 반의 A 학생은 거의 매일 보건실을 갑니다. 1교시에 가서 6교시에 돌아올 때도 종종 있습니다. 아이가 아픈 것 자체도 걱정이지만, 다른 애들까지 서로 머리가 아프다, 배가 아프다며 보건실에 보내 달라고 하는 것도 문제입니다. 거기다가 수업을 거의 듣지 않으니 학습 부진은 불 보듯 뻔한 일이지요.

저는 작년 A 학생의 담임 선생님께 상담을 요청했습니다. 돌아온 대답은 '작년에도 내내 그랬다. 아프다는데 안 보내면 어떻게 하겠느냐, 그냥 보내 주는 수밖에 없다'였습니다. 저는 발걸음을 돌려 보건 선생님을 찾았습니다. A 학생의 문제를 물어보자 꾀병인 것이 분명하다며 "1시간 이상 보건실에 있으면 무조건 조퇴 처리해 버리는 것도 방법이에요. 이제라도 그렇게 할까요?"라고 물었습니다. 더 이상 두고 볼 수 없었기에 저는 그렇게 하기로 보건 선생님과 약속했습니다.

다음 날, 1교시 시작 전에 저는 아이들에게 "보건실은 쉬는 곳이 아니에요. 정말 아프면 보건실을 가야겠지만, 다른 아이들과 함께 쓰는 공간이니 1시간 동안 쉬어도 낫지 않으면 부모님에게 연락하고 조퇴하는 것으로 할게요. 집에 가서 쉬는 것이 더 나을 거예요"라고 일렀습니다.

10분 후, 드디어 1교시 수학시간이 되었습니다. 아니나 다를까 A 학생이 머리가 아프다며 보건실에 가고 싶다고 합니다. 제가 "그래, 1시간 동안 지켜보고 낫지 않으면 조퇴하도록 하자" 말하기가 무섭게 A 학생은 보건실로 달려갔습니다. 그래서 'A가 내려갔으니 1시간이 지나도 계속 있으려고 하면 올려보내 주세요'라고 보건 선생님에게 쪽지를 보냈고, 1시간 후 A 학생이 올라왔습니다.

저는 A 학생이 계속 머리가 아프다고 해서 어머니에게 연락을 드렸습니다. 자초지종을 이야기하고 조퇴를 해야 할 것 같다고 했는데, 좀 떨떠름한 목소리로 지금 집에 없으니 그냥 보건실에 있으면 안 되냐고 물었습니다. 불가한 이유를 계속 이야기했지만 어머니의 반응은 점점 격앙되어 갔습니다. 결국 "보건실이 아픈 애들 쓰라고 있는 덴데, 우리 애가 아프다는데 왜 거길 못 써요?" 라며 따지고 들었습니다.

"한번 교육청이랑 인권위에 물어볼까요? 아픈 아이가 있는데도 학교에서 시설물을 사용하지 못하게 하고, 수업을 듣겠다는 애를 강제로 학교에서 쫓아내려고 한다는 거 한번 물어봐요?"

이걸 정말 어떻게 해야 하나요. 도와주세요!

초등학교에서는 주로 고학년 학생들이 매시간 보건실을 이용하는 경우가 종종 있습니다. 이런 행동은 그냥 방치하면 안 됩니다. 학생이 자주 아프다고 한다면 담임교사는 학부모에게 연락해야 합니다. 대부분 원만하게 해결되지만 의외의 반응을 보일 때도 있습니다. 학생을 집에서 돌보기 어렵거나, 집에 와서 팽팽 노는 모습이 보기 싫어 어떻게든 학교에 있기를 바라거나, 혹은 병원에 데려가는 것 자체가 귀찮고 힘들어서 그냥 보건실에 내버려 두기도 합니다.

그러므로 조퇴를 권할 때는 학생의 안전을 위한 적극적인 조치라는 것을 강조하여 이야기해야 합니다. 애가 계속 아프다고 하는데 심각한 병에 걸린 것은 아닌지 확인이 필요해 보인다고 하거나 법정 전염병이 유행 중이라 몸이 아프면 예방 차원에서 집에 있는 것이 낫다는 식으로 말이죠. 사례처럼 시설물 사용 규정을 들어 이야기하면 역공을 당할 소지가 큽니다.

가장 기본적인 조치는 보건 선생님과 협의하여 애초에 '보건실 사용 규정'을 정해 내부결재를 받는 것입니다. 혹은 학교운영위원회에 안건으로 상정하여 보건실 사용 시간 조절 규정이나 수업을 듣지 않는 학생들에 대한 지속적인 보호관찰 등에 대한 규정을 정할 수 있다면 더욱 큰 도움이 될 것입니다.

Tip

학생이 아프다고 연락했을 때 학부모가 '바로 ○○병원으로 오라고 전해 주세요'라고 하며 홀로 귀가하도록 요구하는 경우가 종종 있습니다. 하지만 이렇게 할 경우 학생이 '보호 상황'에서 벗어나는 시간이 생기므로 학교 교무실에라도 데리고 있다가 방과 후에 다시 연락하는 것이 좋습니다. 비어 있는 집으로 보내라고 할 때도 마찬가지입니다.

제한능력자(권리나 의무를 지기 위한 행위를 혼자서 완전히 할 수 있는 능력이 부족한 19세 미만 미성년자 등)인 학생이 보호 상황을 이탈하게 되면 '유기(아동학대 범죄)'가 될 수 있기 때문입니다. 또 그런 법적 문제가 아니더라도 학생이 귀가 중 사고라도 나면 교사는 상당한 부담을 느낄 수밖에 없기 때문입니다.

학생이 교사에게 욕을 합니다

교사에게 반항적인 5학년 남학생이 있어 고민입니다. 저는 교과전담교사인데 수업 중에 필요 없는 물건을 만지고 있어 "쓸데없는 물건 집어넣어라!" 하니 작은 목소리로 "씨발년!"이라고 욕을 했습니다. 저는 물론이고 근처에 있던 다른 아이들까지 모두 들었습니다. 순간 너무 당황스러워 아무런 말도 못하고 정신없이 수업을 마치고 나왔습니다. 이 학생은 수업에 전혀 참여하지 않고 교과서도 펴 놓지 않으며 학습지를 줘도 풀지 않고 계속 엎드려 있습니다. 올해 신규로 발령받은 1년차 교사라서 또 비슷한 상황이 벌어진다면 어떻게 해야 할지 눈앞이 캄캄합니다. 조언 부탁드립니다.

사춘기와 비슷한 개념으로 쓰이던 예전의 '중2병'이 요즘은 '초4병'으로 바뀐 듯합니다. 성장이 빠른 학생들은 초등학교 4학년 2학기부터 사춘기가 시작되기 때문이지요. 그래서 초등학교 고학년 학생 중에는 교사의 지도에 반항적인 태도로 일관하는 경우가 있습니다. 이러한 어른에 대한 반항은 사춘기 때문이기도 하지만 지나친 학습 부담, 부모와의 갈등, 주변 사람들과의 원만한 관계 맺기 실패로 인해 나타나기도 합니다. 그리고 일부 학생들은 자해, 자살 시도, 교권침해,

학교폭력 등 가해 행동으로 반항심을 드러내기도 합니다.

다행히 중고등학교는 학생들의 문제행동에 대한 대처 능력이 강화되고 입시에도 반영되는 탓에 발생 건수가 현저히 줄어들고 있습니다. 그러나 초등학교는 빨라진 사춘기 등의 이유로 문제행동이 많아지고 있음에도 학교 차원의 대처 능력이 부족하여 담임교사나 교과전담교사가 개인적으로 대응해야 하는 것이 현실입니다. 문제행동에 대한 학교 차원의 대처 시스템은 물론이고 교사 개인의 대응 능력 확보가 절실합니다.

문제행동에는 차분하고 단호하게 대응해야

학생이 교사에게 욕을 하거나 문제행동을 했을 때 어떻게 대응해야 할까요? 학생의 심각한 문제행동을 보거나 들었을 때 교사가 아무런 제지나 반응이 없이 그냥 넘어가는 것은 곤란합니다. 초등교사 커뮤니티에서 이런 상황에 대응하는 다양한 방법을 찾아보았습니다.

교사의 정당한 지도에 반항적인 행동을 하는 학생은 자존감이 낮거나 친구들의 평판에 민감하게 반응할 가능성이 높습니다. 그러므로 다른 학생들이 보고 있는 현장에서 즉각적인 대응을 하기보다는 학생을 복도에 잠깐 나오라고 해서 아무런 말도 하지 않고 잠시 바라보거나 아주 낮고 단호한 목소리로 "지금 내가 들은 말이 '씨발년'인 것 같은데, 맞니?" 하고 더 이상의 말 없이 학생을 바라보는 방법이 있습니다.

다른 방법은 그 순간 즉시 해당 학생을 30초 정도 동요 없는 태도로 쳐다본 후에 수업을 자연스럽게 진행합니다. 그러고 나서 학생들이 조용히 개별 활동을 할 때 그 학생 곁으로 다가가 나지막한 목소리로 "수업 후에 이야기하자"라고 말합니다. 이때 다른 친구들은 긴장 속에서 선생님이 어떻게 하는지 지켜보고 있기 때문에 작은 목소리로 이야기해도 모두가 듣게 됩니다. 그리고 수업 후에 그 학생과 이야기를 나눌 때는 잘잘못을 따지기 전에 욕을 한 이유나 심정을 물어보면서 먼저 학생의 마음에 공감하려 노력합니다. 교사에게 욕을 한 학생이 곱게 보이지는 않겠지만 그런 과정을 통해 그 학생과 라포를 형성할 수 있다면 이후 문제행동을 줄이는 데 도움이 될 것입니다. 이런 방법은 다른 학생들에게 교사가 문제행동을 그냥 넘어가지 않는다는 점을 확실히 보여 주는 효과도 있습니다.

다른 방법도 있습니다. 학생이 교사에게 하는 욕을 들었다면 차분하고 분명한 목소리로 그 욕을 크게 따라 하는 방법입니다. "지금 '씨발년!'이라고 한 것 같은데 내가 제대로 들은 건가요?" 하면서 그 학생을 바라봅니다. 욕을 한 학생도 십중팔구 당황스러워 아마 아니라고 할 것입니다. 그러면 "아, 다행입니다. 난 분명 들은 것 같은데 그 말을 했다고 생각한 사람이 아니라고 하니 선생님이 이번엔 그냥 넘어갑니다" 하면서 자연스럽게 수업을 진행합니다. 만약 학생이 자신이 욕을 한 것이 맞고 그것이 아무 잘못이 아니라고 강변하면 분명하게 문제를 삼고 교권침해로 신고하여 진행하는 단호한 모습을 보여 주어야 합니다.

감정적인 대응은 더 큰 문제행동을 부른다

바람직하지 않은 방법은 교실에서 욕을 한 학생과 감정적으로 언쟁을 벌이는 것입니다. 반 친구들이 전부 지켜보는 상황이니 교사가 감정적으로 대응하면 학생은 더 강한 문제행동으로 맞설 가능성이 높습니다. 그러다 보면 학생들이 지켜보는 앞에서 교사가 그 학생과 감정적으로 싸우게 됩니다. 이는 교사로서 바람직하지 않은 모습을 보이는 셈이어서 결국 교사의 권위가 상처를 입게 됩니다. 상황이 더 어렵게 되는 것이지요.

그리고 교과전담교사라면 학생의 문제행동을 기록하여 담임교사에게 전달하는 것이 좋습니다. 이런 학생은 담임교사나 다른 교과전담교사들에게도 같은 행동을 할 가능성이 크므로 함께 대처방법을 강구하는 것이 더 효과적일 수 있습니다.

사람들은 대부분 다른 사람에게 강요당하지 않고 자신의 판단으로 주도적인 삶을 살고 싶은 욕구가 있습니다. 교사 입장에서는 당연한 지시이지만 학생은 '쓸데없는 물건 집어넣어라!'라는 말을 강요로 받아들일 수 있습니다. 강요를 당했다고 느끼는 순간 학생은 반항적인 행동을 하게 됩니다. 그러므로 교사는 언어 사용을 신중하게 해야 합니다. '쓸데없는 물건 집어넣어!' 보다는 '수업에 필요 없는 물건은 모두 치우자'라고 권유하는 표현이 더 낫습니다.

한 걸음 더 나아가 비폭력 대화를 활용하는 것도 효과적입니다. 비폭력 대화는 '상황→느낌→바람(욕구)→부탁'의 흐름을 이어가는 방법입니다. 예를 들어 볼까요? "지금 수업 중에 칼을 갖고 놀아서(상황)

네가 다칠까 걱정스러워(느낌). 선생님은 네가 안전하기를 바라고, 또 수업을 잘하고 싶은데(바람/욕구) 지금 필통에 넣어 줄 수 있니?(부탁)" 어떤가요? 만약 교사의 부탁을 들어준다면 "선생님 부탁을 들어줘서 고마워" 하고 수업을 이어나갑니다. 그러면 학생은 '내가 장난을 치다 걸렸는데 선생님이 나에게 고맙다고 하네?' 하면서 내가 칼을 빨리 필통에 넣은 것은 잘한 행동이고, 이로써 수업에 기여했다는 의식을 갖게 됩니다. 누군가에게 도움이 되는 행동을 이끌어 내는 것은 자존감을 세워 주는 좋은 방법입니다.

잘못된 문제행동을 당장 해결하려고 하는 것보다 교사에게 욕하는 학생을 '저 아이가 마음이 많이 아프구나' 하고 측은지심으로 바라보고 어떤 도움이 필요한지 생각해 보는 것이 먼저입니다.

참고

1. 네이버카페 '돌봄치유교실', 수업 중 욕하고 대드는 학생
   (cafe.naver.com/ket21/12500)
2. 네이버카페 '돌봄치유교실', 10대 욕에 중독되다
   (cafe.naver.com/ket21/8409)
3. 인디스쿨, 생활지도-욕설, 비속어, 유행어 지도하기
   (indischool.com/boards/square/37170719)
4. 김미경, 《청소년을 위한 비폭력대화》, 우리학교, 2013

학생의 지나친 요구를 대하는 자세

우리 반 여학생이 자리를 바꾼 후 짝이 마음에 들지 않는다는 이유로 자리를 다시 바꿔 달라고 불만을 이야기했습니다. 그럴 수 없음을 차분하게 말해 주었지만 수긍하지 않아 다시 학급회의를 했고, 회의 결과에 따라 자리를 다시 정했습니다. 하지만 자신이 원하는 짝이 아니라며 이번에도 짝을 바꿔 달라고 계속 요구합니다. 어떻게 해야 할지 난감합니다.

학급운영을 하다 보면 학생들의 이런저런 의견을 자주 접하게 됩니다. 정당하고 타당한 의견이라면 당연히 수용하겠지만, 이기적이고 지나친 요구라면 들어줄 수 없고 들어줘서도 안 됩니다. 평소에 담임교사와 학생들의 관계가 원만하다면 대화를 통해 적절하게 조절할 가능성이 크지만, 그렇지 않다면 상당한 어려움을 겪기도 합니다.

최근 학생들의 의견을 참고해서 학급운영의 많은 부분을 결정하는 것을 권장하는 공문을 종종 받습니다. 공문에 따라 담임교사는 학생들의 의견을 듣고 학급을 운영해야 합니다. 그러나 학생들의 관심이 모아지는 자리 바꾸기를 학생들의 의견에 따라 결정하려다 자칫 학급운영에 어려움을 겪을 수 있습니다. 따라서 학급운영과 관련해 학생의 의견을 반영할 부분과 그렇지 않은 부분을 구분하는 것이 필요합니다. 작년과 올해는 코로나19로 짝을 정하지 않고 최대한 거리를 두고 책상을 배치하여 앉았습니다. 때문에 짝 활동과 모둠 활동을 못했지만, 그렇게 한 명씩 앉는 것이 편하다는 의견도 있었습니다.

학급운영의 주체는 담임교사입니다. 따라서 자리 바꾸기를 포함한 학급운영의 주도권은 담임교사에게 있음을 학생들이 알게 해야 합니다. 민주적인 학급운영은 전체 학생들의 요구와 필요를 반영하여 이루어지는 것이지, 몇몇 주장이 강하거나 고집이 센 학생들의 의견에 따라 이루어지는 것이 아닙니다. 자칫 잘못된 의견 반영이 반복되어 학급운영의 주도권이 학생들에게 넘어가기라도 하면 담임교사는 큰 어려움을 겪을 수밖에 없습니다.

'짝'이 아니라 '자리'를 바꾸는 것이다

학생이 많은 학급에서는 정기적으로 앉는 자리를 바꾸어 줄 필요가 있습니다. 그리고 그 방법을 학급회의로 정할지, 담임교사가 일방적으로 정할지는 담임교사의 권한입니다. 다만 학급회의를 거쳐 정할 때에도 '원하는 친구와 마음대로 앉는 방법'은 반드시 피해야 합니다. 혹은 학급회의를 통해 자리 바꾸기의 원칙이나 주의해야 할 점을 결정하고, 방법은 담임교사가 정하는 것도 가능합니다. 한편 어떤 방법으로 자리를 바꾸든 자신이 쓰던 책상과 의자를 가지고 새로운 자리로 옮기는 것이 좋습니다. 사용 책임을 명확히 하는 한편 낙서가 가득

한 책상과 의자에 앉아야 하는 학생들의 불만을 예방할 수 있습니다.

'짝 바꾸기'라는 말에는 나와 친한 친구와 앉기를 희망하는 마음이 포함되어 있습니다. 그래서 저는 '자리 바꾸기'라고 바꾸어 사용합니다. '자리 바꾸기'라고 말하는 순간 학생들이 공간을 바꾼다는 개념으로 받아들이게 되어 결과에 불만을 품는 일을 줄일 수 있습니다.

학생들의 자리를 바꾸는 방법은 뽑기 프로그램이나 자리 바꾸기 프로그램 이용하기, 밸런스 게임으로 자리 바꾸기, 뒤로 또는 앞으로 한 칸씩 이동하기, 경매로 자리 바꾸기 등 다양합니다. 자리를 바꾸는 주기는 1개월이나 2개월이 적당합니다. 저는 뒤로 한 칸씩 이동하는 방법을 쓰는데 2주 간격으로 시행합니다. 남학생은 뒤로 한 칸, 여학생은 앞으로 한 칸 이동하는 방법도 병행합니다.

학생의 의견을 어디까지 반영해야 할까?

학기 초 학생들의 의견 수용에 대한 학급운영 원칙을 분명히 하면 좋습니다. 학생들의 의견을 반영할 것과 반영하지 않을 것을 구분하는 목적은 교실 내 평화와 안전한 학급생활입니다.

아래는 제가 사용하는 구분법입니다. 각자의 상황에 맞게 수정하여 사용하세요.

1) 학생들의 의견을 반영할 수 있는 것
- 일인일역 정하기

- 학급 체육대회, 학급 장기자랑 종목 선정과 방법
- 교실 환경 꾸미기
- 수학여행 장소 선정, 수학여행 일정 협의

2) 학생들의 의견을 반영할 수 없는 것

- 등교 후 스마트폰 사용 여부 : 학교의 방침과 담임교사의 교육 철학에 따라 결정
- 수업방법 선정 : 교사 권한
- 교사 핸드폰 번호 공개 여부 : 교사 재량
- 교실 내 책상 배치와 자리 바꾸는 방법 변경 : 교사 재량
- 학생 안전 : 학교와 교사의 책임(학생들에게 양보 불가, 교사의 판단이 제일 중요)
- 학교폭력 : 절대적으로 학교와 교사의 지도를 학생이 따라야 함. 불이행 시 전학 조치까지 법적으로 보장됨
- 고의적 기물 파손 : 학부모의 연대 책임과 배상이 반드시 따라야 함

참고

1. 밸런스 게임으로 자리 바꾸기
   (indischool.com/boards/libClass/37165668, youtu.be/N9OTBCQTiKk)
2. 경매로 자리 바꾸기
   (indischool.com/boards/libClass/24835546)

Part 3
교권침해

학부모와 교사의 튼튼한 신뢰가 교권침해를 예방해요

학교는 국가 교육정책과 학생의 발달 수준에 따른 교과교육, 그리고 협력과 배려를 바탕으로 '사회공동체의 구성원'으로서의 가치와 태도를 교육합니다. 이런 교육을 할 수 있는 이유는 학부모 교육권에 따른 권한을 학교가 법률적으로 위임받아 시행하기 때문입니다. 즉, 교육에 있어 학교와 가정은 경쟁적 위치에 있는 것이 아니라 함께 학생을 교육하는 협력적인 위치에 있습니다.

'교권침해'가 아닌 '교육활동 침해'가 되다

교사는 교육을 통해 학생들을 올바르게 성장시키려고 노력하지만 교사와 학생, 교사와 학부모 간 소통이 바탕이 되지 않으면 생각지 못한 갈등이 생길 수밖에 없습니다. 심한 경우 학생 혹은 학부모, 그 외 이해 관계자가 교사에게 물리적, 정신적 피해를 입히는 일이 실제로 발생하고 있습니다.

때문에 교사의 교육활동을 보호하기 위한 '교권보호'라는 개념이 생기게 되었습니다. 그러나 '교권'을 주장할수록 '학생의 권리'가 무시 당한다는 오해를 사기도 하였고, 그 결과 '교권보호'를 반대하는 사람들도 있습니다. 왜 이런 오해가 생겼을까요? 일각에서 교권보호를 '교사 지위의 보호'로 인식하는 경우가 있기 때문이 아닐까 짐작해 봅니다. 그로 인해 「교육기본법」*상 명시되어 있는 학부모의 정당한 의견 제시를 교권침해, 즉 교사 권위에 대한 도전으로 인식하여 학부모와의 소통을 어려워하는 교사가 있는 것도 사실입니다.

교사가 학생에게 마땅히 하여야 할 교육 권한이자 의무의 행사인 교육활동을 침해당하고 나아가 신체적, 정신적인 피해까지 입게 된다면, 그로 인해 어떤 일이 일어날까요? 우선 교사의 교육에 대한 열정이 떨어지게 될 것입니다. 학부모 혹은 학생이 악의적으로 아동정서 학대 신고를 한다든지, 여러 가지 민원을 끊임없이 제기하여 불필요한 법률적 문제가 발생한다면 어떻게 될까요? 교사가 법률적 대응을 위해 많은 시간과 노력을 쏟아야 한다면, 그 피해는 고스란히 학생들의 몫이 될 것입니다.

그래서 최근 '교권'이라는 단어가 받는 오해를 풀기 위해 '교권' 대신 '교육활동권', '교권침해' 대신 '교육활동 침해'라고 용어를 수정하는 한편, 수업 중인 교사의 '교육활동권'을 보호하고자 「교원지위법」

---

* 「교육기본법」 제13조 제2항. 부모 등 보호자는 자녀 또는 아동의 교육에 관하여 학교에 의견을 제시할 수 있으며, 학교는 그 의견을 존중하여야 한다.

이 만들어졌습니다.

교사, 학부모, 학생이 서로 존중하고 신뢰해야

「교원지위법」은 교사 및 교육 주체가 교육활동 시 누려야 할 권리를 침해당한 상황에서 피할 수 있는 법적 근거를 제공하고 있습니다. 절대로 교사의 지위가 특별히 보호를 받는 것이 아니고, 교권이 강화되면 학생의 인권과 학습권이 약화되는 것이 아닙니다.

교육공동체의 목표는 명확합니다. 교사, 학부모, 학생이 서로 존중하고 신뢰하는 마음으로 학생을 최우선으로 하는 교육을 시행하는 것입니다. 그것을 위해서는 학부모와 학생은 교사의 교육활동을 존중하고, 교사는 학생의 학습권과 학부모의 교육권을 함께 존중하는 것이 무엇보다도 중요합니다. 학생의 학습권과 학부모의 교육권, 그리고 교사의 교육권은 함께 존중되어야 합니다. 교사의 교육활동을 보호한다는 것은 학생의 학습권과 학부모의 교육권이 보장된다는 의미입니다. 교육활동이 보호될 때 학생은 더 좋은 교육을 받을 수 있고, 그것은 모두가 바라는 바입니다.

행복한 교육 환경을 만들고 유지하는 것은 우리의 권리이자 의무입니다. 학교교육의 전문가인 교사, 가정교육의 전문가인 학부모, 그리고 그 주체인 학생이 서로 존중하고 신뢰하는 교육이 꼭 필요합니다.

1:1 수업을 요구하는 학부모

코로나19 이후 일상이 된 원격수업을 하다 보면 수업을 진행하기 힘든 상황이 종종 발생합니다. 저 역시 같은 상황입니다.

줌으로 하는 원격수업 중 A 학생이 화면에 자꾸 낙서를 합니다. 아무리 만류해도 금세 화면이 낙서로 뒤덮입니다. 어쩔 수 없이 줌 화면의 필기 기능을 끄자, 심심해진 A 학생이 소리를 지릅니다.

"으아아아!"

학생들의 마이크를 다 끄면서 수업 중간에 질문이 있으면 대화창에 글을 쓰라고 하자 이번엔 A 학생이 대화창을 '할 말 있어요'로 도배합니다. 어쩔 수 없이 A 학생의 마이크를 켜자 큰 소리로 "FBI Open the Door!!" 하더니 알 수 없는 노래를 부릅니다. 결국 저는 A 학생의 마이크를 끄고 대화창도 얼려 버렸습니다. 소란을 피울 방법이 모두 막히자 A 학생은 저에게, 그리고 다른 아이들에게 계속 전화를 겁니다. 다른 아이들이 A 학생 때문에 수업을 할 수 없다고 아우성입니다.

겨우겨우 원격수업을 마친 저는 A 학생에게 전화를 겁니다. 수업을 방해하지 말라고 경고도 하고 달래도 보지만 A 학생은 계속 장난만 칩니다. 결국 저는 "앞으로 이런 태도로 접속할 거면 아예 들어오지 마. 출석한 걸로 칠 거니까. 알겠지?"라고 초강수를 두었습니다. 하지만 A 학생은 되레 환호성을 지릅니다. 그리고 다음 날 A 학생은 원격수업에 들어

오지 않았습니다. 아이들 말로는 A 학생이 저와의 승부에서 이겨서 이제 자신은 수업 안 들어도 된다고 했다더군요.

수업이 끝나고 A 학생의 어머니에게 전화가 왔습니다. 그리고 오늘 A 학생이 원격수업에 들어가지 않은 이유에 대해 잘 알고 있다며 면목이 없다고 했습니다. 내심 다행이라 생각하는 순간, 제 귀를 의심할 만한 이야기가 들려왔습니다.

"선생님, 그래서 말인데요, 제가 A를 어르고 달랠 테니 선생님께서 1대 1로 따로 원격수업을 해 주실 수 있을까요?"

저는 수업 동영상을 보내거나 다른 아이들과 원격수업에 참여하고 대신 어머니가 곁에서 지켜보는 것은 어떠냐고 했지만 A 학생의 어머니는 막무가내입니다.

"우리 A가 알고 보면 되게 조용하고, 상처가 많은 애예요. 반에서 괴롭힘을 당하고 있는데, 그것을 주도하는 애가 있어서 일부러 그런다고 저에게 울며 말하더라고요. 선생님과 1대 1로 수업하면 잘 따라올 거예요. 그리고 선생님, 이런 말은 안 하려고 했는데요. 우리 아이의 목소리에 귀를 기울여 주셨으면 좋겠어요. 수업권이라는 게 있잖아요."

하루에 원격수업이 3시간인데, A 학생을 위해 1대 1 수업까지 하면 6시간 동안 원격수업을 해야 합니다. 저도 저지만, 교과전담 선생님은 무슨 죄인가요? 저는 어떻게 해야 할까요?

원격수업을 하며 어려움을 겪는 교사가 상당히 많습니다. 무작정 로그인을 못한다며 수업 들어오는 것을 거부하는 학생, 와이파이가 안 된다고 말하며 교사의 결석 처리에 항의하는 민원을 올리는 학부모도 문제이지만, 가장 큰 문제는 수업을 방해하는 학생들에 대한 즉각적인 대처가 불가능하다는 점입니다. 때문에 원격수업에 대해서 상당히 부정적인 입장을 취하는 교사가 많은 것이 사실입니다. 사례만 보아도 교사가 왜 원격수업에 대해 부정적인 입장이 되는지를 십분 이해하고도 남습니다. 그럼 과연 이 선생님은 어떻게 해야 할까요?

우선 A 학생에게 녹화 수업 제공을 제안할 수 있습니다. 줌 원격수업을 실시간 녹화한 뒤에 e학습터나 기타 동영상 플랫폼으로 제공하는 것이죠. 다만 A 학생이 줌 수업에 접속하는 것, 그 자체를 못하게 막아서는 안 됩니다. 학부모가 학습권 침해로 걸고 넘어지면 상당히 복잡한 상황이 될 수도 있기 때문입니다. 대신 A 학생에게 수업에 참여하여 제대로 수업을 들으라고 강력히 이야기하고, 동시에 징계나 기타 벌칙을 부여할 수 있다고 경고하는 것도 괜찮습니다. 그러기 위해서는 교내 징계위원회, 학칙, 선도규정 등이 있어야 하고, 만약 이것이 미비하다면 교권보호위원회를 통해서도 제재가 가능합니다. 그리고 교감 선생님, 생활부장 선생님과 함께 학칙을 살펴 다시 한번 규정을 정비하기 바랍니다.

한편 A 학생의 어머니의 요구는 교권침해로 보기에 힘듭니다. 왜냐하면 교권보호위원회에 상정이 되어도 어머니가 "A 학생의 학습태도에 대해 상의하는 과정에서 혹시나 해서 한번 말씀드려 본 것뿐이다"라고 주장하면, 교권보호위원회가 교권침해로 결론짓지 않을 가능성이 아주 높기 때문입니다.

보다 현실적인 대응방법을 이야기해 볼까요? 우선 A 학생이 수업을 방해하는 모습들과 그로 인해 다른 학생들이 피해를 보는 모습들을 녹화기능을 이용해 저장합니다. 이후에 교권보호위원회를 개최하거나 학부모의 무리한 민원에 대응하는 데 큰 도움이 될 것입니다. 그리고 자녀의 말만 듣고 선생님이 너무했다고 생각하던 학부모도 자녀가 얼마나 심하게 방해하는지 직접 보고 나면 달라질 수 있습니다.

그리고 선생님은 학생의 방해 행동에 일일이 반응하지 않는 것이 좋습니다. 관심 끌기 목적에 낚이지 마세요. 이는 체육 수업에서 종종 사용하는 의도된 무시 전략입니다. 아무리 수업을 방해해도 해당 학생의 마이크를 끄고 선생님 나름대로 수업을 진행하면 됩니다. 그러면 더 심한 관심 끌기 행동을 하려다가 지쳐서 수업에 돌아오곤 합니다.

아마 A 학생의 어머니도 수업에만 들어간다면 그 이후의 상황은 따지지 않을 가능성이 큽니다. 선생님이 A 학생에게 원격수업에 들어오지 말라고 했기에 아이가 불이익을 받는 거 아닌가 하는 불안이 작용했고, 그래서 그런 무리한 요구도 하게 된 것이라고 생각합니다.

그리고 사례처럼 '안 들어와도 괜찮아'라고 학생에게 말했다면 학부모가 학습권 침해 등으로 민원을 올릴 가능성에 대비해 해당 학생을 위한 대체 동영상 수업 등을 구비해 두는 것도 필요합니다.

3년 전 담임을 아동학대로 신고한다?

수업을 마친 오후, 교실 인터폰이 울립니다. 교무실무사가 B 학생 관련해서 경찰관이 저를 찾아왔다고 전하며 바로 교무실로 내려와야 할 것 같다고 합니다. 'B 학생이라면 전에 근무했던 초등학교에서 맡았던 학생인데, 3년이나 지나서 무슨 일이지?' 두근거리는 심장을 진정시키며 내려갑니다. 뭔가 좋은 일은 아닌 것 같습니다. 교무실에는 장학사님과 경찰관이 기다리고 있습니다.

"안녕하세요. ○○ 경찰서 여성청소년계 C 경장입니다. 혹시 A 선생님 되시나요?"

"네. 제가 A입니다."

"선생님, 혹시 최근에 B 학생을 만나신 적이 있나요?"

"아뇨. B는 3년 전에 제가 맡았던 6학년 학생인데, 졸업한 이후엔 만난 적이 없어요."

옆에 있던 D 장학사님이 드디어 입을 열었습니다.

"B 학생 상담사가 112로 신고를 했나 봐요. 그런데 그게…"

그 후에 듣게 된 내용은 이랬습니다. B 학생이 최근에 중학교를 다니지 않게 되어 학업숙려제를 실시하게 되었는데, 그때 상담 과정에서 B 학생이 'A 선생님에게 혼난 트라우마로 학교를 다니지 못하게 되었다. 과제를 하지 않았다는 이유로 다른 학생들 앞에서 혼을 냈고 자신을 무시하는 말을 수차례 하여 정서적 학대를 하였다'고 했다는 것. 그래서 상담사가 저를 아동학대로 고발해 두 사람이 오게 되었다. 하지만 저는 B 학생이 다른 아이들보다 유독 장난이 심했던 것 외에는 전혀 기억이 나지 않았습니다. 혼을 내거나 체벌한 기억도 전혀 없었습니다.

C 경장은 B 학생의 상담기록이 없는지 물었지만 3년이나 지난 학생의 상담기록이 있을 리 만무했지요. 그러자 D 장학사가 그것은 ○○ 초등학교 교육과정 편철에 있을 거라고 대신 답합니다. B 학생에 대해 몇 가지 더 물은 후 C 경장은 경찰서에서 연락하면 참고인 자격으로 출석해야 하는데 출석요구서가 필요하면 얘기해 달라며 자리에서 일어섰습니다.

"출석요구서요? 저 경찰서에 가야 해요?"

순간 쓰러질 것 같았습니다. 경찰서라니, 어떻게 해야 할까요?

최근 아동학대에 대한 사법기관의 인식이 적극적으로 바뀌고 있습니다. 2020년에 「아동학대 범죄 처벌 특례법」의 개정으로 아동보호기관이 아닌 시청 혹은 경찰에서 현장조사 및 초기대응을 담당하게 되었으며 아동학대 사건은 경찰 혹은 검찰조사 단계까지 가는 데 몇 개월이 소모되고, 그 과정에서 선생님은 심적으로 많이 지치게 됩니다.

당황하지 말고 반드시 변호사의 도움을 받아라

문제는 거의 모든 선생님이 경찰의 출석요구서나 경찰관의 방문을 받으면 당황해서 어떻게 해야 할 줄을 모른다는 점입니다. 그래서 두 근거리는 가슴을 진정시키며 인터넷을 검색하면 마음이 더욱 복잡해질 확인되지 않은 이상한 소문들만 한가득입니다. 꿀밤 한 대 때렸다 벌금을 내고 방울토마토 먹여서 파면되었다는 얘기들 말이죠. 대개는 부풀려졌을 가능성이 아주 큽니다.

예전에는 그나마 경찰관이나 아동보호전문기관이 약속을 잡고 오는 게 대부분이었으나, 요즘은 현장출동을 하는 경우가 많아서 선생님들을 당황스럽게 만들곤 합니다. 그러다 보니 경찰관에게 여러 가지 이야기들을 쏟아낼 가능성이 있습니다.

하지만 일단 심호흡을 하고 진정하는 것이 첫 번째 순서입니다. 현장조사에서 한 말실수는 정식 참고인 조사 때 변경할 수 있겠지만, 불필요한 오해를 줄이는 차원에서 꼭 필요한 말만 단답형으로 하는 것이 좋습니다. 그리고 곤란한 질문에는 '그건 변호사와 상의한 뒤에 대답하겠습니다'라고 이야기하길 바랍니다.

그리고 꼭 추천하고 싶은 것은 변호사의 도움을 받는 것입니다. 물론 내키지 않을 수도 있습니다. 변호사 선임에는 상당한 비용이 들기도 하고,* '나는 죄가 없는데 왜 변호사를 찾아가?'라고 생각할 수도 있습니다.

법률에서 무죄는 '진실성을 증명하는 것'이 아니라 '유죄에 이르도록 합리적 의심을 충족시키는 것을 막는 것'입니다. 그리고 유죄는 증

---

* 변호사의 도움을 받으려면 방문 상담은 수십만 원, 정식 선임은 최소 330~550만 원의 비용이 듭니다. 다행히 몇 년 전부터 시도교육청 단위로 교권보험에 단체가입이 되어 있습니다. 또한 선생님이 가입 중인 교원단체 혹은 노동조합 등에서 교권 관련 변호사 비용을 보조해 주는 제도가 있으니 확인 바랍니다.

거가 뒷받침되어야 하는데, 주위에서 카더라 라고 말하는 것들은 증거로 구성되지 아니합니다.[*] 이렇게 유무죄를 가리는 일에는 상당한 법률적인 기술이 필요합니다. 그래서 변호사가 필요한 것이지요. 비용을 걱정하다 자신이 하지 않은 잘못 때문에 벌을 받는 일이 있어서는 안 될 것이기 때문입니다. 변호사는 경찰서 혹은 검찰 조사에서 선생님이 '말해야 하는데 말하지 않은 것'을 알려 주고 '말하지 말아야 하는데 말하는 것'을 막는 데 큰 도움이 될 것입니다.

조사에서는 무미건조하게 팩트로만 대답하라

사례의 선생님은 현재 구속영장이 나온 용의자가 아니라 참고인입니다. 이것은 아주 중요합니다. 왜냐하면 참고인은 너무 긴장할 필요는 없기 때문입니다. 많은 선생님들이 처음 경찰 조사를 받다 보니 긴장감에 있는 말 없는 말 다 쏟아내곤 합니다. 예를 들어 볼까요? 아래 대화를 보세요.

선생님 : 제가 때리려고 한 게 아니고, 그 학생이 교실에서 자꾸 다른 애들을 때리고 물을 뿌려서 그러지 말라고 애를 남겼거든요.
경찰관 : 남겨서 뭐를 했나요?
선생님 : 명심보감 쓰기를 했어요. 그런데 그게 아이한테 마음의 상

---

[*] 이를 「형사소송법」 상 전문증거 배척의 원칙이라고 합니다. Hearsay is no evidence

처가 된 줄 몰랐고, 그건 그냥 학급훈육 때문에 그런 건데 그걸 받아들이는 게 그렇게 힘든 줄 몰라서 정말 미안하고….

이렇게 선생님의 학급훈육 대하 스토리를 맥락 없이 주저리주저리 이야기하면 경찰조서에는 높은 확률로 '참고인은 피해 어린이에게 특정 문구를 반복하여 작성하게 하는 신체학대를 하였음을 인정함'이라고 간단하게 쓰일 수 있습니다. '아' 다르고 '어' 다른 상황입니다. 경찰관은 속기사가 아니다 보니 대화의 중요 포인트만 적게 되고 그러다 보면 경찰관 특유의 선입견이 반영될 가능성이 높습니다. 그리고 그 선입견이 반영된 조서가 검사가 법원에 심판을 요구하는 기소 단계까지 넘어가면 상당히 불리한 증거로서 작용할 가능성이 큽니다.

그러므로 결론만 짤막하게 말하세요. 이렇게 말이죠.

선생님 : 저는 당시 그 학생이 교실에서 다른 아이들을 때리고 물을 뿌려서 훈육을 통해 제지하였습니다.

경찰관 : 어떤 훈육을 실시하였나요?

선생님 : 자신이 어떤 행동을 하였는지에 대해 스스로 생각할 기회를 제공하기 위해 편지 쓰기 등 여러 작문과 국어교과와 관련된 활동을 하였던 것으로 기억합니다. 하지만 구체적으로 어떤 문구를 썼었는지는 기억나지 않습니다.

경찰관 : 애를 남겨서 뭐 빽빽이 같은 거 쓰게 했을 수도 있잖아요. 저도 우리 애 막 뭐라고 할 때 눈 감고 서 있게 한다든지 그러는데 그러진 않았나요?

선생님 : 잘 모르겠습니다.

당연히 경찰관은 "계속 모른다고 하면 불리해질 수 있습니다"라고 말할 것입니다. 경찰관을 존중하는 협조적인 태도는 필요합니다. 하지만 불확실한 기억만 가지고 억지로 대답하다가는 왜곡된 사실이 기록될 수 있고, 이는 재판에서 불리하게 쓰일 가능성이 높습니다. 정확히 기억나지 않는다면 "잘 기억나지 않습니다", "기억에 없습니다"라고 사실대로 대답하는 게 낫습니다. 반드시 확실한 사실만 일관성 있게 이야기하세요.

조서는 꼼꼼히 읽고 수정하라

경찰 조사가 끝나면 선생님을 심문한 경찰관이 조서를 완성합니다. 그리고 나서 선생님에게 진술서를 확인하고 각 페이지 사이사이마다 지장을 찍거나 서명할 것을 요구합니다.

조서는 상당히 축약되어 있어서 진술의 의도와 다르게 쓰였을 가능성이 있습니다. 선생님의 뜻과 다른 부분은 천천히, 몇 번에 걸쳐 읽으며 수정을 요구하세요. 물론 몇 시간에 걸쳐 조사를 받은 뒤라 그렇게까지 하는 게 힘들 수도 있습니다. 그러니 이런 예상치 못한 고초까지 생각한다면 변호사의 도움을 받는 것이 후회 없는 선택일 것입니다.

잘못이 있다면 마땅히 책임을 져야 합니다. 그것은 분명한 사실입니다. 그러나 잘못에 비해 처벌이 지나치게 가혹하다든지 자신이 하지 않은 아동학대 범죄까지 뒤집어쓰지는 말아야 합니다.

1. 신고당한 것이 억울하다는 생각에 빠져 사안을 은폐 축소하려 하면 역효과를 불러오기 쉽습니다. 자신도 모르게 가해하지 않았는지 진실을 객관적으로 돌아보고 증거를 확보하세요. 변호사 선임이 어렵다면 가입하신 교원단체 혹은 노동조합에 도움을 청하는 것도 좋은 방법입니다.

2. 성 관련 사안은 고의가 아니었다 해도 상대에게는 무척 고통스럽고 예민한 일입니다. 그래서 성 관련 사안의 경우 가해 추정 교사에게 정말 강력한 조치가 시행되므로 억울한 일이 발생하지 않도록 초기부터 최대한 변호사의 도움을 받도록 합니다. 이때 가장 큰 문제점은 수사만 개시되더라도 직위해제가 될 가능성이 크다는 것입니다. 직위해제 통보 전에 변호사와 상의하여 '집행정지' 혹은 '효력정지'를 위한 가처분 신청 등 적극적인 법률 대응을 고려할 수 있습니다.

3. 부모가 학생 보호를 이유로 등교시키지 않는 일이 많은데, 이는 변호사 등 전문가의 코칭을 받고 있을 가능성이 큽니다.

4. 학생이 계속 등교한다면 피해가 적어서가 아니라 학업 욕구나 친구관계 때문일 겁니다. 학생과 관계를 회복할 좋은 기회일 수도 있지만, 선생님의 섣부른 행동이 2차 가해가 될 수도 있으니 극히 조심해야 합니다. 해당 학생을 포함하여 학급 내 활동으로 자연스럽게 선생님께 편지 쓰기 같은 긍정적 상호작용을 실천하여 즐겁게 활동하는 사진이나 수업 결과물 등을 증거로 남기세요. 나아가 교원평가 결과도 증거로 채택될 수 있습니다.

5. 선생님의 열정을 모든 학생과 학부모들이 긍정적으로 받아들이지 않을 수도 있습니다. 폭력은 피해자 입장에서 판단합니다. 그래서 평소 목소리가 크거나 너무 엄격하게 학생을 대했던 것이 빌미가 되곤 합니다. 보건복지부에서 제시하는 아동정서학대에는 '소리 지름, 비현실적인 기대 또는 강요'가 포함되어 있습니다. 평소 자신이 지도하는 목소리를 녹음해서 들어본다거나 학생들이 선생님의 지도를 어떻게 느끼는지 이야기를 나누는 등의 노력을 한다면 불필요한 시비에 휘말릴 가능성을 줄이고 교육의 질을 향상시킬 수 있습니다.

선생님, 기저귀 갈아 주실 거죠?

1학년을 맡은 A 교사는 황당한 일을 겪었습니다. 코로나19로 인해 소소하게 진행된 입학식 날, A 교사는 B 학생의 부모님 근처에 있는 커다란 가방을 바라봅니다. 인사를 건네자 B 학생의 어머니가 선생님께 드릴 물건이라며 가방을 내밉니다. 그러고는 황당한 이야기를 합니다.

"기저귀랑 중탕기예요. 저는 강압적인 양육이 아니고 자연스럽게 기저귀 떼기를 기다리고 있어요. 그래서 기저귀를 챙겨 왔어요. 엉덩이에 습진이 잘 생기니까 하루에 3번씩 정기적으로 갈아 주고요, 물티슈로 대충 닦지 말고 꼭 세면대에서 엉덩이를 씻겨야 해요. 기저귀 개수를 매일 확인해 10개 남짓 남았을 때 저에게 전화나 문자를 주시면 제가 가져다 드릴게요. 그리고 왜 아직 대소변을 못 가리냐는 말은 하지 마세요. 이미 병원에 가 봤는데, 아이가 조금 느리니 기다려 보자고 분명히 말했거든요. 정신지체가 아니에요. 절대로요. 아직 느리고 잘 모르는 것뿐이에요. 아셨죠?"

A 교사는 학부모의 말에 정신이 없습니다. 그런데 이게 끝이 아닙니다.

"그리고 중탕기는요, 우리 B가 장이 약해서 차가운 우유를 먹으면 설사를 하거든요. 그래서 중탕기로 데워 주셔야 해서 가지고 왔어요. 중탕기는 내부에 세균이 번식할 수 있으니 하루에 한 번은 꼭 일광 소독을 해 주세요. 참! 종이팩에서 환경호르몬이 나오니까 전자레인지는 절대 쓰면 안 됩니다. 아셨죠?"

1학년 학부모 중에 가끔씩 약을 먹여 달라고 요청하는 경우는 들어봤지만, 기저귀랑 중탕기를 들고 온 경우는 전무후무할 듯합니다. 조심스레 그렇게까지 할 수는 없다고 거절의 뜻을 비치자 이번에는 억지 논리를 펼칩니다.

"선생님 공무원이죠? 「헌법」에 나와 있는 거 몰라요? 공무원은 국민에 대한 봉사자이다. 그러니까 선생님은 국민인 우리 B에게 봉사해야 하는 것 아닌가요? 왜 이것도 못해 주나요?"

A 교사는 기가 막힙니다. 이런 경우는 어떻게 해야 할까요?

「헌법」 제7조 제1항. '공무원은 국민 전체에 대한 봉사자이며 국민에 대하여 책임을 진다'라는 조항을 들먹이며 교사에게 무리한 요구를 하는 학부모가 종종 있습니다.

그러나 여기에서 말하는 '국민 전체에 대한 봉사'는 '일부의 국민이나 한 정당, 당파의 이익을 위해 봉사해서는 안 된다'라는 뜻을 내포하고 있습니다.* 사실 해당 조항은 1960년 3·15 부정선거, 그리고 1970년대부터 시작된 군사정권 때 금권정치를 위해 뛰어다니던 공무원들에 대한 반성으로 나오게 되었습니다.** 정리하자면 저 조항은 특정 정당에 대한 지지를 함부로 표시하지 않는 정치적 중립을 명시한

---

* 일반적으로 받아들여지는 정설입니다.
** 이 조항을 근거로 공무원의 정치적 중립에 대한 명시적 규정인 「헌법」 제7조 제2항이 나오게 됩니다.

조항이며, 절대 민원인 한 명 한 명 '개인'을 위한 편의를 봐 주라고 만든 조항이 아닙니다.

Tip

사실 이 사례는 이후에도 상당히 심각했습니다. B 학생 어머니의 입장이 너무 강경하다 보니, A 교사는 개인적으로 친분이 있던 C 특수교사의 도움을 받기로 했습니다. 하지만 C 특수교사가 B 학생의 대소변을 처리해 주기 위해 데려가는 것을 본 다른 아이들이 B 학생을 바보라고 놀리게 되었고, 이에 분기탱천한 B 학생의 학부모가 '자신의 아이를 장애인으로 취급한다'며 학교에 강력히 항의하게 되었거든요.

애초에 B 학생이 특수학생이라면 지자체의 도움 등 다른 여러 가지 방법을 활용할 수 있었을 것입니다. 그런데 아이가 느릴 뿐이라며 아무런 대책 없이 막무가내로 자신의 아이를 챙겨 달라고 강력히 요구하는 학부모가 있다면 정말 힘들 수밖에 없지요.

그러므로 B 학생 어머니에게 해당 아동에 대해 하루 3번 기저귀 교체는 불가능하다고 강하게 이야기해야 합니다. 우유 중탕에 대해서도 마찬가지입니다. 우유 신청을 하지 않거나 집으로 가지고 가는 방법을 권해야 합니다. 그리고 이 정도의 심각한 문제라면 담임교사 혼자 해결하려 하지 말고 관리자에게 상의해 도움을 받는 것이 바람직합니다.

학부모의 학교폭력 의심 전화를 받았을 때

4학년 담임인 A 교사는 컴퓨터를 끄고 퇴근하려다 학부모의 전화를 받았습니다. 대뜸 오늘 점심시간에 B가 운동장에서 축구하다가 다른 반 C에게 맞은 것을 알고 있냐고 묻습니다. A 교사가 모르는 일이라고 하자 학부모는 작년에도 B가 C에게 맞아서 속상한데 다시 이런 일이 생기니 더 이상 못 참겠다며 당장 그 학부모 전화번호를 달라고 합니다. A 교사가 개인정보라서 줄 수 없다고 하자 지금 학교폭력 은폐하는 거냐며 내일 아침 교장실에 찾아가겠다고 말한 뒤 일방적으로 전화를 끊었습니다. 급히 동학년 교사들에게 연락해 C 학생이 D 교사의 반인 것을 확인했고, D 교사는 바로 C 학생에게 전화해서 B 학생을 때린 적이 있냐고 물었습니다. C 학생은 자기는 세게 때리지도 않았고 B가 먼저 욕을 했다며 억울해했습니다. A 교사와 D 교사는 다음 날 아침 1교시 전에 B 학생과 C 학생을 불러서 조사하기로 했습니다.

이런 상황은 학교에서 충분히 생길 수 있는 일입니다. 그런데 이렇게 대응한 것이 적절한지, 이후에 어떤 일이 벌어질지 궁금합니다.

피해를 주장하는 학부모가 전화하면 우선 공감이 먼저입니다. 그러니 B 학생이 괜찮은지 물어본 후 어머니도 많이 놀라고 속상하셨겠다고 이야기합니다. C 학생 학부모의 전화번호는 동의를 받아 알려 줄 수 있습니다. 하지만 지금 두 학부모가 통화해 봤자 감정이 격앙되어 싸움만 날 뿐 해결에는 도움이 되지 않을 가능성이 큽니다. 또 두 학부모의 전화통화로 인해 사안의 전모를 파악하지 못하게 될 수도 있습니다. C 학생이 부모에게 혼날까 봐 사실을 얘기하지 않거나 부모와의 대화 중 진실이 오염될 수 있으니까요. 그러니 등교 후 학교에서 선생님이 조사하는 것이 B 학생을 보호하는 데 도움이 된다는 점을 알려 주세요. 그러면 대부분의 학부모는 수긍합니다. 이와 같이 타당한 이유를 제공해서 부모가 요구하는 것을 들어줄 수 없음을 이해시키는 것이 중요합니다(한계 제시). 그러고 나서 학부모에게 아이를 잘 위로해 줄 것을 부탁하고, 학교에서 공정하고 신속하게 조사할 것이며 재발 방지를 위해 최선을 다할 것이라고 약속합니다(해결방안 제시). 마지막으로 이외에 추가적으로 필요한 것이 있는지 확인합니다(부모의 부탁을 경청하고 적절히 수용).

사례의 A 교사는 매사에 책임감과 추진력이 강한 교사일 것입니다. 그런데 이번에는 지나친 추진력이 오히려 독이 될 수도 있습니다. 빠르면 퇴근 중에, 늦으면 저녁 시간에 B 학생 학부모에게 다시 항의 전화를 받을 가능성이 큽니다. 담임교사라는 사람이 다른 반 아이 편만 든다, 우리 애가 선생님이 무서워서 학교에 못 간다고 한다며 말이죠. 아침부터 교장실을 찾아올 가능성도 있습니다. 게다가 B 학생과 C 학생을 바로 대면시키면 피해자 보호가 안 되었다는 민원, 반이 다른 학생들 사이의 문제인데 한 학생의 담임교사가 조사한 것이 불공정하다는 민원에 시달리게 됩니다.

따라서 A 교사는 바로 C 학생을 찾는 전화를 하기보다는 다음 날 적절한 시간에 B 학생과 다른 얘기를 하면서 정확한 상황파악을 먼저 하는 것이 좋습니다. 예단은 금물입니다. 이어서 D 교사가 C 학생에게 어떤 일이 있었는지 조사하고 이를 글로 쓰게 한 뒤, 이를 바탕으로 A 교사가 B 학생을 다시 조사하는 순서가 바람직합니다.

Tip

학교폭력 관련 사안을 조사할 때, 무심코 한 말과 행동으로 인해 교사가 불필요한 민원이나 교권침해와 유사한 일을 당하는 일이 생각보다 많습니다. 적절한 경청과 공감, 정보제공, 공정성, 인권 보호를 바탕에 둔 처리 과정이 교사를 보호한다는 것을 명심하십시오.

휴일에 걸려 온 학부모 전화는 교권침해?

방과 후 A 학생 어머니의 전화가 걸려옵니다. 무슨 일이 있나 궁금하지만 차분한 목소리로 대화를 시작했습니다.

학부모 : A가 요즘 몇 시에 마치나요?

선생님 : 요즘 코로나 때문에 오후 1시 50분에 마치는데요.

학부모 : 그래요? 학교에서 너무 늦게 마치는 것 같은데….

선생님 : 그런가요? 혹시 오늘 A 학생에게 무슨 일이라도….

학부모 : A가 집에 오후 2시도 안 되어서 오는데요. 학교에서 너무 빨리 마치는 것 같지 않으세요? 혹시 A가 제대로 공부를 안 하나요? 아까는 늦게 마친다더니 이번에는 일찍 마친다고 하고, 저는 이게 무슨 소린가 싶습니다.

선생님 : 아뇨, A는 무척이나 활기차게 학교생활을 잘하고 있어요. 그런데 하교 시간에 무슨 문제가 있나요?

학부모 : 그런데 A가 저한테 문자랑 전화를 너무 많이 해요.

순간 A 학생이 혹시 휴대전화를 수업 중에 몰래 꺼내 두는 걸 내가 몰랐나 긴장되더군요. 그래서 혹시 수업 중에 그러냐고 물어보니 그건 아니고 하교 후에 그런다며 이상한 얘기를 이어갑니다.

학부모 : 저도 제 사생활이 있는데, 저한테 자꾸 문자랑 전화를 하니까 스트레스를 받아요.

선생님 : 아, 그러시군요. 그럼 A 학생에게 엄마에게 하는 전화랑 문자를 줄이라고 얘기해 볼까요?

잠시 침묵이 이어지더니 A 학생의 어머니가 다시 이야기를 시작합니다.

학부모 : 그런데 오늘 A가 등교했나요? 등교하면 몇 시에 마치나요?

이게 도대체 무슨 대화일까요? 저는 얼마나 더 이런 대화를 이어가야 할까요? 이뿐이 아닙니다.

A 학생 어머니의 전화는 토요일에도 이어집니다. 잠시 망설이다 전화를 받았습니다. A 학생이 친구랑 밖에 나갔는데 연락이 안 된다고 하더군요. 저는 혹시 사고라도 났나 싶어 가슴이 철렁 내려앉습니다.

학부모 : 그 같이 놀러 간 친구가 누군지 알 수 있을까요? 제가 그 친구가 누군지 몰라서 전화 드렸어요.

선생님 : 네? 혹시 그 친구가 우리 반 학생일까요? 어떻게 생겼나요?

학부모 : 그게요. 제가 자고 일어나니 A가 이미 없던데요.

선생님 : 그럼 A가 친구랑 나간 건 확실히 맞나요?

학부모 : 네, 그런 감이 들어요. 선생님은 같이 놀러 간 친구가 누군지 아시죠?

선생님 : 어머니, 그냥 A에게 좀 더 연락을 해 보시면 어떨까요? 지금 누구랑 있는지는 A에게 물어보면 되지 않을까요?

학부모 : 에이~ 선생님이 잘 아시지 A가 어떻게 알겠어요.

순간 머리가 띵해집니다. 이건 도대체 어떤 상황일까요?

사실상 대응이 힘들 정도로 횡설수설하는 학부모의 사례입니다. 차라리 대놓고 막말이라도 하든지, 소리를 지른다든지 하면 교육활동 침해행위로 규정해 교권보호위원회라도 열 텐데 이 사례는 그게 어렵습니다. 해당 교사의 말에 따르면 학부모의 목소리가 상당히 정중하다고 합니다. 절대 욕설도 없었고요.

그리고 시도교육청마다 지침이 상이하긴 하나 학부모가 늦은 밤 혹은 휴일에 전화하는 것 자체는 교육활동 침해행위라고 보기 힘들다는 것이 중론입니다. 왜냐하면 현행 「교원지위법」에 따르면 교육활동 침해는 교사가 일상적인 교육활동 중일 때 일어난 일련의 행위여야 하기 때문입니다.

그러나 학부모 혹은 학생과 밤늦은 시간이나 쉬는 날에 전화 혹은 대면하는 것은 교사 입장에서는 '교육활동의 일부'인 것이 분명합니다. 그러므로 이러한 경우도 교육활동 침해에 해당한다고 인정하는 해석 및 입법 활동이 진행되기를 강력히 희망합니다.

사실 교육부의 「교육활동 침해 행위 및 조치 기준에 관한 고시」 제2조 제5항에 관련 근거가 마련되어 있습니다.* 그리고 이와 관련된 혼란을 줄이고자 「교원지위법」 제15조에 '교육활동 중인 교원'이라는 부분을 개정하거나 이에 대한 해석을 추가하려는 논의가 현재 진행 중입니다.

또한 '일반인의 상식에서 이해되지 않는 언동을 계속하는 행위' 등

---

* 제2조 (교원의 교육활동 침해 행위) 5. 그 밖에 학교장이 「교육공무원법」 제43조 제1항에 위반한다고 판단하는 행위(「교육공무원법」 제43조 (교권의 존중과 신분보장) 1. 교권은 존중되어야 하며, 교원은 그 전문적 지위나 신분에 영향을 미치는 부당한 간섭을 받지 아니한다.)

에 대해서도 「교육부 고시」에서 정한 '교원의 정당한 교육활동에 대해 반복적으로 부당하게 간섭하는 행위'의 범위에 포함하거나 교육활동 침해로 규정하는 추가적인 입법 혹은 법원의 판례가 형성되면 좋겠습니다.

그렇다면 선생님이 시도할 수 있는 해결방법은 어떤 것이 있을까요? 학교 공동체에서 협의하여 교사의 휴대전화 번호를 알려 주지 않기로 하는 것, 혹은 업무용 휴대폰을 지급하는 것을 적극적으로 고려해 볼 수 있습니다.

또한 「교원지위법」이나 「교육부 고시」의 개정을 기다리는 동안에는 교내 교권보호위원회 내부 규정에 이러한 사례를 교권침해 행위의 예로 언급해 두면 도움이 됩니다.

Tip

전혀 대화의 맥을 짚지 못하고 횡설수설하는 학부모라면 이미 사회적 도움을 받는 분일 확률이 높습니다. 만약 그게 아니라면 최대한 빨리 학교 및 지자체에서 공동으로 대응하여 도움을 주어야 합니다. 왜냐하면 이런 경우 학생이 가정에서 마땅히 받아야 할 보호를 받지 못하고 있을 가능성이 크기 때문입니다.

그리고 만일 정말로 사회적 도움이 많이 필요한 학부모라면 직접 '대면'하여 단호한 말투로 정확한 전화 시간을 지정하는 방법을 쓰는 것이 나을 수 있습니다. 혹은 지자체 복지과나 시청이나 군청의 드림스타트(취약계층 아동에게 맞춤형 통합 서비스를 제공하여 아동의 건강한 성장과 발달을 도모하고 공평한 출발 기회를 보장함으로써 건강하고 행복한 사회구성원으로 성장할 수 있도록 지원하는 사업)와 협조하여 사안을 처리하는 것도 선택 가능한 방법입니다.

교권보호를 위한 학부모 상담의 핵심

오늘도 학급 전화벨 소리에 깜짝 놀랐습니다. 얼마 전 A 학생 학부모의 전화를 받은 후부터 생긴 반응입니다.

A 학생은 평소 산만하고 수다스러워 수업을 방해하는 일이 꽤 있어서 제가 종종 강하게 주의를 주곤 했습니다. 그런데 며칠 전 그 학부모가 갑자기 전화를 걸어 다짜고짜 제 학급경영 방식이 마음에 들지 않는다며 선생이 잘해야 아이들이 보고 배울 것 아니냐고 했습니다. 또 제가 어느 부분이 마음에 들지 않느냐고 물으니 그걸 말해야 아느냐며 머리가 있으면 알아서 잘하라고 폭언했고요. 저를 무시하는 발언을 계속 듣고 있자니 심장이 점점 더 쿵쾅댔습니다.

평소 제가 A 학생에게 주의를 준 것이 서운해서 그런가 싶기도 했지만, 그렇다고 해도 이렇게 전화를 걸어 화풀이하듯 폭언을 쏟는 것은 아니지 싶습니다. 도대체 교권은 어디에 있는 걸까요?

보통은 어떤 일을 열심히 하면 좋은 결과가 나옵니다. 혹은 그 일에 능숙해지지요. 운동을 해도 그렇고, 취미생활로 뭔가를 배워도 하면 할수록 나아집니다. 교사의 수업 능력도 교재연구와 교수법에 대한 책을 읽거나 관련 연수를 듣고, 수업연구 동아리에 참여하면 나아지지 않을 수가 없습니다. 그런데 학부모 상담은 매년 1년에 두 차례의 공식적인 상담주간도 있고, 1년 내내 수시로 전화통화나 문자 메시지를 주고 받음에도 매번 쉽지가 않습니다. 그 이유는 무엇일까요?

학부모 상담은 왜 익숙해지지 않을까?

가장 큰 이유는 인간의 만남 자체가 쉽지 않기 때문입니다. 누구나 처음 만남은 쉽지 않습니다. 그런데 교사는 매년 다른 학생들과 다른 학부모들과 관계를 맺어야 합니다. 게다가 학부모는 중간에 학생이 끼어 있으니 더 대하기가 어렵습니다. 교사와 학부모는 학생을 관찰하는 시공간이 달라서 갖고 있는 정보도 다릅니다. 입장도 같을 수가 없습니다. 교사에게 한 학생은 30명 중 한 명이지만, 학부모에게는 그 학생이 거의 전부입니다.

최근에는 학교폭력 문제와 아동학대 문제, 교권침해 문제 등이 학교에서 끊이지 않고 사회적으로 이슈화되기도 합니다. 학교폭력 문제만 해도 부모는 가해나 피해 어느 한 입장에 서게 되는데, 교사는 양쪽을 아울러 조사하고 상담하면서 관련 사안을 처리해야 합니다. 아동학대 문제도 마찬가지입니다. 교사는 아동학대가 의심되면 의무적으로 학부모를 신고해야 하고, 학부모는 교사의 지도행위에 문제가 있을 경우 아동학대로 신고할 수 있습니다. 교권침해도 교사는 교권보호의 대상이고, 학생과 학부모는 교권침해 행위자가 됩니다. 입장 차이가 생길 수밖에 없습니다.

자신의 입장과 문제해결 방향을 정할 때도 학부모는 주변 학부모들의 의견에 따라 움직이고, 교사는 동료 교사들의 의견에 따라 움직입니다. 분명 교사와 학부모는 교육을 위한 한 팀으로 협력해야 하는 관계이지만, 서로의 입장이 다르고 관점이 다르기 때문에 불편할 수밖에 없는 관계입니다.

이런 점을 고려할 때 학부모 상담은 교사에게 부담스럽고 어려울 수밖에 없습니다. 하지만 아이라는 공통분모를 생각하면 다른 접근이 가능합니다. 모두가 아이의 올바른 성장을 위해 협력해야 하는 관계이기 때문에 서로를 신뢰하며 공동의 목표를 위해 함께 노력하다 보면 학부모 상담은 의외로 편안하게 진행될 수 있습니다. 돌이켜 보면 학부모 상담주간에 하는 상담은 대부분 무난하게 지나갑니다. 그런데 왜 '학부모 상담' 하면 대부분의 교사들이 부정적인 반응을 보이는 걸까요?

물론 상담주간에 한두 건 약간 불편한 경우가 생기기도 하고, 갑작스러운 학부모의 전화나 문자 메시지로 불편한 상황에 처하는 경우도 있습니다. 이런 부정적 기억은 머릿속에 오래 남습니다. 《부정성 편향》의 저자 로이 F. 바우마이스터는 부정적인 사건이나 정서가 긍정적인 것보다 우리에게 더 강력한 영향을 미치는데 이것은 인간이 본능적으로 부정적인 부분에 관심을 더 기울이기 때문이라고 했습니다.

교사와 학부모, 신뢰 관계 형성이 시작이다

수년간 교내에서 부모교육 소모임을 매주 운영하고, 학부모 상담을 연구하면서 학부모 상담은 이미 상담 이전에 그 성패가 절반 이상 결정된다는 것을 깨닫게 되었습니다. 즉 평소 교사와 학부모 관계가 상담의 성패를 좌우한다는 말입니다.

평소 교사와 학부모 관계는 학기 초 학생이 학교생활에 대해 가정에 전하는 말과 직간접적으로 얻게 되는 교사에 대한 정보에 영향을 받습니다. 학부모는 자녀의 담임이 결정되면 주변에 담임교사가 어떤 사람인지 수소문합니다. 교사 입장에서는 누군가 다른 사람의 말만 듣고 나를 평가하는 것이 좋지 않겠지만, 학부모는 자녀의 학교생활에 가장 큰 영향을 끼치는 교사가 어떤 사람인지 관심을 가지지 않을 수 없습니다.

최근에는 맘카페나 학부모 단톡방이 활성화되어 한 학교에 오래 근무할수록 교사의 이미지가 누적되는 경향이 있습니다. 개인적으로는 학교폭력 관련 업무를 오래 하다 보니 한 학교에 오래 근무하는 것이 나름 괜찮았습니다. 첫해보다 다음 해가 나았고 갈수록 업무가 편해졌습니다. 자녀가 학교폭력을 당했는데 학교의 업무처리가 미덥지 못하다는 학부모에게 저는 오히려 주변에 학교폭력 담당자인 제가 어떤 사람인지 알아보시면 좋겠다고 말씀드립니다. 이후 다시 찾아온 학부모와 비교적 부드럽게 대화를 나눌 수 있기 때문입니다.

결국 학부모 상담, 학부모 관계, 교권침해 예방의 핵심은 어떻게 학부모가 교사와 학교를 신뢰할 수 있게 만드느냐에 달려 있는 셈입니다. 그리고 교사로서 학교에 근무하면서 수업과 생활교육, 학부모 상담을 충실하게 하는 것이 학부모의 신뢰를 얻는 지름길입니다. 학기 초에는 교사나 학부모나 서로에 대한 정보가 없어서 걱정과 불안이 높아지고 외부의 말에 쉽게 흔들립니다. 그러므로 교사는 학기 초에 어떻게 하면 학부모가 자신을 신뢰하도록 만들 수 있을지 방법을 고민하면 좋겠습니다.

저는 매년 학기 초에 '학부모에게 보내는 편지'를 보냅니다. 인사, 교사가 된 이유, 학생을 대하는 마음, 학급운영에 대한 안내, 간단한 부탁의 말씀 등을 담습니다. 적극적인 소통 의지를 밝히기 위해 언제든 연락을 부탁드린다는 문구도 넣었는데, 오히려 퇴근 후 연락이 오는 경우는 거의 없었습니다.

편지에는 개인적으로 전문성이 있다고 생각되는 학교폭력 문제, 부모교육, 대화법 등에 대해서 간략히 언급하고 그것을 학급운영에 녹여서 아이들의 성장을 돕겠다는 말씀을 덧붙였습니다. 첫인사인 만큼 따뜻한 느낌을 주기 위해 학습 준비물이나 기타 학부모가 알아야 할 정보들은 파스텔 톤의 색지에 출력해 보냈습니다. 이 편지는 한 번 만들어 놓으면 매년 약간씩 수정해서 활용할 수 있습니다. 인터넷에 떠돌아다니는 안내장을 약간만 수정해서 보내거나 학급운영 방침이나 학부모가 해야 할 일을 쭉 써서 보내는 것은 교사의 진심을 느낄 수 없으니 지양하는 것이 좋습니다.

이후에는 학부모밴드나 클래스팅 등 SNS 플랫폼을 활용합니다. 학사일정에 맞게 미리 학급활동을 예고하고 인상적인 결과물들을 올리고 적절한 시기에 교사의 마음과 필요한 정보를 담아 학부모에게 보내야 할 글들(학부모 상담주간, 수행평가, 학기말 인사)을 보내면 학부모의 신뢰가 높아집니다.

학부모의 신뢰로 교권침해를 예방한다

물론 이렇게 해도 교권침해가 완전히 없어진다고 장담할 수는 없습니다. 그러나 지난 3년간 교권침해 관련 상담을 해 보니 과도한 학부모의 요구나 교권침해 행동들은 평소 학부모의 신뢰가 부족했기 때문에 발생한 경우가 많았습니다. 학부모가 신뢰를 약화시키는 부정적인 경험을 몇 차례 한 상황에서 서로 예민할 수밖에 없는 사건이 발생하면 폭발하는 경우가 많더군요.

문제해결 과정에서도 교사와 학부모 사이의 신뢰는 중요합니다. 평소 신뢰가 있다면 쉽지 않은 문제도 비교적 수월하게 해결되지만, 그렇지 않다면 큰 문제가 아님에도 서로 갈등을 증폭시켜 교사가 큰 어려움을 겪게 됩니다. 한 학부모가 잘못한 것이 없는 교사에게 함부로 대할 때 평소 신뢰를 쌓았던 학부모들이 힘을 합쳐 교사를 돕는 경우도 보았고, 교사가 학급운영과 관련해 학부모들과의 소통을 소홀히 하다가 사소한 실수로 집단민원의 대상이 되는 경우도 보았습니다.

어느 조직이나 비정상적인 사람이 5퍼센트 정도는 있다고 합니다. 교사나 교장, 학부모도 마찬가지입니다. 그래서 교사는 자신을 불편하게 하는 학부모가 비정상적인 사람이라고 믿고 싶을 수도 있습니다. 그런데 그렇게 믿는다고 달라지는 것은 없습니다. 그보다는 교육전문가인 교사로서 내가 놓치고 있는 부분은 없었는지, 그 학부모가 그렇게까지 하는 이유는 무엇인지, 다음에 비슷한 일이 생기지 않게 하려면 교사로서 어떤 부분을 보완해야 할 것인지 고민하는 것이 보다 발전적인 선택입니다.

교권침해로부터 교사의 몸과 마음 지키기

평소에도 건강이 아주 좋은 편은 아니었는데, 얼마 전에 학생의 교권침
해 사건 이후 학부모가 갑자기 찾아와서 윽박지르는 일을 당한 후로 더
힘이 빠지고 기운이 없습니다.

열심히 수업도 하고 학교 업무도 돕고 싶은데, 수업을 겨우겨우 마치고
나면 온몸에 힘이 하나도 없습니다. 수시로 머리가 아프고, 어깨도 뭉쳐
있고 팔도 잘 올라가지 않는 데다 허리도 아프네요. 그야말로 총체적 난
국입니다. 그렇다 보니 학생들에게 세심하게 신경 쓰기도 어렵고요. 집
에 오면 바로 뻗어 버리니 수업 준비도 제대로 할 수가 없습니다.

병원에 갔지만 딱히 뾰족한 수가 없다는 얘기를 들었습니다. 저는 어떻
게 해야 하나요?

교권침해 사건 이후로 마음의 상처가 몸에까지 영향을 미치는 모습
입니다. 이럴 때는 병원에서 몸의 문제만 해결하려 하거나 혹은 심리
상담으로 마음의 상처만 돌보려 하거나, 어느 하나만 해서는 온전히
회복되기 어렵습니다. 몸과 마음을 함께 돌보고 치유해야 회복할 수
있습니다.

평소 유산소, 유연성, 근력, 자세 교정 등의 운동을 꾸준히 그리고 조

화롭게 하는 것이 매우 중요합니다. 또 몸에 맞는 음식과 영양제를 찾아 먹는 것도 필요합니다. 몸에 나타나는 증상을 바탕으로 전문의를 찾아가 진료를 받고 필요하다면 약을 처방받아 꾸준히 치료합니다.

한편 약간의 차이는 있지만 각 시도교육청마다 교원치유지원 프로그램이 있습니다. 서울시교육청은 아무 절차 없이 교원치유지원센터에 신청만 하면, 비밀이 보장되는 전문심리상담 5회를 무료로 지원합니다. 그리고 학교에서 인정하는 어려움이 있다면 10회, 교권침해 피해교원이라면 위원회를 거쳐 15회까지 지원됩니다. 이러한 지원은 각 시도교육청마다 지침이 다르므로 먼저 해당 시도교육청의 업무 담당 주무관과의 상의가 필요합니다.

교사의 직업병 해소를 위한 다양한 프로그램

오래 앉거나 서 있어서 발생하는 하지정맥류나 성대결절 등 못지 않게 스트레스와 관련된 교사의 직업병이 급증하고 있습니다. 매일의 수업 준비를 시작으로 학생 사이의 갈등 조정, 학부모 상담, 그리고 심각한 교권침해와 그로 인한 소송까지 선생님들이 받는 스트레스는 거의 매일 그리고 오랫동안 지속됩니다. 그 스트레스로 인해 불필요한 힘과 긴장이 목덜미와 어깨를 시작으로 온몸에 잔뜩 들어가는 시간이 오래되면 근육은 불필요한 소모를 계속하게 됩니다. 그러면 정작 필요할 때는 힘을 쓰기 어렵게 되지요.

특히 악성민원이나 교권침해 같은 심리적인 충격은 교사의 스트레스를 최고치로 끌어올립니다. 이는 갑작스런 교통사고나 폭행을 당한 사람들이 느끼는 공포와 비교해도 될 정도입니다. 의식적으로 마음을 안정시키고 몸에 힘을 빼려고 해도 몸은 계속 자기 방어를 위해 힘을 주는 상태를 유지합니다. 이것은 교감신경이 과흥분 상태를 지속하거나 신경 조절에 문제가 생긴 것으로 이는 만성피로로 이어집니다.

최근에는 선생님들이 스트레스를 조절할 수 있도록 전문심리상담 외에도 다양한 연수가 제공되고 있습니다. 목공, 원예, 테라피 등 체험활동과 공연 및 전시회 관람, 그리고 집단상담, 소통활동, 자연치유, 독서, 명상 등을 통한 회복력 연수가 그것입니다. 이는 내 몸이 위험 상태가 아니라 즐겁고 행복한 상태로 들어가 회복되도록, 그리고 과도한 긴장을 이완시켜 불필요한 힘을 빼게 해 몸이 가볍고 편안해지며 피로가 회복되고 관절의 기능이 향상되도록 도와줍니다. 다양한 연수를 경험하다 보면 자신의 몸과 마음을 회복하는 데 도움이 되는 방법을 찾을 수 있습니다. 그리고 학교에서 예산을 준다면 가까운 선생님들끼리 취향에 맞는 프로그램을 스스로 기획하여 진행할 수도 있습니다. 이는 과중한 업무에 지친 선생님에게 활력소가 되고, 이로 인해 힘을 얻은 선생님은 학생들에게 좀 더 집중할 수 있을 것입니다.

스트레스 조절로 몸과 마음을 회복한다

스트레스 반응을 직접 조절할 수 있는 호흡과 명상도 좋습니다. 9·11 테러로 인한 스트레스 장애에 대한 연구들 이후로 명상, 요가 등을 과학적으로 검증한 논문들이 쏟아지고 있습니다. 선진국에서는 학교 교육과정에도 도입한 바 있습니다. 하지만 이런 관심으로 인해 검증되지 않은 명상이나 요가 관련 단체들도 우후죽순으로 생겨나고 있습니다. 그러므로 검증된 단체에 소속된 실력 있는 지도자의 도움을 받는 것이 중요합니다. 자신의 몸에 맞지 않는 요가나 호흡 수련은 오히려 근골격의 부상이나 호흡 불안정 등 부작용이 생길 수 있기 때문입니다. 동료 교사가 소속된 단체라고 무조건 믿을 만한 것은 아니니, 관심 있는 단체라면 미리 잘 알아보고 방문하기를 권합니다.

화가 난다는 표현처럼 스트레스를 받으면 몸에 에너지가 발생하여 호흡량이 많아집니다. 이럴 때 호흡을 조절하면 자동으로 반응하는 스트레스를 의식적으로 조절할 수 있습니다. 마치 숯불 화로에 들어가는 공기량을 조절해서 화력을 높일 수도, 낮출 수도 있는 것처럼요.

스트레스를 의식적으로 조절하면 몸의 긴장도 자연스레 낮아집니다. 즉 스트레스 반응으로 인해 힘이 들어간 몸의 상태를 깨닫고, 의식적으로 불필요한 힘을 줄이면서 몸을 정상화하는 것이지요. 불필요한 힘이 빠지면 근골격을 정상적인 위치로 되돌릴 수 있고, 그러면 몸의 순환이나 눌렸던 신경, 장기들이 제 위치로 회복되어 기능이 원활해집니다. 그렇게 건강을 회복하는 것입니다.

물론 다른 사람의 도움을 받는 도수치료, 추나, 마사지 등도 효과가 있습니다. 하지만 자신에게 맞는 운동과 명상 같은 의식 조절 훈련을 찾아 스스로 자신의 신체와 정신 건강을 지키는 것이 보다 근본적인 효과를 얻을 수 있는 방법임을 기억하세요.

만병의 근원이라는 스트레스에 대해 얼마나 알고 있나요? 원시 시대부터 불과 수백 년 전까지만 해도 스트레스 반응은 인간의 생존을 위한 필수적인 요소였습니다. 인간은 맹수 등을 만나 위험한 상황에 처하면 최선을 다해 피하거나 적극적으로 맞서 싸워 이겨야만 했습니다. 바로 투쟁-도피 반응입니다. 이를 위해 우리 몸은 기본적인 기능을 일시적으로 위축시키고 근육에 힘을 넣어 강하고 빠르게 행동할 수 있는 상태로 변하는데, 이것이 바로 스트레스 반응입니다.

문제는 현재 우리의 생존을 위협하는 것은 맹수가 아니라 각종 법률과 소송, 교권침해 등인데, 몸의 반응은 맹수에 맞서던 그때의 체계 그대로라는 점입니다. 그리고 맹수의 위협은 일시적인 데 반해 현대인의 스트레스를 일으키는 요인은 오랫동안 계속되어 몸과 마음을 지치게 하는 것도 문제입니다. 마음 편하게 먹고 스트레스 받지 말라고들 하지만, 마음대로 되지 않습니다.

그래서 최근 신체적인 접근으로 심리적인 문제를 해결하는 많은 기법들이 과학적으로 검증되며 도입되고 있습니다. 유아인이 하는 운동으로 예능 프로그램을 통해 알려진 Somatics(몸학 : 근육의 움직임을 의식하고 수의적으로 통제함으로써 몸을 회복하는 운동법), 신의료기술로 등재된 EFT(감정자유기법), 향기요법, 음악요법, 오감 테라피 같은 다양한 방법이 그것입니다.

춤이나 운동 등 신체활동이나 각종 취미활동을 배울 수 있는 동호회나 학원도 많이 있습니다. 최근에는 코로나19로 인해 집에서 혼자서도 할 수 있도록 영상 강의나 원격 지도 프로그램도 제공됩니다.

비협조적인 학부모를 만나면

6학년 A 교사는 얼마 전 황당한 일을 경험하였습니다. 교감 선생님의 인솔로 교실에 온 B 학생. 휴대폰에 눈이 고정된 B 학생의 어깨에는 가방이 없습니다. 가방이 어디 있냐고 물으니 휴대폰에 눈을 고정한 채로 짤막한 답변이 돌아옵니다. "보면 몰?" 순간 A 교사는 왠지 올 한 해가 힘들 것 같은 슬픔 예감이 듭니다.

그리고 며칠이 지났습니다. 구강검진, 건강검진표를 B 학생 손에 꼭 쥐어 주며 내일까지 가져오라고 신신당부합니다. 다음 날이 되었습니다. 역시나 B 학생은 가져오지 않았습니다. 부모님이 작성하지 않았다는 얘기를 듣고 A 교사는 B 학생의 부모님에게 전화를 겁니다.

학부모 : 하암… 여보세요.

A 교사 : 안녕하세요. 저 B 학생 담임 A입니다.

학부모 : 아, 선생님이세요? 그런데 이 새벽에 무슨 일로 전화를…?

A 교사는 당황합니다. 담임교사 전화번호를 저장 안 한 건 둘째치고, 아침 8시 40분에 저런 반응을 보일 줄이야. 전화 건 이유를 설명하고 내일은 꼭 보내 달라고 요청하자 B 학생의 어머니가 귀를 의심할 만한 말을 합니다.

학부모 : 그런데요, 선생님. 제가 글을 몰라요.

A 교사 : 네? 한글요? 글을 모르신다고요?

학부모 : 네. 저는 한글도 모르고 영어도 모르고 숫자도 몰라요, 그러니 앞

으로 이런 프린트 보내지 마세요. 귀찮아요. 머리도 아프고요. 하암…, 저 끊어요.

A교사 : 어머님. 어머님!

뚜, 뚜, 뚜. A 교사는 어이가 없습니다. 글을 모른다고? 뻔한 거짓말이 분명합니다. 6학년이니 앞으로 중학교 입학 원서 등 집에 보내야 할 중요한 프린트가 한가득인데, A 교사는 어떻게 해야 할까요?

딱히 드러나는 교권침해 행위는 하지 않지만 학급운영에 매우 비협조적인 학부모의 사례입니다. 이럴 때는 건강검진표, 구강검진표를 보건 선생님의 협조 아래 담임 선생님이 임의 기입할 수도 있습니다. 하지만 원칙적으로는 '검진표 작성 불가'로 등록, 학교에 방문하는 의료진에게 미리 통보하여 의료진이 직접 작성하도록 하는 것이 타당한 방법입니다. 법률적으로도 그렇고요. 혹시라도 나중에 '우리 애가 어디가 아픈데 학교에서 몰랐느냐', '이거 내가 쓴 게 아닌데 누가 쓴 것이냐' 하고 따지고 들면 문제가 복잡해질 우려가 있으니까요.

그리고 보통 저 정도로 아이에게 관심이 없는 학부모라면, 아마 주위에 아이를 돌보아 주는 연락 가능한 친인척이 있을 것입니다. 대개는 조부모이겠지요. 그게 아니라면 지자체 복지과를 통해 문의하면 연락이 되는 친인척 혹은 도움을 주는 친한 사람의 연락처를 받을 수 있으니 그분들의 협조를 구하셔도 좋습니다. 실제로 아이가 다니는 지역센터 원장님과 협조하여 각종 통신문을 처리한 경우가 있습니다.

그리고 이런 학부모에게 서류를 요청할 때는 '이거 작성해 주세요'

가 아니라 '이런 서류가 있는데요. 제가 동그라미 친 부분에 사인해 주세요', '언제 주민센터에 가서 제가 동그라미 친 서류를 달라고 말씀하세요'라고 구체적인 지침과 함께 협조를 구해야 합니다.

물론 이렇게 해도 비협조적으로 나올 수 있는데, 의외로 상당히 많습니다. 그럴 땐 먼저 학교의 관리자 혹은 교육지원청 초등교육과와 협의하기 바랍니다. 보통 학부모에게 요구하는 가정통신문 회신문은 학교장 직인이 곁들여진 기관장보증서, 사유서를 간략하게 작성하여 이로 갈음할 수 있습니다.

Tip

드물긴 하지만 문자를 아예 모르거나 문해력이 정말 낮은 학부모를 만나는 경우가 있습니다. 그런 학부모라면 지자체 복지과 '드림스타트' 대상일 가능성이 높습니다. 그러므로 지역 주민센터 혹은 지자체 복지과를 통하여 담당 사회복지사나 구역담당 사회복지직 공무원의 협조를 구하는 것이 우선입니다. 혹은 중요한 회신문은 서명 칸을 형광펜으로 표시해 그곳에 오른손 엄지손가락 지장을 찍어서 보내 달라고 하고, 별도로 '교사가 구두로 설명하였다'라는 것을 명시적으로 기록한 사유서를 같이 첨부하고 내부결재를 하는 것도 고려할 만한 방법입니다.
「부동산등기법」, 「공탁법」, 「가족관계등록법」 등등 국민의 재산과 관련된 법률은 관련 유사 사례에 대한 '예규' 및 '선례'가 충실히 마련되어 있고 정기적으로 개정 반영됩니다. 그러나 교직 실무는 현장에서 주먹구구식으로 처리되는 경우가 많은 것이 현실입니다. 저는 현장의 교사들을 위해 교육부 및 각 시도교육청에서 이런 '황당민원', '특이민원'에 대해서 내부적인 실무상 예규, 선례 등을 데이터베이스화하여 각급 학교의 관리자 및 실무자에게 배부할 것을 건의하고 싶습니다. 그러면 교사의 업무상 근거가 더욱 명확해지고, 학생을 가르치는 것에 더 집중할 수 있는 업무 환경이 자리 잡을 수 있을 것입니다.

비과학적 신념을 강요하는 학부모

6학년 1학기 과학시간. A 교사가 지구의 자전과 공전에 대해 수업 중입니다. 수업을 듣지 않고 장난치는 B 학생에게 지금 배우는 부분의 중요성을 이야기하자 A 교사가 거짓말을 하고 있다며 큰소리를 칩니다. 지금 내가 가르친 내용 중 뭔가 잘못된 부분이 있는 건가 싶습니다. "우리 아빠가 선생님 뻥쟁이래요. 지구는 사실 둥글지 않대요. 지구는 사실 평평하고, 달과 태양이 평면 지구를 둥글게 돌고 있다고 했어요."

A 교사가 진심으로 당황합니다. 그리고 그 모습을 본 반 학생들이 '우와, 진짠가 봐' 하며 웅성거립니다. 수업을 모두 마친 후 A 교사는 B 학생의 학부모에게 전화를 겁니다. B 학생이 학교생활을 너무 잘하고 있다는 얘기로 대화를 시작한 A 교사가 마침내 전화를 건 이유를 이야기합니다. "실은요, 아버님. 오늘 과학 수업에 지구의 공전과 자전이 나왔는데요. B가 말하기를 아버님께서 지구가 평평하다고 하셨다고 그러더라고요. 이게 농담인지 진담인지도 궁금하고 해서 전화드렸어요."

아버지는 A 교사의 이야기를 듣자마자 얼마 전에 유튜브에서 본 걸 아이에게 말했더니 오해를 한 모양이라며 너털웃음을 웃습니다. A 교사가 안심하던 그 순간, 아버지의 목소리 톤이 조금 바뀝니다. "그런데요, 선생님. 우리는 신이 아니잖아요. 그러니 지구가 평평한지 둥근지 우리는 알 길이 없다고 생각해요. 우리가 얼마 전까지 진실이라고 여겼던 것

중에 거짓으로 판명 난 것은 너무나도 많아요. 저는 지구의 형태에 대한 여러 가지 의견이 있을 수 있다고 생각해요. 선생님은 어떻게 생각하시나요? 제가 말하는 건 지구는 무조건 평평하다, 둥글다가 아니고, 지구 평면설도 일리가 있지 않나 하는 것이죠."

A 교사는 어안이 벙벙합니다. 이걸 어떻게 해야 하는 걸까요?

생각보다 종종 이런 과학교과 관련 갈등이 생깁니다. 백신 반대를 주장하는 학부모와의 갈등으로 어려움을 호소하는 사례, 창조설을 믿는 특정 종교의 학부모와 진화론에 대해 갈등을 빚고 있다는 사례를 접하기도 합니다. 차라리 과학적 갈등은 나은 편입니다.

사회나 역사 시간에 제대로 확인되지 않은 정보글을 보고 이상한 주장을 하는 학생, 그리고 특정 사상을 추종하는 학부모와 심한 갈등이 생길 경우엔 큰 문제가 발생할 수도 있습니다. 특히 역사 수업은 선생님이 더욱 주의를 기울여야 합니다. 고대사나 중세사 수업과 관련해 역사적 인물과 관련된 종친회에서 학교에 항의하는 경우도 있기 때문입니다. 근현대사는 더 말할 것도 없습니다. 중고등학생은 선생님의 수업을 몰래 녹음해서 여러 이익집단에 '제보'하는 사례도 있으므로, 초등학교 고학년 학생을 가르칠 때도 정말 주의가 필요합니다.

교사는 교육과정에 따라 가르칠 의무가 있다

선생님은 교과서에 있는 내용을 가르칠 권리와 의무가 있습니다. 교육과정 재편성은 가능하나 교육과정을 무시하여 가르칠 수는 없다는 것이 헌법재판소의 판례입니다.

1992년 11월 12일에 나온 판례[*]로, 모 학교 국어 선생님이 '통일을 대비하는 국어교육'이라는 주제로 국어교과서를 출간하고자 하였으나 국어교과서는 교육부가 저작 및 발행을 독점하고 있어 이 부분에 대해 헌법소원을 청구한 것입니다.

이에 대해 헌법재판소는 판결문에서는 '초중고 교사의 경우 공교육의 책임이 있는 국가의 위임에 의해 가르치는 교사의 입장으로서', '국가가 교과용 도서를 만들고 검정하는 이유는, 교육목적과 교육지침을 실현하고, 정치적, 종교적, 개인적 편견에 치우침이 없이 학생에게 보편적인 가치와 원리를 교육하기 위하는 규범을 밝힌 것이고', '학문의 자유가 존재하지만, 그렇다고 해서 학생의 교육에서 교사가 어떠한 내용인지 마음대로 가르칠 수 있지는 아니하다'라고 말하고 있습니다. 이는 학문의 자유를 강조하는 대학교수와 다른 초중고 교사의 한계라고 볼 수 있습니다.

교사의 의무는 교과서와 교육과정에 있는 학습 내용을 학생에게 여러 교육적 도구와 능력을 조합하여 최선을 다해 가르치는 것입니다. 사례와 같이 교과서에 나와 있지 않은, 우리가 알고 있는 상식적 이론

---

[*] 89헌마88. 1992. 11. 12.

과 확연히 다른 학설은 가르칠 수 없습니다.

그러므로 자전과 공전의 개념을 가르칠 의무가 있는 교사가 교과서에 명기된 지구의 모양에 대하여 항의하는 학부모에게 이를 설명하고 설득해야 할 의무는 없습니다.

Tip

학생의 아버지가 이야기한 것 자체는 교권침해라 보기 힘듭니다. 아버지는 「교육기본법」상 명시된 학생의 교육과 관련된 논의를 한 것이라고 주장할 것이고, 이는 교권보호위원회에서 받아들여질 가능성이 크기 때문입니다. 다만 학생이 수업을 방해했다든지, 선생님에게 '뻥쟁이'라고 말한 부분은 '수업 중인 교사에게 폭언, 욕설'을 한 것이므로 교권보호위원회를 개최할 사유가 될 수 있습니다. 하지만 교권보호위원회보다는 학생에 대한 생활지도를 강화하여 대처하는 편이 더 나은 선택입니다.

신념을 가진 분들은 그 신념을 깨려는 시도만 하지 않으면 타인을 건드리지는 않습니다. 그러므로 사례와 같은 경우 적극적으로 B 학생과 B 학생의 학부모를 설득하려는 시도는 하지 않는 것이 좋습니다. 대신 학교 관리자나 교육지원청과 협의하여 최대한 방어적으로 대응하기를 바랍니다. 교과서에 있는 부분이라 교사로서 그렇게 가르쳐야 한다는 점을 강조하며 수업하는 것도 반발을 줄일 수 있는 방법입니다.

Part 4
학부모 관계

학부모 민원 전성시대를 공감과 소통으로 이겨내요

교사들이 학교 현장에서 학부모를 대하는 것이 어렵다는 호소가 갈수록 많아지고 있습니다. 지금은 집단주의 문화가 개인주의 문화로 바뀌는 과도기입니다. 과거 관습적으로 문제없이 허용되던 부분도 이제는 문제가 됩니다. 문제를 해결하는 방식도 점차 다양화되고 있습니다. 담임교사에 대한 민원도 전화나 면대면 항의, 학교장 면담, 교육청 민원, 국민신문고 민원, 청와대 국민청원, 수사기관 신고, 민사소송이나 행정소송 제기 등 그 방법이 매우 많습니다.

요즘 학부모 민원은 오랜 시간 지속된다

최근에는 학부모 민원이 한 번에 끝나지 않고, 계속 이어지는 경우가 점차 늘어나고 있습니다. 학생의 학교폭력 사안이 그렇습니다. 일단 학교폭력이 발생하면 하루에도 몇 번씩 문자나 전화가 오고, 피해학생 측이든 가해학생 측이든 각자의 불만을 담임교사나 담당교사에게 쏟아냅니다. 일단 사안 조사를 위한 학생과 학부모 상담 과정이 이뤄지는 1~2주 동안 이런 일이 지속됩니다. 그리고 학교폭력 사안이 교육지원청의 학교폭력대책심의위원회에서 다뤄지고 관련 학생에 대한 조치가 나오고 나서도 학부모의 불만은 후속 민원으로 이어집니다. 조치 결과에 불복하여 행정심판이나 소송으로 이어지면 짧게는 3개월에서 길게는 1년 이상 학부모의 항의나 민원에 시달릴 수밖에 없습니다.

아동학대 신고를 당하는 경우도 마찬가지입니다. 교사의 생활지도 방식에 불만을 품고 정서적·신체적 아동학대라며 수사기관에 신고하기도 하고, 교사가 학부모를 아동학대로 신고한 경우 이를 두고 전화로 협박하거나 학교로 찾아와 폭언을 서슴지 않는 경우도 있습니다. 교사가 아동학대 신고 의무자이기 때문에 일어나는 일이지요. 이때도 사안이 모두 해결되기까지는 상당히 오랜 시간이 걸리는데, 당연히 학부모의 항의나 민원도 그동안 계속될 가능성이 큽니다.

학부모 민원 전성시대를 맞은 교사를 위하여

1학기와 2학기 학부모 상담주간에 학부모를 어떻게 상담해야 할지에 대한 다양한 상담 노하우와 자료들이 넘쳐납니다. 하지만 상담할 때 발생하는 다양한 돌발상황이나 심각한 갈등에 대한 자세한 해결방법 제시는 부족한 상황입니다. 또 소위 악성민원을 제기하는 학부모를 어떻게 대할지에 대한 구체적인 방법이 사례별로 어느 정도 나와 있기는 하지만, 이런 학부모를 대하는 교사의 상처받은 속마음을 회복시켜 줄 치유 솔루션은 부족합니다. 그리고 '학부모 민원 전성시대'를 관통하고 있는 교사가 어떻게 대응하고 극복할 수 있을지에 대한 부분도 좀처럼 찾아보기 힘듭니다.

이에 학부모 민원 중 난제에 속하는 다양한 사례에 대한 효과적이고 구체적인 해결방법을 안내하고, 상처받은 교사를 위한 치유 솔루션을 다룸으로써 교사의 마음 근육을 단단히 하고자 합니다. 교사 스스로 학부모 민원 전성시대를 어떻게 견디면서 대응하고 성장해 나갈 수 있을지에 대한 방향을 제시할 것입니다.

학부모와 소통하여 민원을 예방하다

학생들과 그럭저럭 지내고 있다고 생각했는데, 뒤통수를 제대로 맞은 것 같습니다. 엊그제 학부모가 찾아와 그동안의 학급운영과 관련된 불만을 한바탕 늘어놓았습니다. 그리고 이건 자기만의 생각이 아니라 우리 반 대다수 학부모의 생각이라고 하더군요. 그래서 담임 교체를 원한다고 했습니다. 조만간 이 사실을 교장 선생님께 말씀드리고 관철되지 않으면 국민신문고, 국민청원 등을 할 거라고 협박(?)을 남기고 갔습니다. 이 상황이 걱정되면서도 너무 수치스럽습니다. 어떻게 해야 할까요?

교육 현장에 있다 보면 생각보다 자주 발생하는 상황입니다. 이렇게 담임 교체를 원하는 수준은 아니더라도, 교사의 학급운영 방식에 문제를 제기하여 교사를 괴롭게 하는 사례는 셀 수 없이 많습니다. 때문에 이러한 상황을 지혜롭게 대처하기 위해 교사가 할 수 있는 법적 또는 행정적 절차를 아는 것이 중요합니다. 하지만 저는 그보다 이를 미리 예방할 수 있는 방법을 강구하는 것이 먼저라고 생각합니다.

결론적으로 말하자면 오해를 덜 받도록 해야 한다는 것입니다. 교사가 학부모의 오해까지 신경 써야 한다는 것이 서글프고 속상하기는 하지만, '세상이 변하고 있으니까'라며 속상한 마음을 달래 봅니다. 오해를 덜 받기 위해서는 무엇보다 학부모와의 소통이 중요합니다. 물론 상식적이지 않은 학부모와는 소통이 어렵습니다. 그러나 학급 전체 학부모와의 소통이 원활하면 한 학부모의 오해나 불만이 전체로 퍼지는 것을 막을 수 있습니다.

이제부터는 학부모와 소통하는 방법을 '공적인 만남 활용', '학생을 통한 소통'으로 나누어 살펴보겠습니다.

공적인 만남을 최대한 활용하라

일부 선생님들은 학부모 공개수업과 학부모 총회, 그리고 학부모 상담을 꽤나 귀찮고 번거로운 행사로 생각합니다. 사실 껄끄럽고 불편한 행사임은 분명합니다. 그러나 학급을 1년 동안 원활히 이끌기 위해서 반드시 필요한 행사입니다.

1) 학부모 총회를 활용한다

많은 학교에서 학부모 공개수업과 학부모 총회를 같은 날 운영합니다. 저학년인 경우는 특별히 애쓰지 않아도 학부모들이 자발적으로 두 행사에 대거 참석하지만, 고학년쯤 되면 행사에 참여하지 않는 학부모가 점점 늘어납니다. 이때 학부모들이 최대한 많이 참석할 수 있도록 독려하는 것이 필요합니다. 알림장을 통해서든, 학기 첫날 학부모 편지를 통해서든 담임교사가 '학부모 공개수업'과 '학부모 총회'를 중요하게 생각하고 있다는 인식을 심어 주어 참석률을 높여야 합니다.

학부모 공개수업은 담임교사의 수업 능력을 보여 주는 시간이 아닙니다. 학부모가 자녀들이 어떤 자세로 학업에 임하는지 살펴보고 더욱 성장할 수 있도록 격려할 기회를 주는 것이 목적입니다. 따라서 교사는 학부모에게 이러한 목적을 인식시키는 한편, 목적에 맞는 수업을 설계해야 합니다. 학부모 공개수업이 끝나면 학부모 총회를 개최합니다. 이때가 바로 담임교사의 철학을 보여 줌으로써 이후에 생길 수도 있는 학부모와의 오해를 줄일 수 있는 기회입니다.

학부모 총회를 통해 알릴 주요 내용은 다음과 같습니다.

- 학년별 특성

먼저 에릭슨의 심리사회적 발달 단계와 제가 파악한 학년별 특성을 설명합니다. 더불어 가능하다면 학급 학생들의 특징도 이야기합니다. 에릭슨의 발달 단계에 따르면 초등학교 시기인 7~12세는 4단계 학령기(근면성 대 열등감)로 다음과 같은 특성을 가집니다.[*] '가정에서 학교로 사회적 관계를 확장합니다. 다른 사람과 경쟁하는 입장에 섭니다. 성취 기회와 성취 과업의 인정과 격려가 있다면 성취감이 길러지고 반대의 경우에는 좌절감과 열등감이 생깁니다.'

그리고 제가 파악한 학년별 특성은 다음과 같습니다.

1, 2학년은 집단생활의 시작으로 소속감이 생기는 시기입니다. 아직 자기중심적 사고가 강하여 장난의 정도를 잘 조절하지 못하고 본인의 잘못은 작게, 타인의 잘못은 크게 생각하는 경향이 있습니다. 주

---

[*] E. H. Erikson, 《Childhood And Society》, Random House, 2018

의집중 시간이 짧고 타인에게 영향을 많이 받으며 권위에 의존하는 경향이 큽니다. 선생님의 말을 무서워하거나 말을 잘 듣는 이유도 이 때문입니다. 애정과 인정에 대한 욕구가 강하여 권위 있는 사람의 인정이나 애정을 받지 못할 것 같으면 쉽게 거짓말을 하기도 합니다. 현실적인 감각이 다소 떨어져서 이야기에 쉽게 빠져들고 상상력과 창의력이 발달하기 좋은 시기이므로 동화책 읽어 주기 등의 활동을 충분히 해 주는 것이 좋습니다.

3~4학년이 되면 또래집단 만들기를 시작합니다. 착한 아이 콤플렉스에 빠지기 쉬운 시기입니다. 타인과 나를 비교하기 시작합니다. 무엇인가를 모으는 것을 좋아하기 시작하는 시기입니다. 공놀이를 좋아하는 시기로 피구를 시작하기 적합한 학년입니다. 기초적 논리단계가 발달하나 도덕적 판단 능력은 다소 미흡한 시기입니다. 따라서 경험과 지식을 사용할 수는 있지만, 종합적 사고력이 부족합니다. 여러 가지 다양한 체험을 많이 해 주는 것이 의미 있는 시기입니다. 협동의 즐거움보다 개인의 승부에 집착하여 관련 갈등이 많이 일어나는 시기로 시시비비를 교사가 정확하게 가려 주는 것이 중요합니다. 3학년은 교과목이 대폭 늘어나 학생들의 학습 부담이 커지는 시기이고, 4학년은 수학이 어려워져 수포자들이 생기는 시기입니다.

5~6학년은 자긍심과 수치심이 급격히 발달하고 완성되는 시기입니다. 또래집단 의식이 발달하고 집단 내에서 힘의 우위가 결정되어 왕따 문제가 대두되기 쉬운 학년입니다. 따라서 담임교사의 민감한 관찰과 적절한 개입이 매우 중요합니다. 남녀 구분이 명확해지는 한편 서로에게 이성적 관심을 갖게 되는 시기입니다. 분별력이 분명하

고 자신의 생각이 정립되므로 몰라서 그랬다고 핑계 대는 것이 어려워지는 시기입니다.

- 요즘 아이들에 대하여

요즘 아이들은 고학년은 물론이고 저학년도 매우 빠르게 변합니다. 최근 학교에서 벌어졌던 놀라운 사건들, 예를 들어 성 문제나 온라인 따돌림에 대한 이야기를 몇 가지 구체적으로 이야기합니다. 더불어 이런 사건의 발생을 줄이기 위해 담임교사로서 어떤 노력을 할지도 이야기합니다.

최근에는 학생들의 자존심 싸움이 심해지다 결국 학부모의 자존심 싸움으로 번지는 일이 늘어나고 있습니다. 이는 자존심은 있고 자존감은 없는 학생들과 학부모들이 늘어나고 있기 때문입니다. 또한 선생님의 훈육에 자존심에 상처를 입는 학생들이 많습니다. 그러나 잘못을 받아들일 수 있는 것은 자존심이 아닌 자존감의 문제로 나의 잘못을 인정할 수 있는 것은 자존감이 높아야 가능한 일입니다. 아이들의 자존감을 높이기 위해서는 잘못을 지적받았을 때 이를 인정하고 개선하고자 노력할 수 있도록 도와주고, 잘한 것은 충분히 칭찬합니다. 단 잘못을 지적할 때는 인격적 존중을 바탕으로 잘못된 행동만을 지적해야 합니다. 칭찬할 때는 타인과 비교가 아니라 과거의 학생 자신과 비교하여 발전하기 위해 애쓴 노력을 인정해 주고 더 발전할 수 있도록 격려해 주는 것이 기본 원칙입니다.

담임교사는 이러한 내용을 학부모에게 전달하고 1년 동안 학생의 자존감을 높이기 위해 최선의 노력을 다하겠다고 이야기합니다.

- 학생 개개인의 MBTI 검사 결과

교사가 학기 초 학부모와 학생 모두의 기선을 제압하기 위해 필요한 것은 바로 학생 개개인의 특성을 빠른 시간 안에 파악하여 이해하는 것입니다. 그리고 이를 통해 학생들끼리의 유기적 관계, 선생님과 학생의 유기적 관계를 파악할 수 있다면 더욱 좋습니다.

그래서 저는 학기 초에 두 가지를 열심히 합니다. 그 중 첫 번째는 상담기법을 활용한 여러 가지 그림 그리기와 간이 MBTI 검사입니다. 그리고 두 번째는 학생들을 관찰하는 시간을 갖는 것입니다. 첫 번째 활동의 결과지를 학부모 총회 때 학생 각자의 자리에 준비해 놓으면 학부모 대부분이 관심을 보이며 교사에 대해 긍정적인 태도를 보입니다. 그러면 학부모 상담에서 보다 자세한 이야기를 나누자고 말합니다. 학부모는 궁금증과 기대를 가지고 집으로 돌아가 학부모 상담을 기다리게 됩니다. 두 번째 학생들을 관찰한 이야기는 아래 학부모 상담에서 자세히 이야기하겠습니다.

- 수업방법과 학급운영 방식

학년에 따른 과목별 수업방법을 설명하고, 고학년은 노트필기법 등에 대해서 설명합니다. 각 과목별로 가르칠 때 어떤 부분에 주안점을 둘지 전달합니다. 예를 들어 수학은 연산, 국어는 독서에 주안점을 둔다는 식이지요. 또 학급에서 운영되는 칭찬막대, 소원카드, 보상방법, 이벤트 활동 등에 대해서도 설명합니다.

- 학부모 당부 사항

학생의 인권침해 문제, 아동학대 문제, 교실에서의 규칙 등을 설명하며 함께 알고 지켜 줄 것을 당부합니다. 더불어 학생들 앞에서 '교사'에 대한 험담을 절대로 하지 말아 줄 것을 강조합니다. 학생이 교사와의 관계에서 속상한 일을 이야기하면 그 마음에 공감하여 "그랬구나, 네가 참 속상했겠다"라고 얘기하면 충분하고, "너희 담임 선생님은 왜 그러시니?" 하고 교사를 탓하거나 험담하는 것은 전혀 도움이 되지 않는다고 이야기합니다. 그리고 교사의 학급운영 중 도저히 이해가 되지 않는 부분이 있다면 직접 연락을 주면 충분히 설명하겠다고 하십시오.

- 학사일정 등

학사일정을 확인하여 학교의 주요 행사를 짚어 주고, 출결 관련하여 체험학습 사용방법 등을 안내합니다.

2) 학부모 상담을 통해 '긍정적 라포'를 형성한다

학부모 총회를 통해 담임교사의 전반적인 교육철학과 학급운영에 관해 이야기하였다면, 학부모 상담을 통해서는 개별적이고 자세한 이야기를 나눕니다. 이때 기초자료가 되는 것은 간이 MBTI 검사 결과, 상담기법이 활용된 그림 그리기 자료입니다. 이때 자료를 가지고 교사만 이야기할 것이 아니라 학부모의 이야기도 끌어내 들을 수 있으면 더욱 좋습니다.

또 다른 중요한 자료는 학생 관찰 결과입니다. 이를 위해서는 학기 초 공부를 조금 덜 가르치더라도 학생들을 관찰할 시간을 충분히 가져야 합니다. 그래서 저는 학기 초에는 쉬는 시간을 공부시간보다 더 중요하게 생각합니다. 온전히 학생들의 시간인 쉬는 시간, 이때가 바로 관찰하기 좋은 시간입니다. 쉬는 시간에는 평소에 선생님에게 보이지 않던 모습들이 나타납니다. 바로 이런 모습을 잘 관찰하고 메모합니다.

그리고 가족관계를 기반으로 한 아이들의 심리상태도 파악해야 합니다. 주 양육자와의 관계, 형제자매와의 관계, 가족의 분위기. 이런 것들이 학생의 태도에 큰 영향을 미칩니다. 그런데 학생의 가족관계와 관련된 관찰과 질문은 인권침해의 가능성이 있으므로 조심해야 합니다. 모든 것을 샅샅이 알려 하기보다 학생에게 끌려다니는 집인지 아닌지, 평등한 가족관계인지 혹은 수직적 가족관계인지, 형제자매 사이는 어떤지 정도를 대충이라도 파악합니다.

그리고 교사가 아무리 관찰을 열심히 한다고 해도 선생님은 한 명이고 학생은 여럿이기에 한계가 있습니다. 이때는 학생들의 도움을 받습니다. 바로 일름보를 허용하고, 나도 일름보가 되는 것입니다. 학생들을 일름보로 만들기 위해서는 선생님에게 무엇이든 말할 수 있도록 초기 라포를 잘 형성해야 합니다. 일름보 학생에게 교사가 끌려가서는 안 됩니다. 상황을 파악하여 단순히 친구가 미워 고자질한 상황인지, 정말 친구의 상황이 위험하거나 다른 친구에게 위험이 되는 상황이어서 이른 것인지를 구분하고 전자의 경우라면 그렇게 해서는 안 되는 이유를 일름보 학생에게 조목조목 설명합니다. 그러면 아이들은 스스로 고자질 정도를 조절합니다. 선생님께 무엇이든 편하게 말할 수 있고, 말한 부분이 개선되는 경험을 해야 큰 사건이 났을 때 학생도 부모도 교사를 신뢰할 수 있습니다. 그러면 이를 통해 상당 부분의 학교폭력이 예방될 수 있습니다.

상담 기간에 최대한 많은 학부모를 만날 것을 추천합니다. 왜냐하면 나머지 기간 동안에는 학부모와 만나거나 연락할 일이 거의 생기지 않습니다. 그래서 저는 상담 기간이 다소 고되더라도 많은 학부모와 만나기 위해 노력합니다.

학생을 통해 소통하라

1) 일기를 통한 소통

저는 개인적으로 일기장 검사가 참 싫습니다. 신규 교사 시절에는 학생들의 일기가 재미있고 검사를 해 주는 것이 즐거웠습니다. 그런데 해가 갈수록 너무 힘들고 고된 일이라는 생각이 들었고, 학생 인권침해의 소지가 있다는 이야기가 나온 후로는 더욱 검사하기가 싫어졌습니다.

그래서 저는 학생과 학부모의 의견을 들은 후 다수가 동의하면 일기 검사를 합니다. 일기 쓰기의 의미와 장단점을 설명한 후 의견을 수렴하여 1년 동안 일기 쓰기를 할지 말지 결정합니다. 학부모에게도 의견을 물었는데 의외로 일기 쓰기 숙제를 내주지 말라는 의견이 다수인 해도 꽤 있었습니다. 만일 일기 쓰기를 하기로 했다면 선생님한테 보이기 싫은 일기는 그 페이지를 접어서 내면 썼는지 확인만 하고 읽지는 않겠다고 이야기합니다. 물론 일기 쓰는 방법을 배우는 1~2학년은 의무적으로 일기를 쓰도록 합니다.

한편 일기장 검사를 하면서 교사가 쓰는 한두 줄의 코멘트에 학생과 학부모는 꽤 의미를 두는 것 같습니다. 때문에 코멘트를 쓸 때 신중해야 합니다. 얼굴을 보고 하는 말과 달리, 감정이 담긴 글은 해석이 다양할 수 있기 때문입니다. 그래서 저는 느낌표나 웃는 얼굴 이모티콘을 적극 사용합니다. 가끔 바쁠 때는 멘트 없이 도장만 찍어 주는 경우가 있는데, 그런 날은 일기장을 받은 친구들의 얼굴이 시무룩한 것이 눈에 보입니다. 그만큼 선생님의 일기 코멘트를 기다린다는 증거일 것입니다. 코멘트를 써 주는 일기 검사를 통한 소통이 학생을 넘어 학부모와의 긍정적 라포 형성에 큰 영향을 미칠 수 있음은 분명합니다.

2) 알림장을 통한 소통

알림장을 통한 소통에서 가장 중요한 것은 보호자가 알림장을 확인했다는 것을 다시 교사가 확인하는 것입니다. 따라서 알림장은 쓰는 것보다 보호자에게 보여 드리고 확인을 받았는지 다시 확인하는 작업이 가장 중요합니다. 여러 가지 방법을 동원하여 보호자가 알림장을 확인할 수 있도록 해야 합니다. 알림장의 학부모 확인을 담임교사가 중요하게 여기고 있다는 사실을 학부모 총회 때 알리는 것도 좋은 방법입니다. 저는 고학년에서 운영하는 '정리노트'도 잘된 것이 있으면 복사해서 알림장 편에 보내기도 합니다.

Tip

1. 전화를 통한 소통

학생을 배제한 소통이 급히 필요한 경우에는 전화를 활용할 수 있지만 웬만하면 활용하지 않는 것이 좋습니다. 일반적인 것은 알림장으로, 심각한 것은 반드시 대면으로 소통해야 한다고 생각하기 때문입니다. 그래서 전화를 활용하는 경우는 급히 간단한 정보를 알아야 할 때와 급히 위급상황을 알려야 할 때뿐입니다. 전화로 소통해도 되는 문제라면 아예 하지 않는 것이 낫습니다. 물론 학부모가 전화상담을 요청한 경우라면 당연히 전화상담을 진행합니다. 대면상담에서도 마찬가지지만 전화상담이라면 더욱 더 학생에 대한 부정적인 이야기는 하지 않는 것이 좋습니다.

2. 온라인 플랫폼을 통한 소통

2020년, 2021년에는 대부분의 학교에서 온라인 플랫폼을 통한 소통이 보다 널리 사용되었습니다. 이후에도 온라인 플랫폼을 사용하면 편리하게 소통할 수 있을 것입니다. 우선 1학년은 1학기에 알림장을 쓰지 않고 온라인 플랫폼을 활용하여 학부모에게 알림 내용을 전달하는데, 2학기가 되어 알림장을 쓰면 온라인 플랫폼에는 알림장을 올리지 않도록 합니다. 왜냐하면 학부모가 학생들의 알림장 검사를 잊지 않도록 하기 위해서입니다.

저는 온라인 플랫폼에 학교의 주요 행사 때 찍은 사진을 올립니다. 학생들은 대부분의 시간을 학교에서 보내는데 학교생활을 사진으로 찍어 남길 수 있는 것은 교사뿐이라는 생각이 들었기 때문입니다. 때로는 매우 번거롭기도 하지만, 큰 행사가 있거나 학생들이 활동하는 모습이 예뻐 보일 때 사진을 찍어 온라인 플랫폼에 올리면 이를 본 학부모들이 매우 좋아하더군요. 다만, 이를 위해서는 학부모 총회 등을 이용하여 학생들의 초상권 문제를 설명하고 자녀의 사진을 온라인 플랫폼에 올릴 수 있도록 동의를 구해야 합니다. 그리고 학부모에게 본인의 아이가 아닌 다른 아이의 사진을 함부로 옮기거나 퍼트리면 안 된다는 설명도 잊어서는 안 됩니다. 그리고 학생들에게도 반드시 설명해야 합니다.

2학기 학부모 상담, 어떻게 하면 좋을까?

흔히들 1학기 때는 학부모의 말을 많이 듣는 상담이고, 2학기 때는 선생님이 많이 말하는 상담이라고 합니다. 실제로 이번 1학기 상담에서는 코로나로 인해 아이들을 몇 번 만나지 못한 탓에 정말 학부모의 말을 경청하는 데 상담시간 대부분을 할애했습니다. 그러면 2학기는 제가 아이에 관해 많은 이야기를 해야겠지요? 2학기 들어서는 격주로라도 아이들을 학교에서 만났으니까요. 하지만 여전히 무엇을 준비해야 할지, 어떻게 상담의 흐름을 만들어 가야 할지 막막하기만 합니다.

코로나19 상황이 계속되다 보니 교사와 학부모가 얼굴 볼 일은 거의 없고, 학부모 상담도 전화로 이루어지는 요즘입니다. 게다가 서로에 대한 정보가 부족하니 때로는 전화상담 이후 부정적인 상상이 커져 교사와 학부모 사이에 신뢰가 자리 잡기 어렵습니다.

이러한 전화상담의 어려움을 보완하기 위해 교사는 먼저 학부모의 말을 충분히 경청하고 적절히 공감해야 합니다. 그리고 부정적인 평가보다는 객관적인 관찰 위주로 이야기하고 아이의 긍정적인 부분을 바탕으로 아이의 적응과 성장을 어떻게 이루어 갈지에 대해 원활한 소통을 이어 나가야 합니다. 그리고 불편한 대화가 이어지는 돌발상황이 발생한다면 무리한 상담보다는 부모 입장에서는 그럴 수 있겠다고 수용한 후 다음 기회에 대화를 나누는 것이 좋습니다.

보통 학부모는 1학기보다는 2학기 학부모 상담에서 어떤 이야기를 나누게 될지 궁금해합니다. 아마도 2학기에는 선생님이 학생에 대해 더 많은 것을 알게 되었을 거라고 기대하기 때문일 것입니다. 기대에 부응하는 학부모 상담이 되려면 어떻게 해야 할까요?

2학기 학부모 상담 신청방법 알리기

코로나19로 인한 원격수업 확대로 학부모에게 안내장과 동의서를 보내기 어려운 상황이 계속되고 있습니다. 학교에서는 보통 e알리미 또는 전체 문자 메시지로 가정에 학부모 상담 기간과 신청 일정을 알립니다. 이것으로 충분할까요? 아니면 담임교사가 한 번 더 안내해야 할까요? 솔직히 귀찮을 수도 있습니다. 코로나19 상황으로 인해 아이를 거의 보지 못해 1학기 상담과 비슷한 얘기만 나누게 될 것 같기 때문입니다.

코로나19 시기에 교사도 힘들지만 학부모는 더 힘듭니다. 언론에서 원격수업으로 인해 학생 간 학력 격차가 더 심해졌다는 얘기가 끊임없이 들려오기 때문에 아이가 학업을 잘 수행하고 있는지 부모의 걱정은 점점 더 커질 수밖에 없습니다. 게다가 등교하지 않는 날이 증가하니 시도 때도 없이 울리는 원격 안내장 도착 알림에 지쳐 확인을 미루기도 합니다. 그러니 신청 기간을 놓칠 가능성이 적지 않습니다. 일부 학부모는 담임교사가 학부모 상담 신청에 대해 한 번 더 연락하지 않은 것에 대해 서운한 마음을 드러내기도 합니다. 그러므로 가급적 학생들이 학교에 왔을 때 알림장에 적게 하고, 적어도 온라인 플랫폼으로 한 번, 학부모 전체 문자 메시지로 한 번 학부모 상담에 대해 알리는 것이 좋습니다.

전화상담 시 미리 준비해야 할 것

현재 2학기 학부모 상담은 대면상담으로 이루어지는 곳도 있겠지만 대부분의 학교에서는 전화상담으로 진행될 가능성이 높습니다. 전화상담은 여러 가지 제약이 있어 불편한 측면이 많지만, 교사가 직접 작성한 전화상담 예상 시나리오나 상담에 활용할 다양한 자료를 직접 보면서 상담할 수 있는 측면은 장점이라 할 수 있습니다.

2학기 학부모 상담에서 활용할 상담자료는 1학기 초에 학부모에게 받은 학생자료조사서, 1학기 학생 상담 기록(1학기 학부모 상담 기록 포함), 학급일지, 학생의 과제, 작품에 대한 피드백, 교우관계도 등이 기본입니다.

그리고 2학기 학부모 상담 전에 학생들의 설문지를 받을 수도 있습니다. 자신이 생각하는 자신의 좋은 점, 부족한 점, 친한 친구와 불편한 친구, 선생님과 부모님께 바라는 부분, 가장 큰 고민 등 5~6개 질문을 구글 같은 인터넷 설문을 활용해 받을 수 있습니다. 학부모에게도 아이에 대해 궁금한 점, 가정에서 자녀를 양육하면서 힘든 부분이나 교사에게 알려 주고 싶은 자녀의 모습 등을 설문으로 받으면 상담 전에 학생을 보다 깊이 이해할 수 있어서 실제 상담 내용이 더 풍부해집니다.

2학기 상담은 좀 더 신경 쓸 부분이 있다

2학기 상담은 1학기 상담의 연장이라고 할 수 있습니다. 그래서 학부모가 1학기 상담 시 관심을 보였거나 궁금해했던 부분이 있다면 2학기 학부모 상담에서 반드시 다루어 줘야 합니다. 때문에 보다 면밀한 준비가 필요합니다.

예를 들어 1학기 상담 때 학부모가 아이가 친구들과 잘 어울리는지 걱정된다고 언급했는데, 2학기 상담에서 아이가 누구랑 친한지 무엇을 하고 노는지 교사가 알려 주지 않는다면 부모로서는 서운할 수밖에 없습니다. 교우관계를 걱정하는 학부모를 상담할 때는 코로나19 때문에 등교를 하더라도 교실에서 모둠 활동을 하거나 체육관에서 단체 게임활동을 하지 않기 때문에 아이들이 새롭게 친구를 사귈 기회가 적어질 수밖에 없다는 현실적인 상황을 알림으로써 교사가 아이에게 관심이 없는 것이 아니라는 점을 알리는 것이 바람직합니다. 저는 친구들과 잘 어울리지 못하는 학생들에게 다가가 잠깐 얘기를 나누기도 하고, 소극적인 학생들과 SNS를 통해 보다 가까워지려 노력합니다. 이런 노력은 물론이고 이를 통해 알게 된 사실을 학부모에게 알리는 것도 아이에 대한 교사의 관심을 보여 주는 좋은 방법입니다.

등교 일수가 적은 만큼 학생을 관찰할 기회가 적습니다. 그렇기에 학생의 긍정적인 면이나 부정적인 면을 발견하면 꼭 기록하기를 권합니다. 학부모의 이야기를 듣는 1학기 상담보다는 교사가 많은 이야기를 해야 하는 2학기 상담에 반드시 필요한 부분입니다. 기록해 두지 않으면 교사가 순간순간 떠오르는 단편적인 기억으로 상담하게 되고 이는 말실수로 이어질 가능성이 큽니다. 과제 제출 비율, 과제의 충실도, 수업의 참여도(집중도와 발표), 등교 시 수업자세 등도 간단히 정리해서 기록합니다.

학생의 문제행동, 상담을 통해 해결의 실마리를 찾다

갈수록 학생의 문제행동에 대해 학부모와 이야기하기 어려워지는 것이 현실입니다. 학부모에게 학생의 문제행동에 대해 얘기하면 학부모는 교사가 자녀를 나쁘게 본다고 걱정하는 한편, 그 책임을 묻는 것 같아 부끄럽고 불편한 생각이 듭니다. 특히 어머니는 자녀를 자신과 동일시하는 경향이 있어서, 지나친 기대로 자녀에게 무리한 요구를 하기도 하고 반대로 자녀의 앞날에 대한 과도한 불안에 빠져서 낙담하기도 합니다. 간혹 교사가 이야기한 자녀의 문제점을 잘 받아들이는 듯 보이던 학부모가 집에서 비교육적인 방식으로 자녀를 심하게 혼내 문제행동이 더 심해지는 경우도 있습니다. 그러면 아이는 선생님이 부모에게 자신을 고자질했다고 생각하고, 그 결과 반발심이 커지는 부작용까지 생깁니다.

교사가 문제행동에 대해서 부모와 이야기하고자 한다면 먼저 아이의 문제행동 때문에 너무 스트레스를 받고 있지는 않은지, 아이가 문제행동을 하는 원인에 대한 깊은 고민과 연구를 했는지 돌아봐야 합니다. 그리고 문제행동을 이야기하기 전에 그에 상응할 만한 아이의 장점과 아이의 중립적인 면에 대한 이야깃거리가 있는지 점검해야 합니다.

　　아이는 성장하는 중이므로 놀라울 만큼 변화무쌍합니다. 하지만 문제행동은 금방 고쳐지지 않을 수 있으니 담임을 마친 이후에 아이가 나아질 것이라는 생각으로 긴 호흡을 가지고 아이를 대하는 것이 낫습니다. 예를 들어 어떤 학생에게 도벽이 있다면 교사나 학부모 모두 스트레스를 많이 받습니다. 교사 입장에서는 학급에서의 도난사건이 단순히 도난당한 금품을 찾아 주는 것 이상의 많은 문제를 양산하기 때문입니다. 또 부모 입장에서는 내 아이가 '도둑'이라는 사실을 받아들이기 어려워 낙담하기 때문입니다.

　　그러나 전문가들이 말하듯이 '도벽'은 말 그대로 문제행동일 뿐, 그 원인은 전혀 다를 수 있습니다. 그러므로 교사와 학부모가 상호 신뢰를 바탕으로 어떻게 하면 아이를 도울 수 있을지 머리를 맞대 상의해야 하고, 가능하면 전문가의 도움도 받아야 합니다. 교사가 할 일이 있고 학부모가 할 일이 있습니다. 교사는 학생을 사랑과 존중으로 대해야 하지만 경우에 따라서는 훔친 행동에 대해 책임지게 해야 합니다. 단, 폭언이나 체벌 등 비교육적인 방식은 금물입니다. 도벽을 없애기 위한 충격요법들은 잠깐 동안 도벽이 없어지게 할 뿐이고, 본질적인 해결책이 아니어서 더 큰 문제행동을 불러올 수 있습니다.

도벽은 물건을 훔치는 그 행위 자체보다 아이의 욕구에 주목하여 건강한 방식으로 그 욕구를 충족시킬 수 있을 때 점차 사라집니다. 아이의 다른 부분에 초점을 맞추면 도벽이 사라지고, 도벽에만 초점을 맞추면 도벽이 사라지지 않는 겁니다. 이를 볼 때 아이의 문제행동을 바꾸는 최선의 방법은 교사와 학부모를 포함한 어른들의 문제행동을 찾아 그것을 먼저 바꾸는 것입니다. 아이들을 바라보는 어른들의 눈이 열려야 합니다.

그런데 현실은 어떤가요? 어른들의 눈이 열리지 않으니 교사나 학부모는 골치 아픈 문제행동을 쉬쉬하거나 그 문제행동 자체에 매달립니다. 결국 아이는 변화되지 않고 어른들은 더 힘들어집니다.

교사와 학부모는 한 팀이 되어야 한다

1~2학년 학부모의 경우 친구들보다 발달이 늦은 학생에 대해 부모가 염려한다면 교사로서 어떻게 말을 해야 할까요? 늦돼도 교사로서 잘 지도할 테니 걱정 마시라는 얘기로는 충분하지 않습니다. 교육 전문가로서 보다 깊이 있는 이야기로 학부모의 신뢰를 얻어야 합니다.

"어머님 말씀에 충분히 공감합니다. ○○이 생일이 11월이니 다른 아이들보다 발달이 늦는 건 아닐지, 학교생활을 잘할 수 있을지 걱정되실 거예요. 당연히 신체적, 정신적 발달 속도가 1~3월생이 빠르고, 10~12월생이 늦을 수 있어요. 태어난 달이 성장에 미치는 영향을 월령효과라고 합니다. 그런데 ○○이는 키가 또래에 비해 많이 작은 것도 아니고, 수업내용을 잘 이해하고 친구들과도 잘 어울린답니다. 체육시간에 ○○이가 너무 속상해하지 않도록 제가 잘 다독이고, 다른 활동을 잘 할 때 크게 칭찬해서 ○○이 자존감이 높아지도록 저도 더 노력하도록 할게요. 혹시 부모님도 가정에서 ○○이를 어떻게 도울 수 있을지 생각해 보셨나요?"

이처럼 보다 구체적이고 전문적인 현실 파악과 대처방법을 제시하고 학부모의 의견을 경청하는 자세를 보이는 것이 중요합니다. 이후 학부모의 이야기에 공감하고 그와 관련된 추가 정보를 제공할 수 있으면 더욱 좋습니다.

그리고 학생이 문제행동을 보일 때도 교사는 교육 전문가로서 학부모에게 신뢰를 주어야 합니다. 교사가 학부모에게 문제행동을 언급하기 위해 자주 연락하는 것은 부작용만 불러일으키기 쉽습니다. 오히려 가끔 학생의 장점을 발견할 수 있는 에피소드를 문자 메시지로 보내면 학부모의 방어적인 마음은 약해지고 교사에 대한 신뢰도가 높아집니다. 부모가 잘 모르는 자녀의 장점을 교사가 평소 관찰이나 친구 면담을 통해 얘기해 주면 부모의 양육 스트레스가 낮아집니다. 그리고 아이에 대한 희망을 품게 됩니다. 이런 경험이 쌓이면 부모는 교사를 교육 전문가로 인정할 수밖에 없습니다.

최근에는 생활지도와 학생 상담 못지않게 학부모 상담이 중요해졌습니다. 아직도 몇몇 학부모들은 전통적인 훈육방식이란 명목으로 감정적 폭언과 체벌을 합니다. 그래서 부모가 자녀와 건강한 방식으로 소통할 수 있도록 교사가 적절한 타이밍에 조언해 줄 필요가 점점 커지고 있지요. 오은영 박사에 열광하는 사회적 현상은 어떤 측면에서 보면 이제 교사가 부모교육에 대한 전문성을 갖춰야 함을 시사합니다. 교사는 교육의 전문가이고, 정신과 의사나 일반 상담가보다 학생을 폭넓게 관찰할 수 있는 장점이 있습니다. 상담과 교육을 같이 할 수 있어서 상담 효과를 높일 수도 있습니다.

한편 연구 결과에 따르면 학생만 상담할 때보다 학부모 상담을 병행할 때 상담 효과가 3~4배 높다고 합니다. 그러므로 이제 교사와 학부모는 신뢰를 바탕으로 한 팀을 이루어 아이들의 성장과 발전을 위해 함께 노력해야 할 것입니다.

그리고 부모와 교사가 한 팀이 되기 위해서는 대화법도 중요합니다. 교사는 평가적인 말을 자제하고 마음을 담아 희망적인 메시지를 전하기 위해 노력해야 합니다. ○○를 만나서 즐거운 경험을 많이 하고 있어요, 우리 ○○를 위해 애써 주셔서 감사합니다, 딸을 낳으면 ○○ 같은 아이를 낳고 싶어요, ○○가 아직 친구관계에서 어려움을 겪고 있지만 잘 이겨 낼 줄 믿습니다, ○○가 학교생활에 적응을 잘하도록 저도 옆에서 돕겠습니다, ○○가 좀 더 성장하기 위해선 부모님의 도움이 정말 필요합니다, 부모님께서 애써 주시니 저도 힘이 나네요. 이런 희망적인 메시지가 필요합니다.

'우리 아이들'을 위해 교사와 학부모가 함께 힘을 모으면 아이들뿐 아니라 '우리 어른들'도 함께 성장하고 행복할 수 있습니다. 모든 교사들이 학부모 상담을 통해서 이를 경험할 수 있으면 좋겠습니다.

퇴근 후에도 학부모 전화를 받아야 할까?

퇴근 후나 주말에 반 학생의 학부모로부터 오는 문자나 전화, 부담스럽지 않나요? 저는 지인들에게도 퇴근 후나 주말에는 정말 급한 일 아니고는 연락하지 않는 것을 원칙으로 하고 있습니다. 그래서 다른 사람들도 그럴 거라 생각하고 학기 초에 반 학부모들에게 핸드폰 번호를 공개하였습니다. 그러나 퇴근 후나 주말에 문자나 전화로 연락하는 학부모들이 생각보다 많아 당황하는 중입니다. 정말 긴급한 내용도 아니고 알림장 내용이나 학생에 대한 일반적인 이야기를 물으려 주말에 연락하는 학부모가 저는 이해되지 않습니다.

학부모의 핸드폰 연락을 어떻게 정리해야 제가 부담스럽지 않게 담임교사 역할을 할 수 있을까요?

담임교사는 신학기가 되면 학생의 개인정보 활용에 대한 동의를 받고 학생과 학부모의 핸드폰 번호를 수집합니다. 그러고 나면 학부모 상담 시 담임교사의 핸드폰 번호를 알려 달라는 요청을 종종 받습니다. 그래서 많은 교사들이 학부모와의 소통을 위해 핸드폰 번호를 알려 줍니다.

그런데 이로 인한 불편을 호소하는 교사들이 적지 않습니다. 일반적으로 업무와 관련한 문자나 전화는 늦은 시각이나 주말에는 하지 않는 것이 상식입니다. 그러나 일부 학부모들이 자녀의 학교생활에 대한 궁금증을 참지 못하고 퇴근 후 늦은 시각이나 주말에 문자나 전화를 하는 경우가 있습니다. 정말 긴급한 경우라면 이해할 수 있습니다. 하지만 단순한 문의를 위한 문자나 전화라면 곤란합니다. 특히 밤 늦은 시각이라면 적잖이 당황스러울 수밖에 없습니다.

최근 일부 시도교육청에서는 이러한 어려움을 해결하고자 교사가 희망할 때 가상 번호를 부여하는 정책을 시행하고 있습니다. 그러나 0505로 시작되는 번호에 대한 거부감과 발신 시 안내되는 통화 내용이 녹음된다는 멘트, 그리고 답장 문자를 보낼 때 별도의 비용을 지불해야 하는 방식 때문에 사용이 불편하다는 의견이 많습니다.

담임교사와 학부모의 원활한 소통은 매우 중요합니다. 그러나 교사 개인의 핸드폰 번호를 공개하는 방식은 교사에게 불편함과 어려움을 초래할 수 있습니다. 그렇다면 담임교사의 불편함 없이 학부모와 소통할 수 있는 방법은 무엇이 있을까요?

핸드폰 번호와 함께 통화 원칙을 공지한다

학부모에게 담임교사의 번호를 공개할 때 통화 원칙을 함께 공지합니다. 퇴근 후와 주말에는 학생 안전과 관련된 긴급한 연락만 가능하다는 것과 일반적인 문의는 근무시간 중에 학교로 연락할 것을 명확히 공지합니다. 학기 초 위와 같은 내용을 충분히 공지하고 2~3개월 꾸준히 실천하면 근무시간 후 연락이 현저히 줄어들 것입니다.

2020년과 2021년은 코로나19로 인해 불가피하게 담임교사와 학부모 간에 실시간으로 연락해야 하는 일이 많았습니다. 그런데 긴급한 경우를 제외한 대부분의 연락은 교사의 근무시간 중에 충분히 해결할 수 있었습니다. 다만 학교폭력 사안은 담임교사가 학부모에게 먼저 연락하여 적절한 조치를 취하는 것이 문제를 키우는 것을 막고 학부모의 오해를 줄이는 방법입니다. 그러나 같은 사안이라도 퇴근 후나 주말에 사실을 인지한 경우, 학부모와 실시간으로 연락을 주고받는 것보다는 다음 날 근무시간에 연락을 취하는 것이 낫습니다. 그리고 교사의 핸드폰보다는 학교 대표전화로 통화하는 것이 좋습니다. 이는 공식적인 연락임을 인식시키는 장점이 있습니다.

한편 최근 많은 학교에서 스마트폰 애플리케이션을 사용합니다. 아이엠스쿨, e알리미, 하이클래스, 클래스팅 등 다양합니다. 담임교사가 애플리케이션을 통해 학부모에게 학급활동을 안내할 때 수시로 교사 핸드폰 통화 원칙을 함께 공지하는 것도 괜찮습니다.

다른 소통방법을 찾는다

담임교사가 자신의 번호를 공개하지 않기로 했다면 다른 소통방법을 찾아 활용합니다. 네이버 밴드나 카카오톡의 오픈채팅, 클래스팅 등을 사용할 수 있습니다. 그것이 여의치 않다면 학교의 일반 전화를 이용하는 방법도 있습니다.

일반적으로 외부에서 학교 대표 번호로 전화를 하면 해당 반은 내선 번호로 연결됩니다. 이때 자동 응답 멘트를 듣고 내선 번호를 눌러야 하는 번거로움이 있습니다. 그러나 최근에는 인터넷 회선을 이용한 전화를 많이 사용하기 때문에 외부에서 인터넷 전화번호를 누르면 직통으로 연결됩니다. 또 담임교사가 전화를 받지 못한 경우 부재중 전화 메뉴에서 발신 번호 확인이 가능할 뿐 아니라 교실을 비울 때는 착신 전환도 가능합니다.

저 역시 인터넷 전화를 이용하는 학교에 근무하고 있어서 가정통신문이나 애플리케이션을 통해 주간학습계획을 공지하면서 매번 교실 직통 번호도 안내합니다. 때문에 학생들이나 학부모들은 주로 이 번호로 연락합니다.

긴급 연락방법을 일원화한다

교사의 학교 근무시간 외 연락에 대한 방침을 시도교육청 차원에서 세울 필요가 있습니다. 실제로 2019년 12월 서울시교육청과 서울시교원단체총연합회는 퇴근 후 교원의 사생활을 보호하고 교육 현장의 고충을 해소하는 데 협력하기로 했습니다. 그 주요 내용은 '교원의 사생활 보호를 위한 지침을 마련하고 긴급한 경우를 제외하고는 교사가 퇴근 후 학부모로부터 전화나 문자를 받지 않도록 한다'는 것입니다.

그리고 각 학교마다 별도의 담당자를 두고 근무시간 이후의 긴급 연락을 일원화하는 방법도 가능합니다. 학교 긴급 번호를 학부모에게 공지하고 관리하는 시스템입니다. 물론 초기에는 시행착오와 어려움이 있을 것입니다. 하지만 의지를 갖고 꾸준히 시행한다면 실현 가능한 방안입니다.

Tip

학부모들이 자녀의 학교생활에 대해 담임교사와 소통하고 싶은 것은 자연스러운 욕구입니다. 그러나 담임교사가 퇴근 후나 주말에까지 학부모 전화를 받는 사생활 침해는 곤란합니다. 퇴근 후나 주말은 교사가 학교의 업무에서 벗어나 휴식과 재충전을 해야 하는 시간입니다. 교사의 사생활을 침해하지 않으면서 학부모와 소통하는 방법을 각자의 현실에 맞게 강구해야 합니다.

한편 위에 언급한 바와 같이 학교폭력 등 학생 안전과 관련된 사안이라면 반드시 담임교사가 먼저 학부모에게 선제적으로 연락해야 합니다. 급식시간 학생들의 싸움으로 얼굴에 상처가 난 상태로 하교시키고 연락을 취하지 않은 담임교사가 여러 이유로 민원과 소송을 당한 사례도 있었음을 기억해야 합니다.

참고

'서울교육청-교총, 교사 퇴근 후 사생활 보호 지침 마련 합의'
(news.kbs.co.kr/news/view.do?ncd=4351355&ref=D)

MSG 알레르기니까 조심해 주세요

1학년 A 교사는 새로 입학한 학생들을 맞이하여 이런저런 조사서를 받던 중 알레르기 조사 가정통신문에서 이상한 내용을 발견합니다. 'MSG 알레르기'라고 써서 제출한 B 학생입니다.

A 교사는 혹시 내가 아는 MSG가 맞는지 궁금해집니다. 혹시라도 우리가 모르는 특이한 물질이 같은 이름을 가진 것일 수도 있으니 확인차 전화를 합니다. A 교사가 알레르기에 대해 언급하자 B 학생의 어머니는 기다렸다는 듯이 이야기를 쏟아 냅니다.

학부모 : 네, 선생님. MSG 알레르기가 있어요. 아시죠? 다시다나 미원 같은 거요. 그런 걸 조금이라도 먹으면 입 안이 벌겋게 돼서요.

A 교사 : 아, 그렇군요, 저는 MSG 알레르기는 처음 들어봐서요.

학부모 : 네. 고깃집 가서 삼겹살 구워 먹다가 고깃집 된장찌개를 먹으면 못 먹겠다고, 혀가 얼얼하다고 하더라고요. 거기에 다시다가 엄청 들어가잖아요.

A 교사 : 조미료에 알레르기가 있다면 어머니가 음식을 만들 때 참 힘드시겠어요.

학부모 : 그렇죠. 그래서 저는 주로 맛소금이랑 굴소스를 활용해요.

A 교사는 안심합니다. MSG 알레르기는 아닌 것 같거든요. 굴소스에도 MSG가 꽤 들어가 있으니까요. 하지만 안심도 잠시, B 학생의 어머니가

이상한 이야기를 합니다.

학부모 : 제 생각에는 학교 급식에는 분명 다시다가 들어갈 것 같아서요. 그래서 우리 애는 급식을 안 먹고 따로 밥을 싸 가려고 하는데, 괜찮을까요?

A 교사 : 글쎄요. 일단 제가 교장 선생님과 상의해 보고 연락드릴게요.

학부모 : 그럼 나중에 연락 주시고요. 상의하시는 김에 한 가지 더 알아봐 주실 수 있을까요? 다른 게 아니라, 원래 학교 급식은 국가에서 돈이 나오잖아요. 그러니까 B가 급식을 안 먹어서 남는 급식비로 우유를 주면 안 되나요?

A 교사는 당황합니다. 그게 가능한 걸까요?

학교 현장에서는 알레르기로 인하여 발생하는 민원도 꽤 있습니다. 견과류, 유제품, 생선 등 다양한 알레르기가 있는 학생들을 배려하다 보면 영양 선생님과 관리자들이 식단을 짜는 일이 상당히 어렵고 복잡해집니다.

사실 정말 알레르기가 아니라 학생이 그것을 못 먹기 때문에 알레르기라고 이야기하는 학부모도 왕왕 있습니다. 단 알레르기라고 명시하여 제출한 서류가 있는 이상 담임교사는 상담을 통해 심층적인 조사를 해야 하고 이는 피할 수 없는 일입니다.

사례는 어떤가요? 무상급식은 학생에게 '학교에 있는 동안에는 최대한 균질한 식사를 최선을 다해 제공한다'라는 취지로 제공되는, 일종의 시혜적 성격의 급부로 해석함이 타당합니다.[*] 그리고 시혜적 성격의 급부[**]에 대해 대체적 보상을 요구하는 것은 합당하지 않습니다. 따라서 학부모의 요구를 들어줘야 할 이유는 없습니다. 학교에서 자의로 급식을 먹지 않는 학생에게 대체 급부를 제공해야 할 의무는 없다는 것입니다.

Tip

학부모에게 이런 설명을 해도 '그래서 어쩌라고?' 식의 답이 돌아올 수 있습니다. 그러므로 해당 학부모처럼 무상급식과 관련해 대체 급부를 요청하거나 혹은 비용을 요청하는 민원이 접수된다면, 무상급식의 경우 지자체가 담당하니 시청에 문의해야 빠른 답변을 들을 수 있다고 정중히 이야기할 것을 권합니다. 돈 문제는 정말 민감하기에 교사가 이런저런 이야기를 할 이유도, 의무도 없습니다. 그렇기에 급식 비용에 관한 답변은 지자체에 문의하도록 안내하고, 급식 문제는 관리자 및 영양 선생님과 긴밀히 협조하여 대응하기 바랍니다.

---

[*] 2010헌바164, 2012. 4. 24.
[**] 국가나 지자체가 개인에게 일정한 혜택을 제공하는 것.

우리 애 물건을 꼭 찾아 주세요!

새로운 학교로 전입 온 A 교사는 쓰레기가 가득한 교실을 바라보며 한숨을 내쉬었습니다. 그러고는 마스크를 두 겹으로 쓰고 고무장갑을 끼고 사물함부터 열어 봅니다. 언제 누가 신었는지 모를 더러운 실내화, 팽팽히 부풀어 오른 우유, 여기저기 찢어진 노트와 교과서 등이 나옵니다. 그나마 재활용이 가능한 교과서 몇 권을 골라내고 도저히 사용할 수 없는 쓰레기들을 정리하니 100리터 종량제 봉투가 금세 가득 찹니다. 다음은 책상입니다. 하나하나 다 엎어 보니 서랍에서 온갖 종이 쓰레기, 지우개 조각, 칼 등이 나옵니다. 오백원짜리 동전도 10개쯤 나옵니다. 청소가 끝나니 하루가 다 지납니다.

그리고 3월이 되었습니다. 정신없는 하루를 보내고 잠시 숨을 돌리고 있는데 인터폰이 울립니다. C 학생 어머니라는데, A 교사의 반에는 C라는 학생이 없습니다.

A 교사 : 죄송합니다만, 여기 4학년 10반입니다.

학부모 : 네. 알고 있어요. 우리 아이는 5학년인데, 4학년 10반에 전화한 게 맞고요. 선생님께 드릴 말씀이 있어요.

A 교사는 숨이 막힙니다. 혹시 학교폭력인가? 우리 반 아이가 때렸나? 아니면 우리 반 아이랑 얽힌 일이 있었나? 그런데 학부모는 예상 밖의 이야기를 합니다.

학부모 : 실은 우리 C가 작년에 그 교실을 썼거든요. 그런데 물건이 없어 졌다고 해서요.

A 교사는 기억을 더듬습니다. 청소할 때 귀중품이라 할 만한 것은 전혀 없었는데 말이죠. A 교사는 어떤 물건이냐고 묻습니다.

학부모 : 우리 C가 실내화를 거기 놔뒀다는데, 혹시 찾을 수 있을까요? 제가 재작년에 사 주었는데 잃어버렸다네요.

A 교사는 황당합니다. 5학년짜리 아이에게 2년 전에 사준 실내화를 계속 신으라고 말하는 학부모도 이상하고, 교실에 있던 실내화는 죄다 짝도 맞지 않는 더럽고 찢어진 것들뿐이었으니까요. A 교사는 사실대로 이야기합니다. 그러자 C 학생의 어머니는 그 실내화가 얼마짜린지 아느냐, B 선생님이 C의 실내화는 교실에 있으니 선생님이 주실 거라고 했다며 소리를 지릅니다. 그러면서 실내화를 물어내랍니다.

정말 이 학부모의 말을 들어줘야 하는 걸까요?

이런 사례는 특수학급, 병설유치원 등에서 특히 자주 일어납니다. 특수학급 혹은 유치원에 비치하는 여벌 옷, 칫솔, 치약이 주로 갈등의 대상이고요. 1년간 방치되던 더러운 옷, 다 벌어지고 때가 긴 칫솔을 버렸더니 5~6월쯤 내가 옷을 맡겨 놨네, 애가 칫솔이 없네, 라며 돌려 달라고 요구하는 것이죠. 이러한 일이 심각해지면 민원의 이유가 되기도 합니다. 절도 운운하면 정말 기가 막힐 노릇이고요.

분명한 것은 선생님은 교실의 관리자라는 사실입니다. 그러니까 교실 환경을 깨끗하게 관리할 의무가 있음과 동시에 교실에 있는 쓰레기에 대한 임의 처분권도 있습니다. 물론 가치 있는 물품, 즉 고가의 휴대전화, 점퍼, 태블릿, 노트북 등을 습득할 경우는 다릅니다. 선생님은 물건의 주인을 찾아 주기 위해 공개적으로 게시해야 합니다. 한편 '가치 있는 물품'에서의 가치는 '객관적 가치'를 말합니다. 즉 누가 봐도 가치가 있는 보석이나 태블릿 등이지요. 그러므로 주관적 가치를 지닌 물건을 찾아 달라고 주장하는 것은 법적 타당성이 떨어집니다.

사례에 등장하는 유통기한이 지난 우유나 찢어진 실내화 등 제대로 관리가 되지 않아 망가진 물품이라면, 그것은 누가 보더라도 버릴 물건이지 주인을 찾아 줘야 할 물건은 아닐 것입니다. 그렇기에 A 교사가 C 학생의 더러운 실내화를 버린 것은 정당한 행동이었으므로 배상하지 않아도 될 것으로 보입니다.

Tip

다만 법은 멀고 민원은 가깝다는 진리를 기억해야 합니다. 아무리 선생님이 억울하다 할지라도 민원이 한 번 발생하면 그것을 해명하는 데 상당한 시간과 노력과 수고를 감당해야 합니다.

그러므로 학생의 물품을 정리할 때는 정말 안 버리면 큰일 나겠다 싶은 것들을 제외하고, 이름이 쓰인 물건들은 따로 모았다가 학생에게 확인한 후 '버리겠다'는 확답을 듣고 나서 처분하는 것이 나은 선택입니다. 또 곰팡이가 폈든지 해서 상식적으로 사용이 불가능해 보이는 물건들도 일단은 사진을 찍어 두십시오. 그러면 추후 민원이 생길 경우 항변하는 데 자료로 사용할 수 있습니다.

전화상담을 어떻게 준비할까요?

초임교사입니다. 대면상담 경험도 없는데 전화상담을 하려니 정말 막막
합니다. 인터넷 블로그에서 학부모 전화상담에 관한 글을 찾아보니 좋은
이야기도 많지만, 불만을 토로하는 글도 많더라고요. 교사가 자꾸 말을
끊고 자기 얘기만 해서 짜증이 났다거나 아이에 대해 부정적인 면만 자
꾸 이야기해서 속상했다거나 목소리가 너무 작아 답답했다는 거예요. 전
화상담 어떻게 준비하면 될까요?

코로나19로 인해 면대면 상담이 어려운 요즘입니다. 어쩔 수 없이
밴드나 클래스팅 같은 온라인 모임이나 전화와 문자를 통해 상담할
수밖에 없습니다. 그런데 대부분의 교사가 전화상담은 참 어렵다고
합니다. 예상치 못했던 방향으로 대화가 흐르기도 하고, 교사의 의도
와 다르게 학부모가 오해하는 경우가 많아서 그렇답니다.

심리학자 엘버트 머레이비언은 실험을 통해 사람 간의 의사소통에
서 말의 의미보다 목소리, 음색, 얼굴 표정과 같은 비언어적인 요소가
더 중요하다는 사실을 발견했습니다. 말하는 내용과 신체 언어가 어
울리지 않으면 전하려는 바가 왜곡될 수 있는 것도 이 때문이지요. 그
래서 의사전달에 있어서 언어적 요소와 비언어적 요소의 일치가 중요

한데 전화로는 이것을 확인하기 어렵고, 그 때문에 전화상담이 어려운 것입니다.

상대방의 눈빛과 표정을 보지 못한 채 목소리로만 소통하면 우리의 뇌는 부족한 정보를 상상으로 채우게 됩니다. 따라서 학생의 문제행동이나 학교폭력 같은 무거운 주제에 대한 전화상담이라면 학부모의 불안감이 커지는 것은 당연한 결과입니다. 물론 오랫동안 친한 사람과의 전화는 평소 서로에 대해서 잘 알고 있기 때문에 목소리만으로도 얼굴 표정이 보이는 듯합니다. 이에 비해 교사와 학부모는 서로 만난 적도 없을뿐더러 오직 목소리에만 의존해서 소통하니 저절로 상대의 의도를 상상하게 되는 것이지요.

그렇다면 아예 전화상담을 하지 않는 것이 나을까요? 코로나19 때문에 적극적인 상담을 못하다 보니 낭패를 보았다는 얘기를 SNS와 교권상담을 통해 종종 듣습니다. 담임교사가 애들에게 너무 신경을 쓰지 않는다며 교무실로 전화를 하거나, 부모가 알아야 할 중요한 전달사항을 e알리미로만 보내서 신청기한을 놓쳤으니 담임교사가 책임져야 하는 것 아니냐고 항의하는 경우도 있습니다. 그러니 전화상담을 하지 않는 것이 능사는 아닐 것입니다.

이런 상황에서 학급 학부모들이 톡방이나 맘카페에서 담임에 대한 불만을 토로하다 학교폭력이나 아동학대 시비 같은 문제가 생기면 상황은 정말 심각해집니다. 때로는 담임교사를 유지하기 어려울 정도의 어려움이 닥치기도 합니다. 그러니 코로나19로 인해 소통이 제한적인 상황이라 하더라도 다양한 소통방법을 찾아 학부모와 이야기를 나누는 것이 바람직합니다.

경기도 오산의 한 선생님은 오랜만에 1학년을 맡았습니다. 작년에 아들이 초등학교에 입학했던 터라 1학년 학부모의 마음을 조금은 더 알 수 있어서 예전보다는 잘 해낼 수 있으리라는 생각이 들었기 때문입니다. 그래서 교감 선생님이 1학년 부장을 제안했을 때도 흔쾌히 응했습니다.

학기가 시작되기 전 선생님은 입학 전에 예비 학부모에게 전화를 하면 어떨까 하는 생각이 들었습니다. 코로나19로 인해 입학식 때 교문 밖에서 아이를 배웅해야 할 부모들이 얼마나 불안할지 잘 알고 있었으니까요. 어떻게 하면 1학년 학부모들이 마음 편안하게 아이를 들여보낼 수 있을지, 또 학교에 아이를 믿고 맡길 수 있을지 고민했습니다. 고민 끝에 떠올린 방법이 바로 입학 전 예비 학부모에게 전화하는 것이었습니다.

담임으로서 첫인사를 하고 긴장한 부모 마음에 공감하는 한편 아이들과도 목소리로라도 미리 인사를 나누면 학교 가는 첫날이 조금은 덜 불안하지 않을까 했던 것이지요. 그래서 학년부장으로서 동학년 선생님들에게 이를 제안했고 선생들도 좋은 취지에 공감하고 함께하기로 했습니다. 먼저 학년부장으로서 학부모들에게 간단한 전화 안내 메시지를 문자로 보냈습니다. 그리고 한 분 한 분 차례로 전화통화를 했습니다.

결과는 어땠을까요? 학부모들이 너무 좋아했습니다. 얼굴도 모르는 사이에 한 첫 전화통화라 어색한 분위기도 있었지만 부모님들도, 아이들도 너무 반가워하더군요. 씩씩하게 인사하는 아이도 있고, 부끄러운지 작은 목소리로 짧게 대답하는 아이도 있었습니다. 보이지 않는 첫 만남이었지만 교사와 부모가 아이의 성장을 위한 한 팀으로 연결되는 듯했고 금방 친해지는 것 같았습니다.

이처럼 전화상담도 좋은 결과를 낳을 수 있습니다. 아마도 1학년 학부모의 불안을 덜어 주려 했던 선생님들의 진심이 잘 전달되었기 때문일 것입니다.

학부모 전화상담은 미리 큰 흐름을 정해 둔다

1) 아이를 위해 상담할 시간을 내주신 것에 감사한다

"어머님, 맞벌이시라 바쁘실텐데 이렇게 우리 상우를 위해 상담시간 내주셔서 정말 감사드려요."

2) 아이의 장점을 몇 가지 언급한다

"상우가 요즘 줌 수업에 꾸준히 잘 참여하고 있어요.(사실은 몇 번 화면에서 사라짐) 수업시간에 발표도 적극적이에요.(때로는 기회를 주지도 않았는데 끼어들어서 말함) 유머 감각도 풍부하고요.(수업과 관련 없는 농담으로 수업 분위기를 흐림) 상우가 재밌는 말을 잘해서 애들에게 인기도 높아요.(짓궂은 말을 해서 애들과 간혹 다툼이 있음)"

3) 집에서는 어떻게 지내는지 학습태도, 형제 우애, 생활 모습, 부모님과의 관계 등에 대해 물어본다

다 물어볼 필요는 없고 담임으로서 필요한 정보 몇 가지를 물어봅니다. 부모에게 편하게 이야기할 기회를 충분히 줌으로써 어느 한 편이 일방적으로 대화를 주도하지 않는 것이 중요합니다.

4) 교사의 상담목표에 맞게 부모에게 아이의 문제행동에 대해 이야기한다

아이의 문제행동을 한 가지만 정해 최대한 평가를 자제하고 조심스레 객관적인 사실을 위주로 이야기합니다. 즉 '게으르다, 산만하다, 폭력적이다'와 같은 단어는 아이의 존재를 부정적으로 규정하고 소위 '문제아'로 취급하는 인상을 주므로 피해야 합니다. 그리고 교사가 문제행동에 대해 어떻게 지도했고, 그때 학생은 어떤 반응을 보였는지, 학생의 문제행동으로 인한 영향은 어땠는지 전합니다.

"어머님, 아까 말씀드린대로 상우가 명랑하고 수업시간에 적극적이고 말도 재밌게 해요. 그런데 수업시간에 수업과 관련 없는 말을 툭툭 던지거나 다른 친구에게 발표 기회를 주었는데 상우가 먼저 말할 때가 있거든요. 그러다 보니 수업 흐름이 끊기고 친구들 사이에 다툼이 생길 때도 있어서요. 그래서 제가 그 순간에 조용히 제지하거나 수업 끝나고 따로 상담도 하고 그랬는데, 그래도 잘 안 고쳐지네요. 저는 상우가 수업에 좀 더 집중하고 자신에게 말할 기회가 주어졌을 때만 발표했으면 해요. 그래야 학업 성취도 높아지고 친구들과 편하게 지낼 수 있거든요. 그런데 잘 고쳐지지 않아서 제가 어떻게 도와줘야 할지 고민입니다. 어머님 생각은 어떠신가요?"

5) 학부모가 이야기할 때 '음', '아, 네', '그렇군요', '좀 더 말씀해 주실 수 있을까요?'라고 하면서 적극적으로 경청하고 있음을 표현한다

부모가 먼저 집에서 하는 아이의 문제행동을 말할 수도 있습니다. 혹은 집에서 비슷한 행동을 하는지 교사가 부모에게 물어볼 수도 있고요. 그리고 부모가 어떤 지도방법을 사용했는지, 그에 대한 아이의 반응은 어땠는지, 아이의 변화를 이끌어 낸 효과적인 방법은 있었는지를 확인합니다.

6) 아이의 성장을 위해 앞으로 부모와 교사가 어떻게 서로 협력하면 좋을지 이야기한다

부모의 이야기를 듣고 교사는 새로운 지도방법을 도모하거나 부모가 사용한 효과적인 방법을 학교에서도 적용하도록 합니다. 이때 일장 연설이나 체벌 등은 효과적이니 않으니 지양하고, 대신 아이를 존중하면서도 단호하게 제한할 부분을 정해 실천합니다.

7) 부모가 아이에 대해 궁금한 점을 질문할 기회를 제공한다

부모는 아이가 학교에서 어떻게 생활하는지 늘 궁금합니다. 만약 교사가 먼저 질문할 기회를 제공한다면 부모는 평소 궁금했던 것을 편하게 질문할 수 있습니다.

8) 부모가 교사에게 부탁하고 싶은 것을 말할 기회를 제공한다

아이의 학교생활과 관련해 평소 신경 쓰는 부분이 있다면, 부모는 교사가 그것에 관심을 가지고 지켜보기를 원합니다. 이런 바람을 직

접 이야기할 기회를 준다면 부모는 교사에게 마음을 열고 상담에 임하게 됩니다.

9) 교사가 알아 두면 좋은 아이에 대한 추가적인 정보가 있는지 확인한다

10) 학부모에게 상담에 대한 소감을 묻고, 교사는 긍정적인 소감을 밝힌다

"어머님, 오늘 우리 상우의 학교생활에 대해 이야기를 나눠 보니 어떤 마음이 드시나요?"

"저는 상우가 장점이 많은 아이니 앞으로 더 잘할 거라고 생각해요. 오늘 어머님과 이야기 나누면서 상우에 대해 몰랐던 부분도 알게 되고, 어떻게 도우면 좋을지 실마리를 얻을 수 있어서 마음이 좀 편안해졌어요. 게다가 함께 애써 주신다는 말씀을 해 주셔서 정말 든든합니다. 이렇게 전화로나마 상담하길 정말 잘했다는 생각이 드네요."

11) 아이가 잘 성장할 거라는 희망적인 메시지와 감사 인사로 마무리한다

전화상담을 꼭 이 순서대로 할 필요는 없습니다. 선생님들이 처한 상황에 따라 적절하게 순서를 줄이거나 바꿔도 괜찮습니다. 학부모 상담의 목표는 교사가 아이에 대해 관심을 갖고 긍정적으로 교육하고 있다는 것과 아이의 학교생활에 대한 정보를 알리는 것입니다. 그리고 부모에게 아이에 대한 정보와 양육방식에 대한 정보를 얻어, 함께 아이가 학교생활에 잘 적응하고 균형 있게 성장할 수 있도록 협력의 기회를 마련하는 것입니다.

사실 교사와 부모가 함께 협력해서 아이의 문제행동에 긍정적인 변화를 만들어 내는 것은 희망사항일 뿐 쉽지 않은 일입니다. 부모가 교사가 알려 주는 정보를 어느 정도 수긍하기만 해도 본전이고, 부모가 교사에게 아이에 대한 정보까지 알려 주면 상담은 그 목적을 모두 달성한 것이나 마찬가지입니다.

그리고 직접 학생을 관찰한 기록, 학생의 학습 결과물, 교사의 평가 자료를 챙겨 놓고 상담에 임하는 것이 좋습니다.

교사의 노력에도 불구하고 상담이 어려움에 빠진다면

제가 이런 상담의 흐름을 만든 이유는 교사와 학부모의 상담이 자칫 서로의 의견 차이로 인한 언쟁, 서로에 대한 불신으로 이어지는 것을 예방하기 위해서입니다. 이것을 잘 활용해 교사가 먼저 부모를 신뢰하고 있고 아이를 긍정적으로 바라보고 도와주려 한다는 것을 은연중에 드러낼 수 있다면 부모는 교사를 신뢰하고 마음의 자물쇠를 풀게 되어 교사와 함께 아이의 성장을 위해 협력할 수 있게 됩니다.

이런 준비 없이 상담을 진행하다 부정적인 평가 위주로 대화가 흘러가면 부모는 불편함을 느껴 교사에게 공격적인 말로 대응할 가능성이 높아집니다. '선생님 결혼 안 하셨죠?', '애 없으시죠?', '선생님이 무섭고 학교 가기 싫대요' 등의 말이 나오는 이유 중 하나는 교사의 상담이 부정적인 평가로 이뤄지기 때문입니다.

위에서 언급하지는 않았지만, 아이들과 있었던 즐거운 일화나 감동

적이었던 순간, 부모님들께 감사한 부분을 구체적으로 말하기만 해도 상담이 훨씬 부드럽게 이어집니다. 코로나19 시기에 자녀 양육으로 힘든 부모의 상황에 깊이 공감하고 위로하는 것만으로도 부모의 마음을 열 수 있을 것입니다.

교사가 아무리 노력해도 상담이 어려움에 빠질 때가 있습니다. 어떤 학부모는 교사의 수업방식, 생활지도 방식, 학급운영에 대해 불만을 제기하거나 적극적으로 자신의 방식을 강요하기도 합니다. 이런 경우 말을 듣는 내내 중간에 말을 자르고 싶은 마음이 굴뚝 같을 것입니다. 하지만 우선은 경청하고 부모의 표현 뒤에 있는 부모의 욕구를 파악해 적절히 공감해 주는 것이 좋습니다. 부모의 말에 동의하진 않지만, 부모 입장에서는 그렇게 생각할 수 있겠다고 인정해 주는 겁니다. 또 어떤 부분에 대해서 얘기하려고 했는데 부모가 전혀 다른 부분을 들먹인다면 우선은 부모의 말을 존중하고 다음 기회에 선생님이 원하는 것을 이야기하는 게 낫습니다. 괜히 교사가 불쾌한 감정을 드러내거나 지금 부모가 관심 없는 문제에 대해 무리하게 전화상담을 하다 보면 교사와 부모가 서로 상처를 입고 불신의 골만 깊어질 뿐입니다.

그래서 저는 부모와 논쟁이 오간 후라면 "부모님 입장에서는 그럴 수 있겠네요. 그 부분은 저도 충분히 이해합니다. 다만 제 생각은 이러이러합니다. 저도 부모님 말씀에 대해서 다시 한번 곰곰이 생각해 보도록 하겠습니다. 말씀해 주셔서 감사합니다"라고 마무리하곤 합니다. 이렇게 하면 교착 상태에 빠졌던 불편한 대화가 다시 회복될 수 있습니다.

코로나19 상황은 교사, 학생, 학부모 모두에게 불편한 일입니다. 벌써 2년 가까이 이런 스트레스를 안고 삽니다. 덕분에 학부모 상담도 쉽지가 않습니다. 면대면 상담을 안 해서 좋다고 생각했는데, 대신 더 긴장되는 전화상담을 해야 하니 부담스럽습니다. 어차피 해야 하는 전화상담이라면 제 조언을 참고하여 보다 효과적인 상담을 하기 바랍니다.

Tip

학교폭력이나 문제행동 등에 대한 전화상담은 길게 할 경우 다른 문제가 생길 수 있습니다. 그리고 가능하다면 전화상담보다는 학교에서 면대면 상담으로 소통하는 것이 바람직합니다.

감히 나를 아동학대로 신고했다고!

저희 반의 한 남학생이 체육시간에 피구를 하다가 공에 맞고 넘어졌는데 잘 일어나지를 못하더군요. 그래서 다가가서 괜찮은지 확인한 후 일으켜 주기 위해 손으로 옆구리를 잡았는데, 얘가 '아아!' 하고 아파했습니다. 평소에 엄살을 부리는 애는 아니라서 운동하다가 다쳤나 싶어 보건실에 다녀오는 게 좋겠다고 했지요. 그랬더니 괜찮다며 계속 피구를 했습니다.

체육을 마치고 교실로 들어와서 다음 수업을 준비하는데 그 학생이 자꾸 떠올랐습니다. 아무리 장난을 치거나 운동을 해도 옆구리를 다치기는 쉽지 않은 것 같고, 그렇다고 남학생에게 옷을 벗어 보라고 하기도 좀 그래서 어떻게 하면 좋을지 판단이 서지 않았습니다. 그래서 보건 선생님께 인터폰으로 여쭤보니 아무래도 확인이 필요할 것 같다면서 아이를 보건실에 잠깐 보내 달라고 하셨습니다. 그래서 아이에게 보건 선생님이 잠깐 보자고 하시니 갔다 오라고 했지요.

그런데 점심시간에 연락이 와서 가 보니, 보건 선생님은 아무래도 아이 엄마가 체벌을 한 것 같다고 하십니다. 학생 얘기로는 어머니가 동생을 자꾸 귀찮게 하지 말라고 했는데 자신이 말을 안 들으니 너도 한번 당해 보라면서 옆구리를 주먹으로 몇 차례 쳤다고 합니다. 그래서 옆구리를 확인해 보니 약간의 멍자국이 있었고, 아이는 살짝 만져도 아프다고 했다네요.

저는 혼자 알고 있을 일이 아닌 것 같아서 교감 선생님께 말씀드렸고, 교감 선생님은 교사는 아동학대 신고 의무자니까 바로 신고하라고 하셨습니다. 그래서 112로 신고를 했지요.

문제는 다음 날 일어났습니다. 아침 일찍 그 학생 어머니가 매우 격앙된 목소리로 전화를 했더군요. 어머니는 "아니, 어떻게 저를 아동학대로 신고할 수가 있으세요? 저한테 확인을 하는 것이 먼저 아닌가요? 학교가 그런 식으로 일 처리를 하면 안 된다고 생각하는데, 도대체 왜 그러셨어요? 일단 지금은 전화를 끊겠지만 이따 퇴근하고 남편이랑 오후 5시 30분까지 학교로 찾아갈 테니 퇴근하지 말고 기다리세요. 아셨죠?"라고 통보하고는 바로 전화를 끊었습니다.

갑자기 아침에 이런 전화를 받으니 당황스럽고 마음이 진정되지 않아서 수업을 진행하기도 상당히 힘들었습니다. 겨우겨우 5교시까지 수업을 마쳤지만 걱정이 이만저만이 아닙니다. 그 학생의 지난해 담임교사에게 해당 학부모에 대해 물으니 계모인데 성격이 굉장히 강한 분이라고 하더군요. 혹시나 교권침해를 당하면 어쩌나 하는 걱정이 앞섭니다.

학부모가 따지고 들면 어떻게 말하는 것이 좋을지 걱정됩니다. 교감 선생님이나 학년 부장님과 같이 상담하는 게 좋을지, 혼자서 해야 할지 판단이 서질 않습니다. 저는 어떻게 하면 좋을까요?

최근 교사의 지도방식에 대해 불만을 품은 학부모가 교사를 아동학대로 신고하는 경우가 늘고 있습니다. 그리고 학생이 아동학대를 당한 것이 의심되어 수사기관에 신고한 교사에게 학부모가 항의하는 사례도 늘고 있습니다. 또 드물긴 하지만 항의에 그치지 않고 교사를 아동학대로 역신고하거나 자녀가 학교폭력을 당했다며 신고하는 등 지속적인 민원을 제기하는 사례도 있습니다.

이런 사례를 접하다 보면 선생님들이 아동학대 신고를 꺼리게 되는 결과를 낳기도 합니다. 하지만 아동학대 신고 의무자이니 의심되는 상황에서 신고를 하지 않을 수도 없습니다. 가정 내 아동학대가 의심되는 경우 아이의 멍 자국을 발견한 후 아이에게 물어보지 않고 신고를 하기도 하지만, 아이에게 확인한 뒤 선생님과 얘기한 것은 비밀이라고 신신당부한 후 신고하는 경우가 더 많습니다. 하지만 경찰의 연락을 받은 부모가 아이를 추궁하면 결국 선생님과의 비밀을 털어놓게 되어 신고자가 밝혀지게 되지요. 반대로 초등 고학년이나 중고등학생들 중에는 어차피 부모가 달라질 것이 없고 괜히 혼만 더 나니까 절대 신고하지 말고 모르는 척해 달라고 교사에게 부탁하기도 합니다.

생각보다 신고자 보호가 잘 안 되는 것이 현실이라 관리자에게 보고만 하고 싶지만, 관리자가 담임교사에게 직접 신고하라고 하면 거부하기 힘듭니다. 게다가 학부모가 항의하러 찾아올 경우 관리자가 잘 도와주지도 않고, 관리자와 같이 면담하는 것이 도리어 학부모의 심기를 불편하게 해서 역효과가 나지 않을까 염려되기도 합니다.

아동학대로 신고당한 학부모와의 상담은 어떻게 할까?

학부모가 자신을 아동학대로 신고한 교사에게 항의하기 위해 학교로 찾아오는 경우 어떻게 대응하면 좋을지 사례를 중심으로 알아봅니다.

선생님이 아동학대로 신고한 학부모가 갑자기 찾아온다고 하면 당연히 당황할 수밖에 없습니다. 학부모가 어떻게 나올지 몰라 걱정도 되지요. 혹시라도 학부모가 순간 흥분해서 교권침해라도 하면 어쩌나 하는 두려운 마음도 들 겁니다. 그런데 사실 크게 걱정하지 않아도 됩니다. 그렇게 찾아오는 학부모의 속마음을 알면 대응하기가 어렵지 않으니까요.

아동학대 신고를 당한 학부모는 어떤 생각이 들까요? 다른 생각으로 찾아오는 경우도 있긴 하겠지만, 대부분의 경우 "나는 아동학대하는 그런 나쁜 부모가 아닙니다"라는 걸 밝히고 싶기 때문일 겁니다. 훈육을 위해 불가피하게 체벌을 하긴 했지만, 아이에 대한 관심과 사랑을 가진 평범한 학부모라는 걸 교사가 알아주길 바라는 것이지요.

그러므로 교사는 학부모의 이런 속상한 마음에 공감해 주고 그가 하는 이야기를 끝까지 들어주면 됩니다. 주의할 것은 설령 이해되지 않는 이야기라도 "어머님, 그게 아니라…" 또는 "아무리 그래도 체벌은 안 됩니다"라고 말하지 않는 것입니다. 이런 경우 상담의 핵심은 경청과 공감입니다. 이야기를 들으며 고개를 끄덕이거나 "네, 그러셨군요" 하면서 경청하는 자세를 보이는 것이 좋습니다. 그리고 "많이 놀라고 속상하셨겠어요"라고 공감하면 됩니다. 학부모와의 상담에서 경청과 공감을 잘하면 그 마음이 쉽게 누그러지지만, 그러지 못하면 계속적인 감정성 민원으로 이어지기도 합니다.

학부모가 교사에게 왜 신고했냐고 따지는 경우도 물론 있습니다. 이런 경우에도 일단은 "아이를 위해서 훈육하신 것인데, 신고를 당하셔서 많이 속상하셨군요. 저라도 억울했을 것 같아요"라고 그 마음에 공감해야 합니다. 그러면서 교사는 아동학대 신고 의무자로서 아동학대 상황이 의심되면 바로 신고해야 한다는 점과 아동학대 신고를 했다고 해서 교사가 해당 학부모를 아동학대자로 단정 지은 것은 아니라는 점을 반드시 밝혀야 합니다. 즉 교사로서 그저 아이를 보호할 목적으로 신고했을 뿐, 학부모에 대한 어떠한 판단도 하지 않았음을 이야기하는 것입니다.

이렇게 하면 대부분의 학부모는 이해하고 항의를 멈춥니다. 하지만 계속 "아무리 그래도 왜 나한테 먼저 알리지 않았냐?"고 항의할 수도 있습니다. 그러면 아동학대 문제에 있어서 교사는 스스로 판단할 권한과 능력은 없고 신고하는 것이 교사가 할 수 있는 전부라는 사실을 다시 설명하면 됩니다. 교사가 학부모에게 먼저 전화를 하지 않은 것이 절대로 잘못은 아니지만, 속상한 학부모 마음을 고려해서 도의적인 사과는 할 수 있습니다. 이는 선생님의 선택인데, 도의적인 사과는 대화를 부드럽게 풀어 가는 데 도움이 될 것입니다.

Tip

교사는 다양한 상황에서 학부모를 만납니다. 원하든 원치 않든 부모와 소통해야 합니다. 이때 중요한 것은 학부모의 마음에 공감하면서 그가 하고 싶은 이야기를 충분히 들어주는 것입니다. 그러고 나서 조금이라도 학생에 대한 긍정적인 정보를 제공한 후 교사로서 학부모에게 이야기하기 조금은 불편한 내용을 부드럽게 표현하세요. 그러면 학부모 상담을 하면서 생기는 어려움은 대부분 해소됩니다.

과도한 학교폭력 관련 민원이 지속된다면

학교폭력 담당교사입니다. 저희 반에서 학교폭력 문제가 생겼습니다. 가해학생과 피해학생 양측 학부모 모두 「학교폭력예방법」과 사안 처리 가이드북에 없는 것을 무리하게 요구하면서 무조건 학교와 교사의 책임으로 몰고 갑니다. 가해학생 보호자는 자신들도 피해를 당했다며 쌍방이라 주장하고, 피해학생 보호자는 당장 분리조치를 요구하고 교육지원청의 학교폭력대책심의위원회 절차 이후에도 무조건 분리조치를 해 달라고 합니다. 담임교사가 우리 애가 고통받을 동안 몰랐다는 게 말이 되느냐, 그동안 도대체 무엇을 했느냐면서 고성까지 지릅니다. 자신들의 요구가 받아들여지지 않으면 저를 교육청에 신고하겠다고 합니다.

두 학부모의 전화와 문자 메시지가 주중, 주말, 밤낮을 가리지 않고 계속되어 수업준비와 생활지도, 업무수행에 막대한 지장을 받고 있습니다. 심지어 퇴근 후 정상적인 가정생활도 불가능하고 수면장애까지 생겼습니다. 저는 어떻게 해야 할까요?

학교폭력 업무 중 가장 힘든 업무가 관련 학생 보호자 상담이라고 종종 말합니다. 가해학생이든, 피해학생이든 학교폭력이란 용어 자체가 사람을 예민하게 만들어 불안을 증폭시키고 흥분하게 합니다. 요즘은 가해학생이란 말도 학부모 입장에서는 범죄자를 연상시킨다고 하여 공식적으로 '학생' 혹은 '관련 학생'이란 말로 바꾸어 사용하게 되었습니다.

학교폭력 관련 학생 학부모 상담 역시 핵심은 경청과 공감입니다. 학부모가 잘못 알고 있는 부분이 있어도 중간에 말을 끊지 않고 일단 다 들어줍니다. 적절한 공감을 표현하는 것도 잊으면 안 됩니다. 선생님을 비난하는 경우도 있겠지만 그런 말은 그냥 한 귀로 듣고 한 귀로 흘리도록 합니다. 그렇게 부모가 하고 싶은 이야기를 다 하고 목소리가 잦아들었을 때, 교사는 그때 적절한 정보를 제공합니다. 이것이 상담시간도 줄이고 학부모의 공격도 줄일 수 있는 방법입니다.

피해학생 측은 피해가 크다고 하고, 가해학생 측은 잘못을 축소하거나 부정하고 때로는 피해학생에게도 잘못이 있다고 주장합니다. 피해학생의 면담을 먼저 하고 이어서 지목된 가해학생을 조사합니다. 목격자와 증거를 확보하고 애매모호한 부분은 다시 불러서 확인해서 일치되는 부분과 서로 일치하지 않는 쟁점 부분도 사안 보고서에 담습니다.

학교폭력전담기구의 요청이 있으면 1차 조사는 담임이, 추가조사는 책임교사가 합니다. 그리고 중등은 학생부 담당자가 합니다. 학교폭력 사안처리 초기의 학부모 상담은 담임교사가 하는 것이 좋습니다. 그리고 신고접수 후 전담기구에서 학교장 자체종결제로 갈지, 교육지원청 심의위로 다룰지 논의하는 과정에서는 가급적 학부모 상담을 학교폭력 업무 책임교사(학생부 담당자)가 하는 것이 낫습니다.

다만 사례처럼 학부모가 막무가내로 담임교사에게 과도한 민원을 제기하는 경우라면 관리자가 학부모 상담을 해야 합니다. 굳이 담임 교사가 부당한 민원에 시달릴 필요는 없습니다. 그리고 책임교사가 담임교사로 있는 반에서 학교폭력이 일어난 경우, 생활부장이나 학년 부장 등 다른 교사가 책임교사의 역할을 해야 합니다. 왜냐하면 학부 모들이 공정성에 대해 이의를 제기할 가능성이 있기 때문입니다.

Tip

학교폭력 업무가 부담이 크고 피로도가 높으면 보결을 요구할 수 있고, 필요하 다면 병가를 사용할 수도 있습니다. 특히 병가는 한 해에 6일까지는 진단서가 필요하지 않습니다.

학교폭력 업무 처리 과정에서 담임교사나 책임교사 중 어느 한 사람에게만 과 중한 책임을 지우는 것은 학교폭력보다 더 폭력적입니다. 그러므로 자신에게 과중한 책임을 묻는다고 판단되면 교원단체와 교원노조에 연락하는 등 합리적 으로 대응할 것을 권합니다.

담임 교체를 요구하는 집단민원

5학년을 맡은 A 교사는 평소 교과지도는 물론 생활지도도 꼼꼼하고 완벽하게 하는 편입니다. 학생들에게 부과된 과제 검사는 물론 학습의 정도를 꼼꼼히 점검하여 제출하지 않았거나 부족한 부분이 있을 땐 수업 이후 남겨서 다 완성하게 하고 하교시켰고, 생활지도 역시 불성실하거나 규칙을 따르지 않으면 반성문을 쓰게 하고 선생님의 훈화에 수긍하고 반성의 태도를 보여야 끝나곤 했습니다.

어느 날 A 교사는 평소 공부에 관심이 없고 놀기 좋아하는 B 학생 손목에서 자해의 흔적을 발견했습니다. 학생에게 물어보니 처음에는 넘어져서 긁혔다고 대답했고, 다시 솔직히 얘기해 달라고 하니 우연히 유튜브에 자해 영상을 보고 호기심이 생겨 집에서 해 보았다고 했습니다. A 교사는 일탈에 의한 치기 어린 자해 소동으로 여겨 생명존중 관련 교육을 실시, 그렇게 일이 잘 마무리되었다고 생각했습니다.

그 일이 있고 2주일 정도가 지나서 B 학생 학부모의 민원이 학교에 접수되었습니다. 민원의 내용은 B 학생이 A 교사의 교육방식이 상당히 비교육적, 비인권적이라며 학교 가기를 거부했고 그래도 학교를 가야 한다고 부모가 강요하니 갑자기 자해하며 반항했고, 이런 일이 오랜 시간 계속되어 이제는 참을 수 없고 더 이상 A 교사에게 교육을 받고 싶지 않다는 것이었습니다.

그런데 그뿐이 아니었습니다. 해당 학부모가 학급의 다수 학부모에게 서명을 받아 담임 교체를 주장하는 집단민원을 제기했다는 것을 알게 된 A 교사는 너무 놀랐습니다. A 교사는 어떻게 해야 할까요?

문제 상황의 객관적 분석이 민원 해결의 시작

학부모 민원의 해결을 위해선 원점에서 문제 상황을 하나하나 복기하듯 살펴볼 필요가 있습니다.

먼저 선생님의 평소 학급운영을 객관적으로 살펴봅니다. 선생님은 꼼꼼하고 완벽을 추구하며 잘못을 하면 반성해야 하고 그에 따른 응당한 벌을 받아야 한다는 원리원칙을 중요하게 생각하는 분입니다. 과제를 하지 못하면 남아서 끝까지 한 후에야 하교할 수 있고, 잘못이 있을 땐 반드시 반성문을 통해 반성의 뜻을 분명히 해야 했습니다. 아마도 반성문은 바른 글씨로 육하원칙에 맞게 상황을 자세히 설명하면서 반성의 의미가 분명히 드러나 있어야 만족했을 것입니다. 이를 볼 때 선생님은 상벌로 문제를 해결하려는 경향이 있습니다.

다음으로 학생을 살펴봅니다. 문제의 학생은 성실한 학생이 아니며 학교 공부에는 관심 없고 친구들과 놀며 핸드폰, 게임, 수다 떨기를 좋아하는 학생입니다. 어쩌면 선생님의 관심이 필요한 학생이라 할 수 있겠지요. 무엇보다 학생이 손목 부위에 커터칼로 자해의 흔적을 남겼다는 것은 정상적인 생활에 문제가 있다는 것이고 본인이 살고 싶다는 신호를 보낸 것이므로 그냥 넘겨서는 안 되는 일이었다고 판단됩니다.

이 선생님은 학생들과의 관계가 어떠했을까요? 선생님은 규칙에 근거한 상벌을 주며 꼼꼼하게 학급경영을 한다고 자부하지만, 이를 받아들이는 학생들은 선생님이 잘하는 학생들만 칭찬하고 못하는 학생들은 꾸중과 야단만 친다고 느꼈을 것입니다. 학생들은 선생님이 잘하는 학생과 못하는 학생의 결과물을 비교하며 잘하는 애들 것을 보고 좀 배우라는 얘기를 자주 들어야 했고, 반성문은 선생님의 마음에 들 때까지 다시 써야 했습니다. 자연스레 말썽을 부리는 학생이 정해졌고 친구들 사이에서 말썽꾸러기라는 낙인까지 찍히게 되니, 일부 학생들은 선생님의 교육방식에 불만이 쌓여 일탈행동을 일삼게 되었습니다. 결국 일탈행동은 야단이나 반성문으로 이어지고 이는 또 다른 일탈행동을 부르는 악순환이 이어졌습니다.

학부모의 대응 방식을 보면 학부모는 학생의 편입니다. 일탈행동을 많이 하는 문제학생이라도 자녀의 이야기를 외면하는 부모는 없습니다. 자녀의 말에 공감하는 부분도 있고 믿기 어려운 부분도 있겠지만 결국 부모는 학생과 결을 같이합니다. 학부모는 학생의 잘못된 행동보다는 선생님의 비교육적이고 비인격적인 언행이나 처신이 더 크게 보이고 여기에 초점을 맞춰 사태를 해결하려는 생각과 행동이 앞섭니다. 그래서 그동안 이루어졌던 비교육적, 비인격적 훈육과 교육 사례를 모아 정리합니다. 자신의 자녀뿐만 아니라 학급 내 다수 학생이 겪었던 내용까지 수집, 정리하고, 일부 사례는 사안 처리에 대한 변호사 법률자문까지 받아 법적 대응을 준비하는 치밀함까지 보입니다. 안타깝게도 이것이 요즘 자주 접하게 되는 학부모들의 민원 양상입니다.

선생님과 학생 모두를 보호할 수 있는 해결책은?

어떻게 문제를 해결해야 할까요? 참으로 어려운 상황입니다.

학교는 선생님, 학생 모두를 보호해야 하는 딜레마에 빠지게 됩니다. 이후 선생님과 학생(학부모)의 입장이 평행선을 달린다면 사태는 더 심각한 상황에 빠지게 되지요. 학교에서는 문제해결 대책위원회(학교교권보호위원회)*를 열어 사태를 해결하려 노력해야 합니다. 대책위원회는 객관성을 지닌 선생님, 학부모 단체장, 민원 해결 전문가, 법률 전문가 등 각계의 다양한 전문가가 동원되는 것이 좋고,** 회의 내용은 비공개로 진행되어야 합니다.

그보다 선행되어야 하는 것이 바로 정확한 상황을 파악하는 일입니다. 민원으로 촉발된 사항이니 사태를 신속, 정확, 공정하게 파악하는 한편, 그 심각성을 인식하여 문제의 출발점이 어디인지 파악한 후 해결책을 찾아야 합니다. 사례의 민원은 한 번의 사건에 의해 이루어진 것이 아니라 오랫동안 쌓인 것이 터진 경우입니다. 만약 민원의 이유가 타당성이 있는 사실이라면 받아들여 수용하고, 사실관계가 어긋난 것이라면 소명을 충분히 하여 서로 오해가 없도록 해야 합니다.

일단 민원이 발생하면 학생의 자해 소동이 장난으로 이루어졌다고 하여도 정신건강증진을 위한 보건교육, 생명존중 교육, 자살예방 교육, 학생들의 자긍심 강화 및 증진 교육 등이 교육 전문가를 통해 이

---

* 본 사안은 민원을 해결하기 위한 것임과 동시에 교권보호의 성격이 있으므로 사안을 파악하고 해결하는 과정을 위한 위원회를 의미한다.
** '교원의 교육활동 보호 매뉴얼', 서울시교육청, 2021

루어지도록 해야 합니다. 이는 학생의 심리적 안정이 교육활동에 우선 되어야 하기 때문입니다. 그리고 담임교사 역시 본인이 행하여 온 교육적 소신에 심각한 손상을 입어 급격히 자괴감과 우울감에 빠질 수 있으므로 전문적인 심리상담이 필요합니다. 학교 관리자는 필요하다면 보건교사 등의 협조를 받아 피해교원이 의료기관에서 치료를 받을 수 있도록 조치하거나 피해교원이 안전한 곳에서 안정을 취할 수 있도록 조치해야 합니다. 그 과정에서 교원이 병가 또는 특별휴가를 사용하거나 교원치유지원센터를 통한 심리상담, 심리치료, 힐링캠프 등 치유 지원을 받을 수 있도록 합니다.

그리고 무엇보다 중요한 것은 교육 현장의 안정화입니다. 일시적 수업조정을 통해 학생들의 학습 결손이 없도록 조치해야 합니다.

기관장(교장)은 편향된 사고를 경계하고 객관적인 대책위원회의 의견을 들어 판단하고 결정해야 합니다. 특히 담임 교체는 더욱더 신중해야 합니다. 만약 담임 교체가 담임의 교권과 심리적 안정을 지켜 주고 학부모가 제기하는 민원을 해결하며 학생의 학습 정상화를 이루는 길이라면 즉각 단행할 수도 있습니다. 하지만 이것이 선례가 되어 담임 교체 민원이 수시로 일어날 수 있으므로 신중에 신중을 기하는 것이 좋습니다.

담임 교체를 요구하는 지경까지 가는 경우는 대부분 학급운영과 관련된 여러 문제가 오래 지속된 결과인 경우가 많습니다. 하지만 원칙적으로 선생님과 학생 모두에게 상처로 남을 담임 교체는 일어나지 않아야 합니다.

따라서 이를 예방하기 위해서는 선생님이 왜곡된 신념으로 학생을 교육하지 않도록 항상 새로운 것을 받아들이는 유연함과 요즘 아이들의 새로운 세계를 이해하려는 오픈 마인드, 그리고 수시로 대화하고 소통하려는 노력이 필요합니다.

학급 내에 담임교사 혼자 교과지도 및 생활지도를 하기 어려운 학생이 있다면 혼자 고민하지 말고 동학년 또는 학교 차원에서 도움을 받을 수 있는 방법을 찾아봅니다. 특히 교과지도는 학습 부진 또는 결손을 해결하기 위해 지자체 및 교육지원청에서 제공하는 협력교사(강사), 대학생 멘토링, 학습 보조강사 등의 지원을 받을 수 있습니다. 생활지도의 어려움이라면 정서, 심리상담, 가족상담, 또래상담 등의 지원을 받아 해결할 수 있습니다. 혼자 고민하지 말고 전문가에게 도움을 요청하는 것이 학부모 민원을 예방하는 방법임을 기억하십시오. 문을 여는 손잡이는 내가 서 있는 쪽에 있습니다.

학생 자살예방 및 생명존중 교육자료 목록

담당 기관	내용	사이트 주소
서울시 교육청	Health 인(人) 원격 보건교육 – 8. 정신건강증진 교육(생명존중과 자살예방)	youtube.com/ watch?v=0n7IJG2PSKQ
	EBS 지식채널e: 내 마음의 블루스크린 복구법	youtube.com/ watch?v=BWEgxgDGeG8
	김붕년 교수팀 제작 생명존중교육영상	youtu.be/qt_fo_KfAFQ
	〈세상을 바꾸는 시간 15분〉	
	요즘 아이들이 자신을 사랑할 수 없는 이유 : 김현수 정신과 전문의	youtube.com/ watch?v=KEcwiZ09_PY&t=336s
	내 아이의 뇌에 어떤 스토리를 심을 것인가? : 장동선 뇌과학자	youtube.com/watch?v=Z- 3H2HJhLr8
	우리 아이의 행복한 관계 맺기를 위해 부모가 꼭 알아 야 할 원칙: 최성애 HD행복연구소 소장	youtube.com/ watch?v=7QB48N5YnJM
	나의 약점이 나를 괴롭게 한다면: 인순이 가수	youtube.com/watch?v=_ NdTH6eBbl0
	당신의 자녀에게 평등을 어떻게 설명해야 할까요? : 이나영 중앙대 교수	youtube.com/ watch?v=ckamws4co_w
학생 정신 건강 지원 센터	〈슬기로운 학부모 생활 영상 자료〉	
	우리아이 또래관계 돕기(9.23) – 코로나 시대의 우리 아이 공부와 대인관계 어떻 게 하죠?: 유한익(서울우리아이 정신과)	youtube.com/ watch?v=WyuOV_xe9es&t=3s
	자살과 자해로부터 내 아이 지키기(10.7) – 청소년 자해와 자살, 함께 고민해요 : 박준성(두드림 정신건강의학과)	youtube.com/ watch?v=g5b5z36LYis
	청소년들의 슬기로운 코로나 극복 생활	youtube.com/ watch?v=4nZ_9pU-Ti4&t=58s
	부모 자녀 의사소통 방법(10.21) – 사춘기에 코로나까지 청소년기 너무 힘들어요! : 행복한 아이연구소 서천석	youtube.com/ watch?v=LVIL5gW0KZo
	올바른 자녀 지도법(10.28) – 우리아이 양육 코칭 다들어줄게 : 소아청소년클리닉 오은영의원 오은영 박사	youtube.com/ watch?v=zBoz8MpNOO8

담당 기관	내용	사이트 주소
교육부 위닥터 (유튜브 채널)	조울증? 우울증? 청소년 기분장애란? : 조성준 위닥터 자문의	youtube.com/ watch?v=B5GeQ8T2tFs&t=33s
	사회불안장애에 대해 알아보자! : 조성준 위닥터 자문의	youtube.com/ watch?v=Y1e03llsNqk
	우리 아이도 우울증일까? 우울증의 다양한 증상을 알아보자 : 조성준 위닥터 자문의	youtube.com/ watch?v=VPttSnSza60
세상을 바꾸는 시간 15분	재난으로 무너진 마음건강을 다시 세우려면 : 강윤형 학생정신건강지원센터 센터장	youtube.com/watch?v=VsKe7- TGO9A
	우리 아이들이 가장 많이 하는 고민이 무엇인지 아 시나요? : 김은지 청소년모바일상담센터 센터장	youtube.com/ watch?v=g5b5z36LYis
	자녀와의 갈등으로 속을 썩고 있는 당신이 반드시 들어야 할 대답 : 정혜신 정신건강의학과 의사	youtube.com/watch?v=tRb9G- FbHOM
	자살위기에 처한 사람을 돕는 방법 : 백종우 경희대학교 병원 교수	youtube.com/watch?v=V- I0EEDePz8
	죽고 싶어도 떡볶이 먹을 수 있어요 : 백세희 작가	youtube.com/watch?v=Cv- j2VTBKMQ
서울시 COVID 19 심리 지원단 유튜브 채널	자녀에게 안정을 주는 양육자의 말 백신 5가지	youtube.com/ watch?v=djq0JGRmyAQ&t=168s
	코로나 바이러스 시기에 10대 자녀와 더 잘 지내기 위한 부모님의 7가지 태도	youtube.com/watch?v=P1Ft_ v29zmY&t=15s
	코로나 시기 아이들과 잘 지내는 법 : 김은지 청소년모바일상담센터 원장	youtube.com/ watch?v=1Ebtr4m0yrw
	마음의 공포까지도 닦아내는 마음 돌봄 손 씻기, 행 복한 손 씻기	youtube.com/ watch?v=vWiKNnjO_gA&t=214s
	마음돌봄 생활 속 실천 두 번째, "마음돌봄 설거지"	youtube.com/ watch?v=nlzdAjZqHgw&t=91s
	코로나 불면 극복하고 확실히 잠 잘자는 법 : 김성민 가톨릭대 성빈센트병원 정신건강의학과 교수	youtube.com/ watch?v=5k1rmZleTgk
	코로나 청결 강박 극복하고 확실히 덜 불안 해지는 법 : 박준성 두드림 정신건강의학과 원장	youtube.com/ watch?v=ak2i6qyEJTQ&t=2s

코로나 블루를 극복하기 위한 마음영양제 1탄 : 자기 공감	youtube.com/watch?v=meU- Qj1akL4&t=204s
코로나 블루를 극복하기 위한 마음영양제 2탄 : 친절한 행동	youtube.com/ watch?v=KMRd8oOK07g&t=205s
코로나 블루를 극복하기 위한 마음영양제 3탄 : 연결-연락하기 & 잘되기를 바라기	youtube.com/ watch?v=02DyEb3hXOc&t=162s
[추석맞이 서울시민 상담대잔치 1일차 #1] – 스트레스 이해와 코로나 스트레스 극복하기 : 김현수 서울시자살예방센터 센터장	youtube.com/ watch?v=DXR9uRfZaRs
[추석맞이 서울시민 상담대잔치 1일차 #4] – 코로나레드 : 김현수 서울시자살예방센터 센터장	youtube.com/ watch?v=Ko3OlJQdleg
[추석맞이 서울시민 상담대잔치 2일차 #8] – 코로나 시기 마음 안정시키기 기술 : 김남희 마음토닥정신건강의학과 의사	youtube.com/ watch?v=t62PAcj_9z4&t=1855s

자살예방 전문기관 상담 및 긴급 도움 요청 전화

기 관 명	전 화 번 호
생명의 전화	☎ 1588-9191
정신건강 상담전화	☎ 1577-0199
청소년 사이버상담센터(헬프콜)	☎ 1388
학교폭력 신고센터	☎ 117
보건복지상담센터 희망의 전화	☎ 129
중앙자살예방센터	☎ 02-2203-0053
모바일 기반 학생 위기문자 상담망 '다 들어줄 개'	– 1661-5004로 문자 보내기 – '다 들어줄 개' 앱 다운받기 – 카카오톡 '다 들어줄 개' 플러스 친구 맺기 – 페이스북 '다 들어줄 개'로 메시지 보내기

교사의 사과를 요구하는 학부모

○월 ○일 접수된 민원 내용

- ○○○ 학생을 학교에 오지 말라고 하며 책가방과 함께 교실 밖 복도로 쫓아냄
- 학생의 학습권이 있는데 선생님으로서 해야 할 행동과 언행이 아님
- 진정 어린 사과를 받고 싶고 재발 방지에 대한 다짐과 대책이 필요함
- 다시는 이런 일이 일어나지 않게 조치를 바람
- 학교와 대화하고 싶지 않고 지역교육청 담당자를 통해 조치 사항을 이야기 듣고 싶어 함

※ 민원 내용으로 볼 때 충분히 민원을 제기할 수 있는 사항입니다.

민원 접수 후 처리절차

1. ○월 ○일, 교육지원청으로부터 익명의 학부모에게 민원이 접수되었다는 소식을 접합니다.
2. 학교에서는 교육지원청 민원 접수에 대하여 사실관계를 확인합니다.
3. 교육지원청 접수 민원은 담임 장학사가 학교를 방문하여 민원 내용을 안내하고 사실관계를 알려 달라는 절차를 밟습니다.
4. 학교장은 민원 내용을 확인하고 사실관계 확인과 사안에 대한 조치를 약속합니다.

교육지원청 접수 학부모 민원은 아래의 처리 절차에 따라 신속, 정확, 공정하게 처리됩니다.

민원 접수 ▸ 사실관계 조사 ▸ 민원 해결 및 사후 조치 ▸ 보고 ▸ 민원 결과 통보

여기서는 사례의 처리 절차 중 사실관계 조사, 민원 해결 및 사후 조치를 중점적으로 살펴봅니다.

사실관계 조사

1) 민원 접수 사안에 대한 사실관계 확인

학교에서 사실관계를 확인하니 아래와 같았습니다.

- 지난 ○월 ○일에 일어난 사안을 민원으로 제기한 것임
- 해당 담임 ○○○의 민원 관련 소명자료를 제출받고 면담함
- 민원의 사실관계 여부를 확인함. 민원의 일정 부분을 사실로 인정함
- ○○○ 학생의 학습태도에 문제가 있다고 판단하여 전화상으로 학생의 학부모 동의하에 가정으로 귀가조치를 하기로 함. 그 과정에서 떼를 쓰고 소란을 피우며 나가지 않으려는 실랑이가 있었고, 실랑이 도중 책가방과 함께 교실 밖 복도로 내몬 사실이 있음을 인정함

민원의 사실관계를 파악하다 보면 대개 민원인과 피민원인은 자신

의 입장에서 이야기합니다. 그래서 대화보다는 서면을 통해 사실관계
를 파악하는 것이 효과적일 수 있습니다. 부득이하게 대면하여 대화
로 사실관계를 파악해야 할 때는 민원 사안 교육활동보호위원회* 위
원이 입회하는 것이 좋으며, 두 당사자가 타인이 입회하는 것을 꺼릴
때는 동의 후 녹음을 하는 방법도 가능합니다.

2) 민원인과 피민원인 양측의 입장 정리

민원 내용이나 민원 관련 소명자료 내용을 살펴보면 양측이 자신의
입장에 유리하게 주장하는 내용이 상당히 많습니다. 민원 중 문제가
된 부분은 학생의 귀가조치와 관련된 내용입니다.

- 민원인 학부모의 입장

학부모가 학생에 대한 귀가조치를 수긍한 내용은 빠져 있고 '학교
에 오지 말라며 책가방과 함께 교실 밖 복도로 쫓아내 학생의 학습권
을 침해하였다. 선생님으로서 해야 할 행동과 언행이 아니다'와 같이
선생님의 잘못을 크게 부각시키고 있습니다.

- 피민원인 교사의 입장

학생의 학습태도에 문제가 있어 전화상으로 학생의 학부모 동의하
에 가정으로 귀가시키려 했던 행동이며, 귀가조치를 따르지 않는 학

---

* 사례상 가칭이며, 선생님이 근무하는 시도교육청에서는 '교육활동중재위원회' 등의 이름으로 활동할
수 있으니 확인 바랍니다.

생을 억지로 보내려는 과정에서 떼를 쓰며 소란을 피웠기 때문에 책가방과 함께 교실 밖 복도로 내몰게 되었다며 자신의 행동을 정당화하고 있습니다.

- 민원 사안 교육활동보호위원회 및 중재자의 입장
① 민원 사안에 대하여 사실관계의 일정 부분이 인정되므로 그 부분에 대한 사과와 재발 방지가 필요합니다.
② 객관적 관점에서 학생의 학습권과 관련된 것은 학부모가 동의하였다 하더라도 귀가조치가 적절한 방법은 아님을 인지해야 합니다.
③ 피민원인 교사는 귀가조치에 반항하여 학생이 떼를 쓰고 소란을 피워 실랑이가 생겼더라도 학생을 책가방과 함께 교실 밖 복도로 내몬 행동은 적절한 교육적 조치로 보기 어렵다는 것을 인지해야 합니다.

민원 해결 및 사후 조치

민원 해결과 사후 조치의 계획은 아래와 같이 정해졌습니다.
- 민원 사안에 대하여 사실관계의 일정 부분 인정함
- 교사는 학습지도나 생활지도 차원의 일이라 하지만, 학생의 학습권을 고려할 때 감정이 앞선 교사의 적절치 못한 행동은 교실 현장에서 일어나지 않았어야 함을 주지시킴
- 교육지원청 담임 장학사와 통화하며 담임교사는 사실관계의 일

정 부분을 인정하고, 욱하는 성격으로 일어났으며 다시 이런 일이 없을 것임을 약속하고 사과함

- 담임교사가 학부모에게 진정 어린 사과를 하고 재발 방지를 약속하겠다고 함
- 학교장은 학교에서 추후 이런 일이 반복되지 않도록 지속적인 지도, 관심, 주의를 기울일 것을 약속함
- 담임교사에겐 학교장이 구두주의 조치하고, 교육청 담임 장학사를 통한 학부모에 대한 사과, 재발 방지 약속으로 사안을 마무리함

다행히 민원이 잘 해결되었습니다. 그러나 이것이 끝이 아닙니다. 사후 조치 역시 중요합니다. 피민원인 교사에게는 민원에 따른 마음의 상처가 남기 마련입니다. 해결이 되었어도 뭔가 찜찜하고 심한 자괴감이 들기도 합니다.

이때 필요한 것이 관리자(교장, 교감)가 진솔하게 인간적으로 접근하여 회포를 풀고 위로하고 함께 공감하는 것입니다. 교사는 교육에 관한 전문가이고 잘못된 부분을 바로 잡아 이를 계기로 더 좋은 교육을 해낼 수 있다는 믿음을 주는 것이 중요합니다. 이때 피민원인 교사가 관리자를 거부하거나 상황이 여의치 않다면 그 역할을 부장교사나 동료 교사가 해도 됩니다. 어쩌면 더 좋은 결과를 낳을 수도 있습니다.

물론 사람에 따라 충격의 강도가 다르므로 관리자의 위로가 큰 힘이 되지 않을 수도 있습니다. 만약 교사에게 쉼이 필요하다면 연가나 병가를 사용할 수 있도록 배려하고, 마음을 치유할 수 있도록 전문 심리상담 치료를 받을 수 있게 기관(교원치유지원센터)을 연계해 주는 조치도 필요합니다.

민원에서 사실관계를 확인할 때는 다음 사항에 주의해야 합니다.

1. 민원의 사안을 조사하기 전 '민원 사안 교육활동보호위원회(가칭)'를 구성하여 운영하면 좋습니다.

2. 사실관계를 확인하기 위해 만난 자리에서 다짜고짜 담임교사를 책망하는 것은 금물입니다.

3. 대개는 교감 선생님이 사실관계를 확인하는데, 대화 중 사소한 실수로 서로 감정의 골이 생기면 교감과 교사의 대치 상태가 될 수 있습니다. 그러면 민원은 전혀 다른 양상으로 번질 수도 있으니 주의합니다.

4. 민원의 민감성을 고려해 피민원인 교사에게 민원의 개략적 내용을 서면으로 알려 주고 민원에 대한 소명을 서면으로 제출받습니다. 객관적인 사실관계만을 확인하고 소명하는 과정을 거치는 것은 무엇보다도 중요합니다.

5. 민원 내용과 소명 내용을 확인하고 서로 내용이 상이하다면 사실관계 확인을 위해 대화가 필요합니다.

6. 먼저 충분한 대화를 통해 사실관계의 일치점을 확인하고, 그럼에도 불일치한 내용은 충분한 소명을 들은 후 객관적인 판단의 과정(민원 사안 교육활동보호위원회)을 거칩니다.

7. 민원인이 학교와 대화하고 싶지 않다고 할 때는 확인하고 설명하기 위해 굳이 담임교사와 학부모를 만나게 하는 일은 피해야 합니다. 문제를 더 키울 수 있기 때문입니다.

8. 민원을 해결하기 위해 가장 필요한 것은 상대의 입장에서 공감하며 경청하는 것입니다.

9. 민원 사항은 초기에 신속, 정확, 공정하게 처리해야 더 큰 민원으로 발전하지 않습니다. 학교 관리자의 책임하에 민원 처리의 원칙을 지키며 진행합니다. 민원 처리의 원칙은 다음과 같습니다.

「민원 처리에 관한 법률」

제6조 (민원 처리의 원칙) ① 행정기관의 장은 관계법령 등에서 정한 처리기

간이 남아 있다거나 그 민원과 관련 없는 공과금 등을 미납하였다는 이유로 민원 처리를 지연시켜서는 아니 된다. 다만, 다른 법령에 특별한 규정이 있는 경우에는 그에 따른다.

② 행정기관의 장은 법령의 규정 또는 위임이 있는 경우를 제외하고는 민원 처리의 절차 등을 강화하여서는 아니 된다.

참고

한국교육개발원 교원치유지원센터 (forteacher.kedi.re.kr/web/main/main. do?mld=1)에서 발간하는 〈교원의 교육활동 보호 매뉴얼〉을 참고하기 바랍니다. 요즘은 각 시도교육청에서도 〈교육활동 보호 매뉴얼〉을 만들어 보급하고 있습니다.

교사의 아동학대를 주장하는 학부모

민원 개요

저학년 학급대표 학부모로부터 학교로 민원이 접수되었습니다. 당사자가 아닌 학부모가 학급을 대표하여 학교에 먼저 알린다는 취지로 제기한 민원입니다.

민원 내용

- 학생이 심한 장난을 쳐서 담임교사가 ○○○ 학생의 손목을 잡아 붉은 생채기를 냄
- 학생은 병원 치료 중이며, 왜 이런 피해가 생겼는지 사실관계를 확인하고 싶어 함
- 학급 단톡방을 중심으로 집단민원이 발생할 조짐이 생기고 있으니 빠른 조치가 필요함
- 이 하나의 사안만 있는 것이 아니라 1학기 때부터 계속된 선생님의 부당한 교육활동 사례를 모으고 있음

민원 사안의 당사자가 아닌 학급대표 학부모가 제기한 민원이지만 직감적으로 이 민원은 사태의 심각성이 느껴지며 사안이 확대될 개연성이 커 보입니다. 담임교사는 열정적으로 교직생활을 하며 승진에도 관심이

있는 분입니다.

학교로 민원이 제기된 후 3일이 지나 교육지원청에도 동일한 민원이 접수되었는데 다음과 같은 내용이 추가되었습니다.

추가 민원 내용

- 학생은 전치 2주의 진단서를 끊고 병원 진료 중이며 학교는 등교시키지 않고 있음
- 1학기 때부터의 담임교사에 대한 민원 사항을 학급의 학부모로부터 수집해 놓음
- 변호사의 자문을 받아 교육청에 민원을 제기한 상태이며 담임 교체가 이루어지지 않으면 형사 고발하겠음
- 수집해 놓은 민원 사항은 지금 공개하지 않고 추후 진행되는 상황을 보며 집단민원으로 대응하겠다고 함

민원은 신속, 정확, 공정하게 처리되어야 합니다. 해결할 타이밍을 놓치면 이내 감정을 건드리거나 사안을 키우거나 송사에 엉키는 등 상황이 더 심각해지기 마련입니다.

학교에 접수되는 민원 중 담임 교체와 같은 심각한 민원은 어느날 갑자기 발생하지 않습니다. 그 전에 민원 담당자가 해결할 수 있는 강도가 약한 민원이 수차례 있기 마련이지요. 이때 민원 해결이 마음에 들지 않거나 민원 대응 과정에서 개인적인 앙금이 남았거나 합리적이지 않다고 느끼면 더 큰 민원이 되어 돌아오는 겁니다.

민원 처리 절차는 민원을 접수하면 바로 사실관계를 확인하고 민원을 효과적이고 합리적이고 공정하게 처리하여 보고하고 결과를 통보해야 합니다. 이를 위해 민원 사안 교육활동보호위원회(가칭)를 만들어 객관성을 확보하는 것이 좋습니다. 민원은 핵심을 정확히 파악해야 해결할 수 있습니다.

이제 위 사례의 민원 해결 과정을 시간의 흐름을 따라 하나하나 살펴보겠습니다. 그 과정에서 실질적인 해결방안과 유사 사례의 대응방법을 확인할 수 있을 것입니다.

민원 1~2일 차(교육지원청 민원 제기 전)

1) 학급대표 학부모의 이야기를 심도 있게 경청한다
- 학급대표는 민원 당사자가 아니지만 학생들의 교육활동이 어려워지는 것을 막기 위해 적극적인 조치를 취하고 있습니다.
- 민원 당사자 학부모가 무엇을 요구하는지, 민원의 양상이 어떻게 움직이고 있는지를 간접적으로 알아볼 수 있습니다.
- 학급 내에서 민원 내용이 수집되는 상황이라면 집단민원으로 가고 있다는 것을 의미하며 민원이 확대되어 돌이킬 수 없는 상황으로 전개될 개연성이 있음을 인식해야 합니다.

2) 학급대표 학부모가 제기한 정확한 민원 내용을 확인한다
- 학부모는 자녀의 잘못한 부분은 드러내지 않음으로써 유리한 입

장을 견지하고자 하고 담임교사의 잘못된 부분을 부각시키기 마련입니다.

- 다각도로 파악한 학급대표가 제기한 민원 확인 사항은 다음과 같습니다.

① ○○○ 학생의 손목에 상처가 나서 진단서를 발부받고 치료 중

② 체험학습 때 △△△ 학생을 방치하고 활동함

③ '너는 선생님 말을 듣지 않으니 학교에 오지 마라'라는 부적절한 언어를 사용함

④ '내가 너희들을 맡아 병이 생겼다'라는 부적절한 언어를 사용함

⑤ ○○ 동네는 못사는 동네라 학습이 어렵다는 부적절한 편견을 표현함

⑥ 책을 던지거나 자를 부러뜨리는 등 학생에게 겁을 주는 부적절한 행동을 함

⑦ 특정 학생을 자주 혼내고 야단침

- 민원 내용이 학생, 학부모의 터무니없는 주장이라고만 생각해서는 본질을 보기 어렵습니다. 말하는 그대로 받아들이고 공감하는 자세가 필요합니다. 개인적인 선입견이나 감정은 금물이며 객관성을 유지하며 경청해야 합니다.

3) 신속하게 피민원인 교사의 의견서를 받는다

- 피민원인 교사의 의견서를 보면 학생을 교육하는 같은 입장에서 공감이 되는 부분이 많을 수 있습니다. 이럴 때 피민원인 교사의 의견을 말하는 그대로 받아들이는 자세가 필요합니다.

- 민원 사항에 대한 피민원인 교사의 소명 내용은 다음과 같습니다.

① ○○○ 학생의 손목에 상처가 나서 진단서를 발부받고 치료 중

→ 산만한 학생 여러 명이 큰 목소리로 소란을 피우고 있어 "이리 오라"고 하자 아이들이 달아나려 해서 해당 학생을 잡으려는 과정에서 손목이 긁혀 난 상처임

② 체험학습 때 △△△ 학생을 방치하고 활동함

→ 체험학습 활동 중에 코스 이동이 있어서 화장실 간 △△△ 학생이 늦게 합류함. 사실관계를 모르고 제기한 것임.

③ '너는 선생님 말을 듣지 않으니 학교에 오지 마라'라는 부적절한 언어를 사용함

→ '선생님 말을 잘 듣지 않고 자기 맘대로 하는 학생이 학교에 오면 되겠니?'라고 했던 말이 와전된 것으로 보임

④ '내가 너희들을 맡아 병이 생겼다'라는 부적절한 언어를 사용함

→ 문제행동을 하는 학생이 많아 심신이 피곤하고 아픈 곳이 많아 '너희를 지도하기 너무 힘들어서 병이 날 지경이다'라고 했던 말이 와전된 것으로 보임

⑤ ○○ 동네는 못사는 동네라 학습이 어렵다는 부적절한 편견을 표현함

→ 학부모 상담 시 '우리 학교가 다문화 학생이 많아서 의사소통에 어려움이 있고 생활지도와 학습지도에도 어려움이 많다'고 밝힌 개인적인 소견을 곡해한 것임

⑥ 책을 던지거나 자를 부러뜨리는 등 학생에게 겁을 주는 부적절한 행동을 함

> → 자를 가지고 칼싸움을 하는 학생에게 자가 부러져 위험할
> 수 있음을 알리기 위해 일부러 부러뜨린 일이 있음
> ⑦ 특정 학생을 자주 혼내고 야단침
> → 부잡스럽고 소란을 많이 피우는 학생이 상대적으로 주의
> 를 많이 받은 것에 대해 불만을 가진 것으로 여겨짐

- 개인적인 선입견이나 감정은 금물입니다. 동료 교원이라는 이유
  로, 민원 아동이 평소 문제행동을 많이 했다는 이유로 감정을 섞
  어 판단하면 본질이 흐려질 수 있습니다. 그러다 민원의 핵심을
  놓치면 사태 해결의 골든타임을 놓칠 수 있습니다.

민원 3일 차

1) 민원 사안 교육활동보호위원회를 열어 솔루션을 마련한다

- 민원 사안 교육활동보호위원회*를 개최하여 민원 내용을 공유하
  고 솔루션을 마련합니다. 솔루션은 민원인과 피민원인에게 맞춤
  형으로 제공되어야 합니다. 솔루션은 최종 결정 책임이 있는 기
  관장(학교장)에게 제공됩니다.
- 집단민원으로 갈 가능성이 있으므로 학급 학부모의 의견을 진솔
  하게 경청하고 요구사항을 파악해야 합니다.

---

* 민원 사안 교육활동보호위원회는 민원을 대비하여 학교 자체적으로 교감을 중심으로 교원, 학부모,
상담 전문가, 사안 전문가로 구성되며 교원이 과반수를 넘지 않게 운영한다. 사안 내용에 따라 사안
전문가는 새롭게 구성할 수 있다.

- 담임교사와 학부모, 각각의 의견에서 감정에 치우친 면을 배제하고 사실관계를 중심으로 파악합니다.
- 20여 년을 열심히 살아온 교사에게 심리적인 충격을 줄 수 있는 민원 내용이므로 최대한 피민원인 교사의 자존감은 살리면서 학부모의 민원을 해결하는 지혜를 모아야 합니다.

2) 민원 사안에 대한 맞춤형 솔루션을 진행한다

사례의 민원 사안에 대해서는 아래와 같은 솔루션이 진행되었습니다.
- 교사 본인도 일정 부분 잘못을 인정하였고, 학부모의 민원 또한 자의적인 해석이 있음을 인식함
- 학교장은 위원회의 의견과 면담을 통한 담임교사의 의견을 듣고 담임과 학생들을 위해 특단의 조치가 필요함을 인식함
- 학교장으로서 줄 수 있는 최고 징계 수위인 경고 조치* 부과를 결정하고 동시에 학급 담임 배제 조치를 결정함
- 담임 교체와 같은 효과를 얻는 담임 배제 조치는 학년 말 학생들의 평가 및 마무리 교육활동을 위해 필요한 조치임을 학부모들이 수긍함
- 담임교사는 기간제 교사로 대체함
- 집단상담을 통해 학급 학생들의 회복적 학교생활이 이루어지도록 조치함

---

* 학교장의 경고 조치는 승진에는 영향을 미치지 않으며 당해연도에 인사상 불이익은 있을 수 있다. 학교장이 징계 조치를 하면 같은 사안으로 교육지원청 민원 접수 시 중복 징계는 실시하지 않는다.

- 학교장은 학교에서 추후 이런 일이 반복되지 않도록 지속적인 지도, 관심, 주의를 기울일 것임을 약속함
- 담임교사는 사태의 충격 및 심신 미약으로 병가, 연가를 실시함
- 담임교사의 정신적 회복을 위해 마음치유 상담센터를 소개하고 지원함

민원 4일 차

민원 해결은 골든타임이 중요합니다. 위 조치가 이루어지는 시점에 교육지원청에 담임 교체 민원이 접수되었습니다. 해당 교육지원청을 방문하여 민원 사안에 대하여 민원인과 학교 간 원만한 합의가 이뤄졌음을 안내하고, 이후 처리 과정 및 행정적 절차에 대해 안내를 받았습니다.

그리고 학급의 정상적인 교육활동 관리와 담임교사의 심리적 회복과 관리가 중요하다는 데 서로 인식을 같이하고 교육지원청 차원에서도 이를 돕기로 약속하였습니다.

Tip

1. 민원 발생 후 민원인과 피민원인의 만남은 피해야
- 민원인은 감정이 격해져 있거나 마음이 상한 상태이기 때문에 피민원인 교사에 대한 일방적인 만남 요구는 학교 관리자 및 기관 차원에서 만류하고 최

대한 피하여야 합니다.

- 사례 민원의 경우 2일 차에 급한 마음의 담임교사가 민원인 학부모를 만나 이 야기를 나누었고, 그 과정에서 학부모의 감정이 격해져 교육지원청에 민원을 접수하게 되었습니다. 섣부른 만남이 오히려 불필요한 화를 키운 것입니다.
- 민원인은 피민원인의 사과를 공식적으로, 문서를 통하거나 공개적인 방식으로 하기를 원하는 경우가 많습니다. 그런데 피민원인이 개인적으로 만나 사과하거나 서로 간의 잘못을 언급하는 것은 사태를 봉합, 축소하려는 의도로 받아들이기 쉬워서 더 강한 민원을 제기하게 만들 수 있습니다.
- 학교는 학생의 교육활동을 위해 있는 기관이지만 교원의 교권을 보호하고 피해를 방지하는 기관이기도 합니다. 피민원인 교사는 민원이 발생했을 때 학교의 관리자나 위원회가 나를 징계하는 기관이지만 나를 보호하고 피해를 방지하는 기관이기도 하다는 것을 잊어선 안 됩니다.
- 평소 사적인 대화를 나눌 수 있을 만큼 교장, 교감 등 관리자와 좋은 관계를 유지하면 학교생활에 많은 도움이 됩니다.
- 민원 내용을 진솔하고 담담한 마음으로 확인해야 잘못에 대한 시시비비가 가려지고, 그 결과를 감정적으로 받아들이지 않을 수 있습니다. 그러면 마음의 상처도 덜 받을 수 있습니다.

2. 교육활동 중 학생이 다치는 사안의 민원을 예방하려면

- 교육활동 중 학생이 다치는 일이 없어야 하지만, 일이 벌어졌다면 먼저 보건 선생님을 요청해 응급처치를 하고 치료가 더 필요할 경우 병원으로 갑니다.
- 사고 발생 후 바로 보호자에게 통보하고 어떤 처리 절차를 밟고 있는지 알립니다. 이때 사고의 경위도 함께 알리는 것이 좋습니다. 만약 실수에 의한 사고라면 실수에 대한 잘못을 인정하는 것이 민원을 최소화하는 방법입니다.
- 사고는 초기대응이 늦으면 늦은 만큼 의혹도 커지고 민원도 심각해집니다.

〈참고서식〉*

담임 배제 처분서

직종	초등학교 교사	담당 업무	○학년 ○반 담임
성명 (생년월일)	○○○ (○○.○.○)	처분일	2021. ○. ○.

1. 상기인을 ○○초-7161(2021.○.○.)에 따라 2021.○.○.(○) 근무시작 시간부터 사안 조사 및 사안 처리 완료될 때까지 담임 배제를 실시함.
2. 2021.○.○.(○) 근무시작 시간부터 사안 조사 및 사안 처리 완료될 때까지 ○학년 ○반의 학생과의 접촉을 금지함.

2021.○.○.

담임
배제
사유
및
사안
조사
	1. ○○초-7161(2021.○.○.)에 의해 접수된 ○학년 ○반의 집단민원의 내용이 심각하고 중대하다고 판단되며, 긴급 사안 조사가 필요함에 따라 아래와 같이 담임 배제함.
	
	가. 담임 배제
	  1) 대상: ○학년 ○반 담임, 성명 ○○○
	  2) 기간: 2021.○.○.(○) 근무시작 시간부터 사안 조사 및 사안 처리 완료될 때까지
	  3) 내용: 사안 조사 완료 시까지 ○○○은 담임에서 배제되며, 학생과의 접촉을 금지함
	나. 사안 조사 준비 및 실행
	  1) 기간: 2021.○.○.~사안 처리 완료될 때까지
	  2) 사안조사팀 구성: 교육지원청에 의뢰하여 사안 조사 전문가로 팀 구성
	  3) 내용
	    가) 피해 사례에 따른 사안 조사
	    나) 학급 담임의 소명 기회 제공

서울○○초등학교장 (직인)

절취선 ✂--

담임 배제 처분서

본인은 위 담임 배제 처분서를 수령하였음을 확인합니다.

수 령 날 짜 : 2021.○.○.
수령인 성명 :　　　(인)

서울○○초등학교장 귀하

---

* 　시도교육청마다 양식이 다를 수 있습니다.

상습 민원 학부모 대처법

A 교사가 교무부장으로 근무하는 초등학교에는 매일 씩씩거리며 학교에 전화를 걸어 항의하는 학부모가 있습니다. B 학생의 학부모가 걸고 넘어지는 이유는 다양합니다. 학교가 풀숲 마을로 지정되어 잔디밭을 가꾸자 '잔디를 왜 가꾸냐', '국민의 혈세를 낭비한다'라며 항의하더니, 잔디 때문에 B 학생이 학교에서 모기에 물렸다고 민원을 제기하기도 했습니다. 지속된 항의에 지쳐 잔디밭을 들어내자 이번에는 '무슨 예산으로 들어내냐. 깔았다가 치웠다가 예산 낭비하고 있는 거 아니냐'며 항의 전화를 했습니다. 학교 뒷문이 열려 있으면 열려 있어서 외부인에게 취약하다고, 학교 뒷문이 잠겨 있으면 잠겨 있어서 통행에 불편하다고 민원 전화를 했고요. 심지어 뉴스에 다른 학교의 문제가 언급되면 '이 학교는 안 그러냐?' 묻는 전화를 하기도 했습니다. 그러니까 거의 하루에 한두 번의 민원 전화를 했던 셈입니다.

그래서 학교 교무실에서는 아침 8시 30분에서 9시 사이 인터폰에 B 학생 학부모의 전화번호가 뜨는 순간 눈치싸움이 벌어지곤 했습니다. 왜냐하면 전화를 받는 사람이 생떼에 가까운 민원을 받아야 했으니까요.

그러던 어느 날 아침 눈치 싸움에서 진 교무부장 A 교사가 전화를 받습니다. "아, 안녕하세요. B 어머님." A 교사의 인사에 B 학부모는 갑자기 "아니, 나인 줄 어떻게 알았어!" 하고 소리를 내지릅니다. A 교사가 학교 인터폰에 전화번호가 떠서 알았다고 하자 이번에는 「개인정보보호법」 위반 운운하며 항의합니다. A 교사는 아침부터 진땀을 흘립니다.

학부모 : 니들이 내 전화번호를 어떻게 수집했냐고! 이거 불법 감찰수사 아냐? 응?

A 교사 : 아니에요. 전화번호 끝자리가 화면에 떠서 먼저 인사드린 것뿐 이에요.

학부모 : 나 이거 녹음했어! 니들 오늘 뉴스에 나올 줄 알아!!

그러고는 거칠게 전화를 끊습니다. A 교사는 당황합니다. 아니 VIP급으로 자주 전화를 하는데 어떻게 전화번호를 모를 수가 있나요. 이게 혹시 문제가 될까요?

개인정보가 무척 중요한 시대입니다. 학기 초에 학생에게 '개인정보 제공 동의서'를 받는 이유는 학생의 교육과 안전을 위해 학부모의 전화번호를 알아야 하기 때문입니다. 예를 들어 볼까요?

초등학교 1학년 학생의 학부모가 자녀가 납치되었다는 전화를 받았는데 보이스피싱 같다며 자녀의 안전을 확인하여 빨리 다시 전화해 달라고 요청했다면? 마침 담임교사가 수업 중이거나 전화를 직접 할 수 없는 상황이라면? 교무실에 있는 학생명부에는 학부모의 전화번호도 있으므로 대신 전화할 수 있습니다.

학교 관계자와 담임교사는 다양한 이유로 학부모에게 전화할 일이 있습니다. 그래서 학기 초 학부모의 전화번호를 파악하는 근거로 '개인정보 제공 동의서'를 수합합니다. 그러니 B 학생 학부모의 전화번호는 당연히 학교에서 알고 있습니다. 따라서 그의 항의는 부당합니다.

또 학교를 비롯한 공공기관은 대민서비스 제공을 위하여 발신자의 전화번호를 표시할 수 있습니다. B 학생의 학부모가 거의 매일 학교에 전화를 하여 교무실에는 B 학부모의 전화번호를 모르는 직원이 없었으므로 개인정보 침해의 문제는 없습니다.

Tip

다만 주의할 점은 해당 사안의 학부모에게 성심성의껏 응대하더라도 민원인은 '아하 그렇군요. 정말 죄송합니다. 안녕히 계세요'라고 말하지 않으며, '내 말에 토다냐', '법적으로 이상한 말이나 한다', '잘난 척 나댄다'라며 시비를 걸 가능성이 훨씬 큽니다. 그러니 학부모가 어떠한 말을 하더라도 최대한 방어적으로 '아, 네' 하며 평온히 대응할 것을 강력히 권유합니다.

사례 민원의 학부모가 정말 뉴스에 제보한다 할지라도 이것은 큰 문제가 되지 않을 것이 분명합니다. 또한 교무실에 전화 녹음 장치를 구비한 후 학교 전화 연결 시 '이 전화는 업무 품질 향상을 위해 녹음될 수 있습니다'라는 멘트가 나오도록 하는 것도 고려해 보세요.

Part 5
교사의 학교생활

갈등을 극복하고 함께 성장하는 학습공동체를 만들어요

"엄마, 나 학교 가기 싫어요!!"
"얘야, 그런데 너는 선생님이잖니?"

교사들 사이에서 회자되는 농담입니다. 정신분석학자 아들러의 책 《미움받을 용기》에서는 "모든 고민은 인간관계에서 비롯된다"고 말합니다. 이는 사람과 사람의 관계가 중요하다는 것이지요. 갈등은 사람의 마음과 몸을 불편하게 하는 요인입니다. 학교에서 일어나는 갈등은 학교 조직을 발전시키는 계기가 되기도 하지만, 조기에 해소하거나 해결하지 않으면 학생 교육을 어렵게 하고 인간관계를 힘들게 합니다. 사회가 점점 다원화, 민주화됨에 따라 세대 간의 다양한 욕구와 가치관의 '다름'으로 인한 갈등 상황이 더욱 증가되는 요즘입니다. 따라서 학교 구성원 간의 여러 갈등 관계를 이해하여 바람직한 인간관계를 만들고 유지하는 지혜가 필요합니다.

학교 내 교직원 간 갈등의 원인은?

학교 현장에서의 흔하게 발생하는 갈등의 원인은 무엇일까요?[*]
첫째, 건강하지 못한 학교 내의 권력 구조입니다. 일부 관리자는 자신의 의견을 고집스럽게 관철하고자 교사 간의 갈등을 초래하기도 합니다. 이는 수직적 관계를 중시하는 관리자와 수평적 관계를 원하는 일반 교사들 사이의 갈등으로 나타납니다.

둘째, 교사 간의 다름입니다. 학교에는 성장 배경이 다른 다양한 교사들이 존재합니다. 생각의 차이나 교직 경험의 차이로 인한 갈등이 있을 수밖에 없습니다. 또한 신구 세대 간의 다름은 그 간극을 좁히는 것이 무척 어렵습니다. 서로의 다름을 차별이나 우열의 차이로 인식하면 갈등이 생깁니다.

셋째, 시대와 사회의 변화에 따른 교직생활의 변화입니다. 함께 근무하는 고경력의 교사와 저경력 교사의 경력 차이는 많으면 30년이 넘기도 합니다. 그러므로 선배 교사 세대와 신규 교사 세대의 가치관은 다를 수밖에 없습니다. 때문에 "나 때는 말이야~"를 자주 외치는 라떼 교사는 종종 갈등을 유발합니다. 예컨대 "나 때는 이보다 더 나쁜 상황에서도 정말 열심히 근무했는데"라는 말은 신규 교사에게는 자신을 질책하는 말로 들릴 수 있어서 갈등을 유발하게 되는 식입니다.

---

*   전재학, '학교 가기 싫다'는 교사, 동료 교사와의 갈등 회복과 관계 맺는 방법은?, 〈에듀인뉴스〉 2021. 1. 19.

넷째, 행정업무가 교직원 간의 갈등을 일으킵니다. 교사는 교과 수업과 학생지도가 본연의 업무입니다. 행정업무는 행정실 및 교육공무직이 담당해야 하는 일이지요. 하지만 현실은 업무 담당교사들이 일부 행정업무를 처리할 수밖에 없습니다. 교육청에서 교사의 행정업무 경감을 위한 다양한 대책을 실시하지만 교사의 입장에서는 여전히 만족스럽지 않습니다. 따라서 교사들과 행정실 및 교육공무직 사이에는 행정업무 처리로 인한 갈등이 상존합니다.

교직원 간 원만한 관계를 위한 열쇠

어떻게 하면 동료 교직원 간에 원만한 관계를 유지하며 만족스러운 학교생활을 할 수 있을까요? 교직 사회는 어느 조직보다도 서로 협력하며 문제를 해결해야 하는 집단입니다. 모든 것은 결국 학생 교육을 위한 것이기 때문입니다. 따라서 교직원 간 원만한 관계 형성은 무엇보다 중요합니다.

첫째, 서로 격려하고 칭찬하며 성장한다는 믿음을 갖습니다. 혼자만 잘하는 것보다 모두 함께 성장하려는 노력이 필요합니다. 교직원 간 상호 격려와 칭찬은 일의 효율성을 높이고 업무에 대한 피로도 감소

시킵니다. 또한 건강한 인간관계를 형성하고 동료애도 향상시킵니다.

둘째, 교사 상호 간의 협력이 중요합니다. 학교는 학생 교육을 위해 존재합니다. 코로나19로 힘든 상황을 온라인 수업과 실시간 원격수업으로 이겨 낸 것은 동학년 교사들이 협력한 결과입니다. 동학년 교사와의 교류와 협력, 관심사가 같은 교사들의 수업연구 활동은 교사의 학교생활에 활력과 보람을 가져옵니다.

셋째, 자발적인 전문적 학습공동체를 활성화하는 것입니다. 이는 수업에서의 실수나 실패, 생활지도 방법을 공유하여 교사의 회복탄력성을 높여 나가는 데 도움이 됩니다. 또한 교사 개개인이 성장하고 좋은 관계 맺기를 유지할 수 있는 원동력이 됩니다.

학교는 1년 단위로 만남과 헤어짐이 반복됩니다. 학생 교육이 힘들어도 학교 구성원들과의 관계가 좋고 동학년 교사들과 마음이 맞으면 힘든 파도도 함께 타고 넘을 수 있습니다. 교직원 간 갈등을 피할 수는 없지만 고민과 해결책을 함께 나누다 보면 관계가 부드러워지고 편안해집니다.

교사는 학생, 학부모, 교직원, 관리자와의 불편한 갈등을 겉으로 드러내 학생들에게 부정적인 감정이 전달되는 것을 가장 경계해야 합니다. 교사가 굳어 있거나 무뚝뚝한 얼굴, 화가 난 얼굴로 학생들을 대하는 것은 누구도 원하지 않는 일입니다. 학생들은 우리 사회의 미래이고 희망입니다. 학교에서 많은 시간을 보내는 학생들에게 편안하고 안정된 교사의 마음보다 더 큰 영향을 미치는 것이 있을까요? 편안하고 안정된 교사가 학생의 편안하고 안정된 학교생활을 이끌어 냅니다.

1

좋은 선생님이 되고 싶어요

이제 7년 차에 접어든 교사입니다. 작년까지만 해도 학생들과 신뢰관계 형성이 잘되어 큰 문제 없이 한 해 한 해를 보낼 수 있었습니다. 그래서 교과교육이든 생활교육이든 나름 자신감을 가지고 실행할 수 있었지요. 그런데 올해 1학기 교권침해로 고생한 후로는 자신감을 회복하기가 어렵습니다. 학교 가기 싫다고 투정하는 교사 이야기가 남의 얘기 같지 않습니다. 교권침해를 한 학생을 보기도 너무 힘이 듭니다.

처음 교단에 섰을 때 정말 좋은 선생님이 되고 싶었는데, 제가 그 꿈을 이룰 수 있을까요?

'교사하기 힘들다!'는 이야기를 많이 듣습니다. 교사는 미래를 살아 갈 학생들을 가르치기 때문에 교직의 위기는 심각한 문제입니다. 가르침과 배움은 교사, 학생, 학부모의 상호 이해와 배려를 바탕으로 이루어집니다. 그러나 지금의 현실은 교사를 이해하고 배려하는 분위기가 아닙니다. 듣기에도 민망한 철밥통이니, 꼰대니 하면서 변화를 두려워하고 저항하는 고루한 집단으로 여깁니다. 스승의 그림자도 밟지 않는다는 이야기는 전설 속 미담으로 치부됩니다. 이런 현실은 초등 교사들을 적당히(?) 수업하고 월급만 받아 챙기는 집단으로 매도하는

'월급 루팡[*] 교사'라는 신조어에서 절실하게 느껴집니다.

 게다가 코로나19로 교사들이 해야 할 일은 더욱 많아졌습니다. '거리두기를 지키고, 방역을 철저하게 하면서, 친구들과 얘기하지 않게 하면서, 서로 만지지 않게 하면서, 수업은 재미있으면서, 모든 아이들이 참여할 수 있으면서, 유의미하고 적절하게 수업 영상도 잘 만들어 편집도 잘하면서, 예산은 최소로 사용하면서, 임팩트가 있는 수업 만들기'[**] 지금의 교사들은 이 어려운 걸 해내야 하는 운명입니다.

좋은 교사가 되려면 어떻게 해야 할까?

 모든 교사들은 좋은 교사, 훌륭한 교사가 되고 싶습니다. 좋은 교사는 어떤 교사일까요? 훌륭한 교사는 어떻게 만들어질까요? 일단 교사가 되기 위해서는 교과에 대한 전문성, 학생 심리에 대한 이해, 학생 상담 기술, 학생 갈등 해결 능력 등이 있어야 합니다. 그러나 이것들이 잘 준비되었다고 좋은 교사, 훌륭한 교사가 되는 것은 아닙니다. 훌륭한 교사까지는 아니더라도 학생들에게 존경받는 교사, 교육의 목적에 충실한 교사가 되고 싶은 것이 모든 교사들의 바람일 것입니다. 그 바람을 이루기 위해서는 어떻게 교직생활을 해야 할까요?

---

[*]　월급 루팡은 '월급'과 도둑의 대명사인 '루팡'을 결합시켜 '월급 도둑'을 나타내는 단어.
[**]　다이앤, '월급 루팡 교사가 될 순 없나요?'에서 인용 (brunch.co.kr/@r-teacher/75)

1) 자신을 이해하고 마음 상태를 알아야 한다

남을 가르치는 사람 즉 교사教師는 '인간 이해'라는 바탕에서 출발합니다. 인간 이해는 인간 존재에 대한 이해와 자기에 대한 이해를 말합니다. 특히 자기 이해는 성격, 태도, 인간관계 맺기, 언어습관, 행동습관 등을 아는 것입니다. 능력, 적성, 신체 기능도 포함됩니다. 그리고 자기 자신에 대한 긍정적, 부정적 측면을 고루 살펴보고 부정적 측면을 고치려는 노력까지가 자기 이해입니다.

또한 교사는 자신의 마음 상태를 자세히 들여다볼 줄 알아야 합니다. 자신의 무의식 속에 숨겨진 억눌린 마음을 스스로 돌아보면서 혼란스러운 생각들을 차분히 글로 써 보는 연습도 좋습니다. 최근에는 다양한 명상 관련 책과 유튜브 채널을 이용할 수 있습니다. 교육청에서도 명상 관련 연수를 많이 개설하고 있습니다.

2) 학생의 마음 상태와 성향을 받아들이고 존중해야 한다

지금의 학생들은 교사의 학창 시절보다 더 치열한 입시 경쟁 속에서 살고 있습니다. 게다가 과거 자연스럽게 대가족 및 마을 공동체에서 배울 수 있었던 친구관계 맺기, 갈등 해결 능력, 자기 조절력 등을 배울 기회는 점점 줄어들고, 인터넷 및 스마트 기기를 과도하게 사용하여 문제행동을 하는 학생들이 점점 많아지고 있습니다. 학교는 학생들이 바른 친구관계를 맺고 다양한 성공 경험을 할 수 있는 환경을 제공해야 하지만 현실은 그렇지 못합니다. 교사에게는 학생들에 대한 측은지심의 마음이 필요합니다.

학생들 진로 희망 중 초중고 교사가 1~3위를 기록한 것을 안정성

만으로 설명할 수는 없습니다. 어쩌면 역설적으로 학생들이 우리 교사들에게 기대와 희망을 걸고 있다는 의미는 아닐까요?

3) 사회 변화를 적극적으로 수용하는 자세가 필요하다

사회의 급격한 변화에 따른 교육철학, 교육방법의 변화를 적극적으로 수용하는 자세가 필요합니다. 최근 코로나19 상황으로 인해 블렌디드 및 동영상 콘텐츠 수업, 실시간 원격수업, ICT 기반 수업, 창의 융합 교육 등 새로운 교육방법이 일반화되었습니다. 새로운 교육방법은 학생들의 창의력을 자극하고 장소에 구애받지 않고 개별 진도에 따라 반복 학습을 할 수 있는 장점이 있습니다. 따라서 교육방법의 변화를 두려워하지 않고 주도하는 적극성이 필요합니다.

4) 동료 교사와 협력 관계를 구축해야 한다

"빨리 가려면 혼자 가고 멀리 가려면 함께 가라"는 말은 동료와의 협력 관계의 중요성을 말합니다. 인터넷의 발달로 모든 지식이 네트워크에 축적된다고 생각할 수 있지만 중요하고 생생한 지식이나 지혜는 사람에게만 있습니다. 초등교사 커뮤니티에 구축되어 있는 많은 자료들도 결국 사람에게서 나오는 것입니다. 방과 후 각자의 교실에서 수업연구를 하는 것도 중요하지만, 교실 밖으로 나와 동료 교사 모임이나 교육 연구 모임에 적극 참여하는 것도 필요한 일입니다. 교육청에서 지원하는 '교원학습공동체' 같은 활동을 추천합니다.

돌봄전담사와 교사의 갈등

초등학교 1학년 2반 담임교사이자 부장을 맡은 A 교사는 돌봄전담사에게 전화를 받았습니다. 2반 학생 하나가 말을 안 듣고 멋대로 행동하여 돌봄교실에 둘 수 없으니 담임교사가 교실로 데리고 가면 좋겠다는 요청이었습니다. A 교사는 할 말을 잃었습니다.

실은 얼마 전에도 돌봄전담사와 기분 상하는 일이 있었습니다. 4교시면 수업이 끝나는 지난 월요일에 학생들의 점심지도와 하교지도를 마친 12시 40분경 돌봄 학생들을 돌봄교실에 보냈습니다. 언제나 12시 50분에 학생들을 보냈지만 그날은 평소보다 돌봄전담사가 일찍 출근한 것을 알았던 터라 조금 일찍 보냈던 것입니다. 돌봄전담사의 출근은 12시 50분이지만 5교시로 끝나는 화, 수, 목은 아이들을 1시 40분에 보내니, 하루쯤 일찍 보내는 것이 그리 큰 문제는 아니라고 생각했습니다. 그런데 본인이 일이 있어 학교에 일찍 출근했지만 그렇다고 학생들은 미리 보내는 것은 안 된다고 한소리를 하더군요.

그렇게 돌봄교실로 학생들을 일찍 보내지는 말라면서 돌봄 시간에 일어난 문제는 담임교사가 해결하라니? 또 일이 있어서 일찍 온다면서 담당부장인 A 교사가 시간제 돌봄전담사를 뽑는 공고부터 돌봄 학생들에게 배부될 가정통신문까지 모두 작성하는 것은 도대체 무슨 영문인지, A 교사는 매우 속상했습니다.

1980년대 후반 맞벌이 가정이 점점 늘어나면서 부모들이 일하는 동안 아이들이 방치되는 일이 많아졌습니다. 이에 지역 운동가들이 자발적으로 '공부방'을 열어 방치된 아이들의 학습을 돕고 기본적인 돌봄을 제공했습니다. 사회 환경이 개선되면서 2004년부터는 동네 공부방을 대신하는 '초등돌봄교실'이 운영되기 시작했고, 그 수요는 폭발적으로 증가했습니다. 그 결과 학교는 돌봄교실을 운영하기 위한 물리적 공간 확보의 문제부터 돌봄전담사와 교사의 갈등, 돌봄전담사와 학생, 부모의 갈등이라는 새로운 문제를 마주하게 되었습니다. 사례에서 보이는 갈등은 크게 세 가지입니다.

학생 관리 주체 관련 갈등

원칙적으로 하교 후 사고 관리의 책임은 교사에게 있지 않습니다. 물론 학생들의 안전사고, 학교폭력 문제 등은 '평소 지도를 하였는가'에 대해 책임 여부를 가리기도 합니다. 하지만 하교 후 일어난 사고 자체로 교사에게 책임을 물을 수는 없습니다. 이미 하교한 상태이기 때문입니다.

마찬가지로 학생이 돌봄교실에 입실하면 이미 교실에서 하교한 것이기 때문에, 돌봄교실에서 일어난 문제에 대한 책임은 교사가 아니라 돌봄전담사에게 있습니다. 그런데 돌봄전담사들에게는 '문제가 생기면 혼자 해결하지 않고 도움을 요청한다'는 매뉴얼이 있습니다. 이는 문제를 해결하는 데 있어 임의적으로 행동하지 말고 조언을 구하라는 의미이지만, 무조건 도움을 요청하는 일부 돌봄전담사가 있어 문제가 됩니다.

사례에서도 돌봄전담사는 A 교사에게 문제를 떠맡기려는 의도는 아닐 수 있습니다. 그저 매뉴얼대로 담임교사에게 조언을 구해 문제해결에 도움을 받고자 전화한 것은 아닐까요? 그러므로 담임교사는 돌봄전담사가 도움을 요청할 경우, 그 의도를 확인하고 어려움에 공감해 준 후 교사의 전문성을 발휘하여 학생을 훈육하는 노하우를 알려 주면 됩니다. 그래도 갈등 상황이 지속된다면 담당부장과 상의하도록 합니다. 그리고 학생의 안전이 위협되는 다급한 상황이 아니라면 돌봄교실에서 일어나는 문제해결의 주체는 돌봄전담사이고 교사는 조력자임을 분명히 해야 합니다.

학생 관리 시간 관련 갈등

학생들의 등교 시간에는 '까지'의 개념만 있을 뿐 '부터'의 개념은 없습니다. 그래서 학생은 아침 독서시간인 8시 40분까지 학교에 오면 됩니다. 그런데 8시 20분, 8시 30분에 등교하는 친구들도 꽤 많습니다. 심지어 교사보다 먼저 등교하여 교실을 지키고 있는 친구들도 간혹 있지요. 물론 학생들에게 안전상의 문제로 교사보다는 빨리 등교하지 말자고 제안하지만 빨리 오는 학생을 받아 주지 않는 경우는 없습니다.

돌봄전담사들은 자신의 근무 시간에만 학생들을 받으려 합니다. 학생들을 데리고 있다가 혹시라도 사고가 나면 그 사고 처리가 애매하다는 게 이유입니다. 따라서 돌봄교실을 여는 시간 전까지는 담임교사가 학생들을 돌봐야 합니다. 그러고 보니 하교 시간에는 '부터'의 개념만 존재하고 '까지'의 개념은 없다는 사실이 참 아이러니합니다.

행정업무 주체 관련 갈등

돌봄전담사는 전일제 돌봄전담사와 시간제 돌봄전담사로 구분됩니다. 시간제 돌봄전담사는 학생들을 돌보는 역할만 하고, 전일제 돌봄전담사는 돌봄과 관련된 행정업무를 주로 합니다.

그런데 가끔 전일제 돌봄전담사가 학교 담당부장에게 많은 것을 일임하는 경우가 있습니다. 본인은 해 본 적이 없다는 것이 이유입니다. 하지만 태어나면서부터 뭔가를 해 온 사람은 없습니다. 그러니 익숙하지 않더라도 하나씩 스스로 할 수 있도록 안내하고 도와야 합니다. 가끔 전일제 돌봄전담사에게 절차를 알려 주기보다 내가 해치우는 것이 낫다고 생각하여 일을 도맡아 하는 담당 부장교사도 있습니다. 하지만 그러면 그 일을 다음 해에도 누군가 대신해 주어야 합니다. 그것은 전일제 돌봄전담사에게도 도움이 되지 않습니다. 전일제 돌봄전담사가 있는 이유는 관련 행정업무를 처리하라는 의미입니다. 담당부장이 있어도 교사들이 각자 자신의 업무를 하는 것과 마찬가지입니다. 다만 잘 모르는 부분이 있다면 부장교사로서 친절하고 자세하게 안내해 주어야 합니다.

부장교사는 절대 하고 싶지 않아요

30대 중반의 A 교사는 언제나 바쁩니다. 2시 넘어 애들이 가고 나면 혼자 교실에 머물다 4시 30분에 퇴근하는데 뭐가 바쁘냐고 하는 말을 들으면 한숨부터 나옵니다. 교사는 수업시간뿐 아니라 쉬는 시간에도 생활지도를 해야 하니 점점 화장실 안 가고 버티기의 달인이 됩니다. 학생들이 하교를 하고 난 다음은 어떨까요? 각종 회의와 다음 날 수업 준비로 퇴근 시간을 훌쩍 넘기는 일이 다반사입니다. 게다가 결혼을 했다면 퇴근 후 육아부터 집안일까지 또다시 바쁜 시간을 보내야 합니다.

그래서 A 교사의 목표는 정년이 되기 전에 교직을 그만두고 '쉼이 있는 조용한 삶'을 사는 것입니다. 그렇기에 단 한 번도 승진을 생각해 본 적이 없습니다. 그런데 최근 내년에 부장을 맡아 보라는 권유를 받았습니다. '에? 내가 왜? 난 절대!'라고 생각하며 참 어처구니없는 일이라고 생각했습니다. 하지만 옆 초등학교에서는 20대의 미혼 선생님도 부장을 맡았다고 하던데…. 아무튼 A 교사는 부장을 맡을 마음이 절대 없습니다.

학년 말이 되면 '이듬해에 몇 학년을 맡고 어떤 업무를 맡게 될 것인가'와 더불어 '누가 부장교사가 될 것인가'가 많은 선생님의 초미의 관심사가 됩니다. 이때 학년 배정은 기피 학년과 인기 학년이 존재하더라도 모든 학교들이 '인사자문위원회'에서 정해 놓은 원칙에 따라 학년 배정을 결정하기 때문에 큰 문제없이 이뤄지는 경우가 많습니다. 더불어 업무도 배정받은 학년의 지도 강도를 고려하여 배분하기도 하고, 배우고 돕는 마음으로 업무를 기꺼이 맡기도 합니다. 그래서 겉으로 드러나는 갈등이 크지는 않습니다.

하지만 보직은 조금 다른 문제입니다. 부장교사를 기피하는 분위기 때문에 '부장순환제'를 운영하는 학교도 매우 많습니다. 때문에 7만 원이라는 부장수당을 현실화하자는 의견도 나옵니다. 교직에서는 부장교사는 승진이 아닌 봉사의 개념이고, 교장, 교감, 장학사라는 직급이 되는 것만 승진이라고 여깁니다. 그리고 그 봉사는 승진을 위한 필수적인 과정입니다. 많은 교사들이 승진에 관심이 없으니 '부장교사'라는 봉사를 굳이 감당하려고 하지 않는 것이지요.

왜 교사들은 승진에 관심이 없을까?

많은 교사들이 승진에 관심이 없습니다. 저는 그 이유가 크게 두 가지라고 생각합니다.

1) 교직 사회의 수평적인 조직문화

교사는 다른 직업군에 비해 비교적 수평적인 조직문화를 갖고 있습니다. 교직 사회가 이런 수평적인 조직문화를 갖게 된 것은 '인식의 변화'와 '물리적 환경'의 영향 때문이라고 생각합니다.

과거에는 권위적이고 비합리적인 관리자들이 종종 있었습니다. 하지만 지금은 비교적 많은 관리자들이 권위주의를 버리고 교사와 학생, 학부모의 의견을 듣기 위해 노력합니다. 장학사 역시 마찬가지입니다. 초등학교 시절 '장학사'가 학교에 방문하면 학생들이 총동원되어 학교 안팎을 깨끗이 쓸고 닦았습니다. 장학사가 교장 위에 있는 대단한 사람이라는 인식이 그때는 있었던 것 같습니다. 하지만 정말 '라떼'가 된 이야기입니다. 지금은 교장, 교감, 장학사에 대해 역할이 다른 것으로 인식하는 것이 보통입니다. 또 교사들은 비교적 나이에 구애 받지 않고 동료 문화를 형성하곤 합니다.

더불어 초등학교 교사는 대부분 자신이 관리하는 '내 교실'에서 많은 시간을 보냅니다. 그리고 회의가 있을 때만 다른 동료들을 만납니다. 대부분의 시간을 교장, 교감 등 상사나 선배 교사와 분리되어 물리적으로 독립된 공간에서 머무르는 것이지요. 직장상사 및 동료, 후배와 같이 한 공간에서 근무하는 일반 회사와는 분위기가 사뭇 다릅니다.

2) 생각보다 바쁘고 힘든 직업, 교사

교사는 생각보다 신체적, 정신적으로 바쁘고 힘든 직업입니다. 세상에 힘들지 않은 일이 없음에도 유독 교사는 '아이들'만 가르치고 '방학'에는 쉴 수 있으니, 세상 편한 직업이라고 인식하는 사람들이 많습니다. 저도 교사가 되기 전에는 이 정도로 힘들 줄 몰랐습니다. 물론 교사로서 매우 만족스럽고 감사한 것이 많은 것도 사실입니다. 하지만 막연히 떠올리던 '선생님의 삶'과 내가 겪고 있는 '선생님의 삶'은 참 다릅니다.

속사정을 모르는 사람들은 '4시 30분이면 퇴근하는 직업, 자기 사무실(교실)을 갖고 있는 직업, 선생님 대접받으며 학생들을 가르치는 직업, 여자치고(?) 돈도 잘 벌고 연금까지 두둑한 직업, 무엇보다 꿀 같은 방학이 있는 직업'이라며 부러운 마음을 드러내곤 합니다. 하지만 실상은 '점심을 편히 먹지 못하는 직업, 화장실 가기도 버거운 하루 일과를 보내는 직업, 단 몇 분의 고요함도 존재하기 어려운 교실에서 생활하는 직업, 대접은커녕 학교폭력으로 맘고생이 익숙한 직업, 빡빡한 월급과 수령할 연금에 비해 엄청나게 연금을 떼어가는* 직업, 방학 없이는 단명할 것 같은 강한 업무강도의 직업'일 뿐입니다.

이렇듯 하루하루 많은 에너지를 써야 하는 교사이다 보니 학생을 잘 가르치는 것을 문서로 증명해야 하고 학생을 가르치는 것 외에 행정업무까지 능숙하게 해내야 하는 시간이 필수인 승진을 굳이 생각하지 않습니다. 게다가 어려운 승진에 욕심을 내다 보면 주변 선생님들에게 피해를 끼치기 쉬운데, 남에게 피해를 주는 것을 극도로 싫어하는 교사의 특성이 승진을 기피하게 만듭니다.

승진이 아닌 성장을 위한 선택, 부장교사

수평적인 조직문화와 물리적으로 독립된 공간에서 학생들과 정신 없는 하루하루를 보내다 보면 부장교사로의 승진(?)은 당연히 달가운 일이 아닙니다. 하지만 부장교사라는 직책이 비단 승진을 위한 선택만

---

* 교사의 연금 평균 수령 기간은 짧은 수명으로 인해 채 10년이 되지 않는다고 한다.

은 아닐 것입니다. 실제 부장교사로 일해 본 교사들은 한결같이 덕분에 교직 사회에서 일어나는 일들을 더 넓은 시야에서 바라보게 되었다고 이야기합니다. 타인에 대한 이해도가 증가하고 내가 속한 집단을 이해하게 되니 이해 부족에서 오는 불만과 불평도 적어졌다고 합니다.

제가 아는 40여 년 가까이 교직에 있었던 선배 교사는 단 한 번도 부장교사를 하지 않았다고 자랑스럽게 말하곤 했습니다. 그때마다 저는 솔직히 부럽다는 생각보다 복잡한 마음이 들었습니다. 그 선생님이 기피했던 부장교사의 역할을 누군가가 힘겹게 대신했을 테니까요. 그것이 어쩌면 교직에 들어온 지 얼마 되지 않은 신규 교사일 수도 있지 않았을까요? 물론 부장교사를 맡지 않았던 선생님들도 열심히 학급을 운영하고, 학년에 도움을 주고, 학교 일에 협조적인 좋은 교사였을 것입니다. 하지만 짧은 제 경험에 의하면 부장교사 역할을 해 보신 분들은 '책임에 따른 부담'을 경험하셨기 때문인지, 조직에 대한 이해도가 깊은 경우가 많았습니다.

부장수당을 현실적인 금액으로 인상하자는 의견도 있습니다. 저도 동의합니다. 하지만 동시에 동료 교사들이 조심해야 하는 부분이 있습니다. 바로 수당 많이 받는 부장이 일을 많이 하는 것은 당연하다는 단편적인 생각입니다. 학교에는 가르치는 일 외에도 처리해야 할 업무들이 꽤 많고 아무리 능력 있는 부장이라도 그 많은 일을 혼자 해낼 수는 없습니다. 그리고 부장수당 받는 부장이 당연히 해야 하는 일이 정해지는 것은 그리 바람직한 공동체 문화는 아닐 것입니다.

'○○부장은 일 처리를 왜 그렇게밖에 못할까?' '이 사안이 왜 그렇게 처리되어야 할까?' 이해되지 않는 상황을 이해하는 것은 힘들고 괴로운 일입니다. 하지만 내가 직접 책임감을 가지고 업무를 하다 보면, 일이라는 것이 여러 가지 상황들이 맞물려 진행된다는 것을 알게 되고 그러면 이해되지 않던 상황이 이해됩니다. 그렇게 타인과 상황에 대한 이해도가 높아지면 화가 조금은 덜 나는 행복한 교사생활을 할 수 있습니다.

학생들에게 봉사와 협력의 가치와 중요성을 가르치는 교사로서 부장이라는 보직을 통해 동료 교사들에게 봉사하고 협력하는 본보기가 되었으면 좋겠습니다. 부장을 굳이 순환제로 정하지 않아도, 부장할 사람이 없어 서로 눈치 보지 않아도 되는 학교가 되면 좋겠습니다. 이런 학교가 되려면 먼저 교장, 교감이 학교 업무를 잘 파악하고 있어서 누가 부장이 되더라도 방향을 설정하고 일을 진행하는 데 도움을 줄 수 있어야 합니다.

Tip

1. 서울교육포털(ssem.or.kr)
학교 일을 하는 데 필요한 설문 만들기, 통계 내기, 표절 검사 등 교사가 사용할 수 있는 정보가 많은 사이트입니다.

2. 인디스쿨 '멍멍쌤'(mungkhs.tistory.com)
인디스쿨에서 '멍멍쌤'으로 활동하는 분의 글을 찾아보세요. 이분이 만든 일일 계획 안내서가 자동으로 활성화되는 프로그램, 반 배정으로 출석부가 자동으로 만들어지는 프로그램, 미러링 활용이 가능한 가로 카메라 등 선생님들에게 유용한 프로그램을 만날 수 있습니다.

평교사로 퇴직 vs 관리자로 승진

문제 상황 ①

승진을 고민 중입니다. 노력한다고 된다는 보장도 없으니 더 고민이 됩니다. 사실 올해까지 해서 학년부장 2년과 업무부장 3년의 전문직 시험을 준비할 수 있는 최소한의 자격은 갖추었거든요. 그런데 자꾸 재테크에도 관심을 가질 수 있는 덜 지친 상태로 퇴근하고 싶다는 마음이 생깁니다. 철없는 생각일까요?

문제 상황 ②

승진 제도가 워낙 복잡해서 몇 가지 질문을 하고 싶습니다. 장학사 등을 거치지 않고 학교에서만 점수를 쌓아 승진하려고 한다면 보통 업무부장을 몇 년 정도 해야 교감 자격이 될 수 있을까요? 그리고 일정 점수에 도달하기만 하면 승진이 되는 시스템인가요?

문제 상황 ③

승진할 것인지, 지금처럼 학급운영에 최선을 다하면서 교직생활을 이어갈지 고민입니다. 학교의 다양한 업무를 경험해 보니 학년부장이나 특수부장도 그리 어렵게 느껴지지 않습니다. 그리고 교과 수업이나 아이들과의 관계도 만족스러워 교직이 제 적성에 잘 맞는다고 생각하고 있습니다.

그런데 30대 후반에 들어서면서 제 동기들 중 누구는 승진 점수를 차곡차곡 모아 놓고 있다는 이야기도 들리고 누구는 전문직 시험을 준비한다는 소식도 들리면서 계속 평교사로 교직생활을 이어갈지 교감, 교장으로 승진할지 고민이 시작되었습니다. 이런 고민을 선배 교사들에게 얘기하면 대부분 "계속 고민만 하다가 나이 먹고 땅을 치며 후회한다. 미리미리 전문직이나 승진을 준비해라"라고 대답합니다. 저는 학급운영이 교직의 꽃이라고 생각하지만 제 생각이 틀릴 수도 있다는 생각이 듭니다. 정말 어떻게 해야 할까요?

교직 사회는 평교사, 교감, 교장 3단계의 단순한 직위 체계를 갖고 있습니다. 그리고 대부분 교사는 교직의 수평적 관계가 큰 장점이라고 생각합니다. 교사는 수업을 주 업무로, 담당 업무를 부 업무로 수행합니다. 교감은 학교 행정 전반을 담당하고 교장은 관리자로서 학교를 대표하고 학교 운영을 책임집니다. 수업연구에 관심이 많은 교사는 일정한 자격시험을 거쳐 수석교사로 승진하기도 합니다. 수석교사는 담임 업무의 부담이 없으며 몇 시간의 수업과 동료 교사들의 수업 컨설팅이 주요 업무입니다. 하지만 수석교사로 승진하는 제도는 일부 희망하는 학교에서만 시행됩니다. 정리하자면 '2급 정교사→1급 정교사→수석 교사'로의 승진과 '평교사→교감→교장'으로의 승진으로 이원화되어 있는 것이지요. 그러나 대부분의 교사들은 교감이나 교장으로의 이동만을 승진이라고 생각합니다.

많은 교사들은 평교사로 퇴직합니다. 한편 교직 경력이 쌓이면 누구나 한 번쯤 평교사로 남을 것인지, 관리자로 승진할 것인지 고민합니다. 일반적인 의미의 승진은 현재 담당하고 있는 직무보다 책임과 권한이 한층 무거운 상위의 직위로 이동하는 것입니다. 승진은 사회적 평판이 높아지거나 급여가 증가하는 것이 보통입니다. 한편 교사의 승진은 자신의 교육적 이상을 실현할 기회임과 동시에 교사와 학생을 지원하는 학교 행정이 주 업무가 되는 것입니다.

초등교사는 대부분 학급 담임입니다. 교직수당과 더불어 담임수당을 받지요. 담임 업무는 나이스 학사처리, 학생 상담, 학부모 상담, 그리고 등교 지도, 쉬는 시간 생활지도, 급식 지도, 하교 지도 등 학생들의 생활과 밀접하게 관련되어 있습니다. 담임교사는 자신의 교육철학에 따라 교사와 학생, 학생과 학생 사이의 바람직한 관계를 위해 다양한 노력을 합니다. 또한 최소 6개 이상의 교과 지도도 병행합니다. 이처럼 다양한 일들은 담임교사를 힘들게도 하지만 이런 힘든 일을 통해 교사로서의 보람을 느끼기도 합니다. 학생은 교사를 존경하고 교사는 학생을 사랑으로 지도하는 과정에서 진정한 스승과 제자의 관계를 경험할 수 있는 것이 담임교사가 누릴 수 있는 최고의 보람입니다.

교실에서 아이들과 함께 지내는 것이 좋고 학생들을 가르치는 것에 더 가치를 두는 교사에게는 교감, 교장으로의 승진이 매력적일 수 없습니다. 수업연구나 수업방법에 관심이 많은 교사는 수석 교사로의 승진이 더 좋을 것입니다. 한편 학교 행정업무와 교사와 학생을 지원하는 것이 적성에 맞는 교사는 학교 관리자로 승진하는 것이 좋은 선택입니다. 단 과거의 권위적인 관리자가 아니라 학교의 리더로서 헌신하고 봉사하는 교감, 교장이 되어야 합니다. 자신의 성격, 취미, 적성에 따라 평교사로 퇴직하는 것과 교감, 교장으로 퇴직하는 것에 우열이 있을 수 없습니다. 관리자인 교감, 교장이 평교사를 낮춰 보아서는 안 되고, 평교사라고 교감, 교장을 부러워할 필요도 없습니다.

우울하다면 자신의 마음을 돌보세요

문제 상황 ①

올해 교직 9년 차인 A 교사는 요즘 사는 게 정말 재미가 없습니다. 아침에 일어나 학교에 출근할 생각을 하면 우울해집니다. 때로는 교통사고라도 나길 바라는 자신을 발견하고 깜짝 놀랍니다. 자주 교직이 내 적성과 맞지 않는다는 생각이 들고 그만두고 싶은 순간도 한두 번이 아닙니다.

담임교사인 나의 기대와 다르게 행동하는 반 아이들을 볼 때마다 무력감을 자주 느낍니다. 신학기를 시작한 지 한 달밖에 지나지 않았는데 학생들이 담임인 저를 무시하는 것 같고, 동학년 선생님들과의 관계도 소원합니다. 교직생활이 만족스럽지 않으니 평소 일상생활도 엉망인 것 같고 다른 사람을 만나거나 이야기하는 것도 싫어집니다.

하지만 내가 진정으로 원하는 것은 무엇일까 생각해 보면 결론은 학교에서 아이들과 잘 지내며 행복감을 느끼는 것입니다.

문제 상황 ②

우울증은 남의 얘기라고만 생각했는데 저에게도 불쑥 찾아왔습니다. 제 마음을 제대로 바라보지 않은 채로 감정을 꾹꾹 눌러 참다 보니 우울감을 넘어 이제 몸에까지 이상 증세가 나타났습니다. 연가나 병가를 쓰고 병원을 다니면서 몸과 마음을 추스리고 싶은데 교무부장이라 이마저도 쉽지 않습니다.

　

최근 초등교사 커뮤니티에는 교사들을 곤혹스럽게 하는 다양한 사례가 매일 올라옵니다. 학급운영은 점점 어려워지고 학교폭력은 발생하면 쉽게 해결되지 않고 지나친 학부모 민원은 점점 많아지니 교사들이 자존감을 지켜 내는 일이 더욱 어려워집니다. 무엇보다도 학생들이 교사를 존경하지 않고, 지도 차원에서 한 교사의 말과 행동을 인권침해나 아동학대로 신고하는 경우도 생깁니다. 교사는 학생, 학부모, 동료라는 다양한 인간관계 속에서 지내야 합니다. 어느 해는 원만하게 잘 지낼 수 있어 만족스러울 때도 있지만, 어느 해는 교직을 그만두고 싶을 만큼 절망적일 때도 있습니다.

행복한 교직생활을 위한 여섯 가지 방법

교사들은 언제 행복할까요? 아마도 대부분의 교사들은 자신을 믿고 따르는 학생들과 즐거운 학교생활을 할 때 행복하다고 할 것입니다. 그렇다면 행복한 학교생활을 위해 교사들은 어떤 생각과 자세로 학생들을 만나야 할까요?

1) 교사 자신의 마음 상태와 성향을 파악한다

먼저 교사 자신의 마음 상태와 성향을 찬찬히 들여다보는 노력이 필요합니다. 나의 성격, 상황 대처 방식, 교직에 대한 가치관, 학생들을 바라보는 관점, 동료 교사를 대하는 태도 등을 생각하며 반성할 것은 없는지 살펴봅니다. 만족스러운 학교생활을 하려면 위 요소들 중에서 어떤 부분을 살리고 어떤 부분을 고치거나 버려야 하는지 돌아보는 것이지요.

2) 사회와 학생의 변화를 받아들이려 노력한다

지금은 4차 산업혁명, AI 융합, 다문화, 다양화 시대입니다. 또한 우리나라는 선진국 대열에 합류하면서 인권 의식이 높아졌습니다. 이에 따라 시민이 범법 행위를 저질렀을 때에도 과도한 공무 집행을 하다 인권을 침해하면 비난받거나 처벌을 받는 시대입니다. 학생과 교사의 관계도 이러한 사회적 변화에 영향을 받고 있습니다.

학생들은 매일 다양한 장소와 시간 속에서 선생님을 만납니다. 학교, 학원, 방과 후, 학습지, 돌봄 등 아이들이 만나는 선생님은 많습니다. 그중 하나가 학교에서 만나는 담임교사입니다. 학생들은 이제 더이상 담임 선생님이라는 이유로 그를 존경하거나 그의 지도에 순순히 따르지 않습니다. 따라서 이러한 변화를 인식하고 학생과의 관계를 새롭게 정립하는 노력이 필요합니다.

학생들은 학교라는 공간에서 자신을 표현하고 성공 경험을 쌓고 싶어 합니다. 그러나 안타깝게도 학교는 학생들의 욕구를 충분히 만족시켜 주지 못합니다. 그러므로 선생님은 욕구가 좌절된 학생들의 마음을 이해하고 공감의 대화로 이끌어야 합니다. 학생들은 선생님에게 이해를 받고 싶은 마음을 반항으로, 문제행동으로 드러내고 있는 것인지도 모릅니다.

3) 학생들의 낯선 생각과 문화를 이해한다

13세 이하인 초등학생들과 이들을 교육하는 교사들은 나이가 적어도 10년 이상 차이가 납니다. 당연히 교사들이 아이들의 문화를 이해하고 소통하는 것이 쉽지 않습니다.

교사들이 자랐던 시대와 지금 학생들이 살아가는 시대는 많이 다릅니다. 초등학교 입학 전부터 또래 친구들과 신나게 노는 시간보다 학원, 학습지, 개인 과외 등을 하며 많은 시간을 보냅니다. 동네나 마을에서 자연스럽게 친구들과 어울리면서 배우는 또래관계 형성이나 갈등 해결 과정을 충분히 경험하지 못합니다. 때문에 아이들은 교사의 지도에 대한 수용력과 반 친구들과 원만한 관계를 맺는 능력이 부족합니다.

이런 아이들을 데리고 1년 동안 학급을 운영하는 일이 쉽지는 않습니다. 하지만 반 학생들의 생각과 문화를 이해하기 위해 꾸준히 소통하려는 노력을 계속한다면 교사와 아이들이 모두 행복한 학급생활이 가능하지 않을까요? 부디 마음을 열고 아이들과 많은 이야기를 나눔으로써 그들의 또래문화에 녹아드는 선생님이 되기를 응원합니다.

4) 1년 동안 관계 맺기 프로그램을 실천한다

초등교사의 대부분은 담임입니다. 이는 교사가 학생들의 생활과 아주 밀접한 관계를 맺고 있다는 의미입니다. 교실 속 학생들의 말과 행동은 담임교사와 다른 학생들의 영향을 많이 받습니다. 이는 담임교사와 학생들이 1년 동안 지속적인 관계를 맺으며 서로 영향을 주고받기 때문입니다. 따라서 학년 초에 담임교사와 학생들의 관계 맺기 프로그램을 정하여 1년 동안 꾸준히 실천할 것을 추천합니다. 원만한 관계 맺기는 상대방을 잘 아는 것에서 시작하므로, 담임교사는 반드시 아이들의 정서 발달 단계와 개인적 특성, 또래관계, 학습 상황 등에 대해 이해하는 시간을 먼저 가져야 합니다.

학급에서 서로 존중하고 배려하는 분위기를 형성할 수 있는 다양한 관계 맺기 프로그램들이 있습니다. 높임말 쓰기, 버츄 프로젝트, 학급 긍정훈육법, 비폭력 대화, 회복적 생활교육, 사회적 기술, 교실 속 직업놀이, 어울림 프로그램 등이 대표적입니다. 담임교사의 선호와 실천 역량에 따라 한두 가지 프로그램을 선택해 1년 동안 꾸준히 실천하기를 바랍니다.

5) 교사와 학생이 함께 행복할 수 있는 활동을 찾는다

저는 6학년 학년부장을 하면서 남학생들과 축구 스포츠클럽 활동을 할 때 정말 행복했습니다. 신체활동 욕구가 왕성한 6학년 남학생들과 함께 10년 동안 학교 대항 대회에도 참가했지요. 교사가 좋아하고 잘할 수 있는 교육적 활동을 학생들과 함께 꾸준히 하는 것은 깊은 행복감을 느끼게 합니다. 십자수, 음악 감상, 글쓰기, 사진 찍기, 그림 그리기, 스포츠활동 등 다양합니다. 서울의 경우 '꿈실교실'이나 '사제멘토링'을 신청하면 필요 물품을 구입할 수 있는 예산도 지원받습니다.

"행복은 강도가 아니라 빈도에 있다"는 말이 있습니다. 학생들과 함께 주기적으로 즐기는 교육활동을 통해 소소한 행복감을 느끼기 바랍니다.

6) 개인의 취미활동을 꾸준히 실천한다

선생님은 좋아하는 취미활동이 있나요? 없다면 이제라도 해 보고 싶었지만 하지 못했던 취미에 도전하길 권합니다. 분명한 결과를 확인할 수 있어 성취감을 맛볼 수 있는 취미활동이라면 더욱 좋습니다. 블로그 글쓰기, 악기 연주, 운동, 요리 등이 있겠지요.

나의 행복을 위해 도움을 요청한다

교직생활의 행복은 각자 스스로 만들어 가야 합니다. 아이들이, 학부모가, 관리자가, 교육청이, 동료 교사가 힘들게 해도 나는 행복할 권리가 있습니다. 교직생활하면서 우울감을 자주 느낀다면 자신의 노력과 함께 주변 사람들의 도움이 반드시 필요합니다. 언제나 나를 지지하고 도와줄 지인을 찾아보세요. 절대 혼자서 끙끙대지 마세요. 병은 온 동네에 소문을 내야 한다는 말도 있습니다. 우울감을 초래한 원인(악성 민원, 교실 내 문제행동, 학교폭력 등)에 따라 '긴급 피난(회피가 아님, 병가나 연가 신청)→휴식→정신적, 육체적 회복'의 과정 혹은 '상황 직면→원인 분석→해결방법 모색→적극적 대응→해결'의 과정을 실천하기를 권합니다.

최근 교사의 업무포털 메인화면에 인사혁신처에서 만든 '정신건강 자가진단' 코너가 생겼습니다. 여기서는 우울증, 불안장애, 스트레스,

알코올 중독 네 가지 항목에 대해 10개 이내 문항의 답을 통해 자가 진단을 할 수 있습니다. 진단 결과 보기를 통해 테스트 점수가 나오고 해당 점수에 따른 설명을 볼 수 있습니다. 자가진단 결과, 전문가의 상담이 필요하면 '공무원 마음건강센터'에 대한 안내를 받게 됩니다. 또한 전국의 정신건강 관련 기관 연락처도 열람할 수 있습니다.

벨기에 극작가 모리스 메테를링크가 쓴 《파랑새》는 틸틸과 미틸이 요정의 부탁으로 파랑새를 찾아 모험을 떠나지만 결국 빈손으로 집에 돌아오고, 다음 날 집에 있던 새가 바로 파랑새라는 사실을 알게 된다는 이야기입니다. 이 이야기는 '행복은 나의 밖에서 찾을 수 있는 것이 아니라 이미 내 안에 있는 것을 끄집어내는 것'이라는 교훈을 줍니다.

파멜라 메츠의 《배움의 도》에는 교사의 역할에 대한 내용이 나옵니다. 슬기로운 교사가 가르칠 때 학생들은 그가 있는 줄을 모릅니다. 다음 가는 교사는 학생들에게 사랑받는 교사고, 그 다음 가는 교사는 학생들이 무서워하는 교사입니다. 가장 덜된 교사는 학생들이 미워하는 교사입니다. 교사가 학생을 믿지 않으면 학생도 그를 믿지 않습니다. 배움의 싹이 틀 때 그것이 잘 자랄 수 있도록 믿고 거들어 주는 교사라면 학생이 진작부터 알던 바를 스스로 찾아낼 수 있도록 도울 수 있습니다. 슬기로운 교사가 그렇게 도움을 주고 나면 학생들은 말합니다. "야, 대단하다! 우리가 해냈어."

교사는 틸틸과 미틸이 마침내 자신의 집에 있던 파랑새의 존재를 스스로 깨달았던 것처럼 학생들이 자신이 가진 것들을 스스로 발견할 수 있도록 도움을 주는 사람입니다.

행복한 교실은 아이들의 마음 상태와 성향이 교사와 다름을 인정하고 존중하는 것에서 출발합니다.

Tip

1. 교사의 직무 수행 과정의 어려움은 적극적 대응과 올바른 대처로 반드시 해결될 수 있다는 확신이 중요하다.
2. 우울증은 '자존감→자신감→자기 효능감'의 단계를 거쳐 극복된다.
3. 가장 가까운 사람들, 특히 가족의 지지와 도움을 받아라.
4. 학급운영 실천 사례 도서, 마음챙김 명상 유튜브, 우울증 극복 사례, 법륜 스님 즉문즉설(교사편) 등 다양한 자료를 활용하라.
5. 건강이 최우선이다. 건강에 이상이 온다면 돌이킬 수 없다.
6. 필요할 때 병가나 연가를 사용하는 것은 교사의 권리다.
7. 학교는 내가 없어도 매우 정상적으로 잘 운영된다.
8. 내가 스스로를 돌보지 않는다면 주변 그 누구도 나의 어려움을 이해하거나 도와주지 않는다. 또 도움을 요청하지 않으면 관심도 없다.
9. 우울증은 병원 진료도 필요하지만 자신의 극복 의지가 절대적이다.
10. 믿을 수 있고 나를 지지해 주는 선후배와 동료 교사에게 조언을 구하라.

참고

1. 기막힌 쌤의 진짜 교직 실무 '아플 땐 참지 말고 병가를 신청하세요' (youtube.com/watch?v=Nn6xvRQtcX0)
2. 법륜 스님, 《행복한 출근길》, 김영사, 2009

1학년 담임은 극한 직업?

문제 상황 ①

1학년 담임입니다. 친구의 행동에 대한 반 학생들의 고자질이 너무 심합니다. 고자질하지 말라고 여러 번 지도했지만 고쳐지지 않습니다. 어떻게 해야 하나요?

문제 상황 ②

안녕하세요. 30명 넘는 1학년 학급의 담임을 맡은 9월 발령 초임 교사입니다. 1학년이 원래 이렇게 힘든 걸까요, 아님 제가 지도력이 부족해서 그럴까요? 1학년 지도와 관련된 좋은 사이트나 책, 영상 등을 추천해 주세요.

문제 상황 ③

1학년을 맡았는데 정신이상이 올 것 같습니다. 너무 힘들고 매일 학교 오는 길 내내 마음이 무겁고 화가 납니다. 고학년 담임일 때는 가끔이라도 학교에 오는 것이 즐거웠는데, 올해는 일요일 저녁부터 기분이 우울해집니다. 다음 날 학교에 가기 싫어서 말이지요. 가끔 학생들이 제 말을 너무 듣지 않으면 화가 폭발하다 못해 학생을 체벌하고 싶은 마음이 굴뚝같습니다. 저 정신과에 가봐야 할까요?

오늘 점심시간에 밥을 먹다 저도 모르게 눈물이 났습니다. 1학년이 힘든 줄은 알았지만 정말 너무 힘들어요. 자기 마음대로 되지 않으면 바닥에 누워 소리 지르는 아이, 수업시간에 교실보다 화장실 가 있는 시간이 더 많은 아이, 모든 말을 소리 지르며 하는 아이, 돌아다니며 이리저리 시비 거는 아이, 화를 참지 못해 소리 지르고 때리는 아이, 이 아이들을 참을 수 없어 하나하나 이르는 아이. 우리 반 아이가 집에서 '선생님이 불쌍하다'고 했다는 학부모님 말씀을 듣고 이 교실에서 가장 작은 존재가 되는 것 같았습니다. 매일 준비한 수업의 반도 못하고 업무까지 벅찹니다. 더 늦기 전에 그만두는 것이 나을까 심각하게 고민 중입니다. 정말 버티기가 너무 힘드네요.

저경력 교사인데 1학년을 2년째 하고 있습니다. 3~4월에는 아이들이 너무나 벅차서 힘들었는데, 6월쯤 되니 아이들이 제 말 한마디에 착착착 잘 따라옵니다. '선생님 사랑해요~', '선생님 좋아요~' 얘기해 주는 아이들이 너무 사랑스럽습니다. 내년에 또 1학년을 맡을까 고민 중인데, 그러면 내년 3월에는 분명 후회하겠지요? 그러니 참아야겠지요?

1학년은 유아기(만 1세~6세)를 거쳐 아동기(만 7세~12세)가 시작되는 시기입니다. 아동기는 신체적 발달이 왕성하고 놀이를 통해 학습을 이해하고 사회성을 기릅니다. 더불어 정신적 성장이 시작됩니다. 교과 지식과 함께 안전한 생활태도, 친구관계 맺기, 상황에 알맞은 행동양식을 체득하는 것이 중요합니다. 1학년 학부모들은 대부분 자녀의 학교생활에 관심이 많습니다.

교사들은 모두 학생과 잘 소통하고 수업과 생활지도를 잘하고 싶어합니다. 그러니 교사의 의도대로 따르지 않는 학생들을 보면 안타깝고 심지어 괴롭기까지 합니다. 이러한 반응은 문제해결을 어렵게 할 뿐만 아니라 교사의 정신건강에도 해롭습니다.

교직생활을 하면서 힘든 고비가 찾아왔을 때 이렇게 생각해 보면 어떨까요? '지금까지 잘해 왔어! 지금 겪는 어려움은 곧 지나갈 거야! 내 책임이라고 괴로워하거나 자책하는 것은 전혀 도움이 되지 않아! 그러니 어려움을 해결하기 위해 지금 할 수 있는 것을 해 보자! 왜 이런 일이 벌어졌을까? 내가 할 수 있는 일과 다른 사람의 도움이 필요한 것을 구별해 보자. 나는 어떤 것을 해야 하지? 학부모에게는 어떤 부탁을 해야 할까? 내가 겪는 문제를 도와줄 수 있는 동료 교사는 누가 있을까? 교육지원청에는 어떤 지원 프로그램이 있을까? 무엇보다도 중요한 것은 스스로 자책감을 가지면 안 된다는 거야! 정신 차리고 눈을 부릅뜨고 이 문제를 꼭 해결해 보자!' 이렇게 용기를 내 봅시다.

초등 1학년 담임은 극한 직업?

〈극한 직업〉은 다양한 직업의 세계를 다큐멘터리 형식으로 보여 주는 인기 프로그램으로 주로 육체적 피로가 크고 높은 숙련도가 필요한 직업을 소개합니다. 예를 들어 원양어선에서 참치를 잡는 사람, 약초를 캐는 사람, 말벌집을 제거하는 사람, 유리 가공하는 사람 등 작업 환경이 열악하고 직업 수행 중 다칠 위험이 큰 직업들이지요. 그런데 2018년에는 '초등학교 1학년 선생님'이 극한 직업으로 소개되었습니다. 정신없이 하루를 보내는 초등 1학년 담임의 애환(?)을 절실하게 느낄 수 있는 프로그램이었지요. 하지만 저는 의아했습니다. 해맑고 예쁜 아이들에게 꿈과 희망을 주는 선생님이 과연 '극한 직업'이 맞을까요?

앞의 다양한 사례에서 보듯 1학년 담임은 6학년 담임과 더불어 교사가 힘든 학년으로 꼽힙니다. 하지만 초등교사라면 1학년 담임을 피해 갈 도리가 없습니다. 정년까지 거의 40년을 학교에서 근무하다 보면 한 번이라도 1학년 담임을 맡을 수밖에 없으니까요.

1학년 담임의 마음 자세

초등 1학년 담임은 어떤 마음을 갖고 어떤 방법으로 학급을 운영해야 할까요?

1학년 학생들은 초등학교라는 사회의 출발선에 있습니다. 따라서 1학년 담임은 다른 학년과 다르게 초등학교 생활에 필요한 기초적인 행동을 가르쳐야 하는 어려움이 있습니다. 학교 규칙이나 학급 규칙에 따라 집단 활동을 할 수 있도록 도와야 하고, 학습의 기초도 잡아 줘야 하는 중요한 시기입니다. 연필 잡는 법, 젓가락 사용법, 화장실 사용법, 급식 받고 먹는 법, 잔반 처리하는 법까지 담임이 하나하나 지도해야 합니다. 아이들은 심지어 방과 후 수업시간까지 담임교사가 도와주기를 바랍니다. 각자의 개성을 드러내며 자신의 욕구와 마음을 담임교사가 헤아려 주기를 바라기도 하고요. 이렇게 보니 1학년 담임이 어렵고 힘든 것을 넘어서 극한 직업이라고 불릴 만합니다.

1학년 학생들은 담임교사를 통해 사회를 이해하고 타인과 관계 맺기를 배웁니다. 자신에 대한 담임교사의 긍정적 피드백을 통해 인간관계는 신뢰와 믿음이 중요하다는 것을 배웁니다. 3~5월까지 유아기의 티를 벗지 못했던 학생들이 6월 이후가 되면 어느 정도 상황 판단을 하는 사람이 되는 기적(?)이 일어납니다. 이런 보람 때문에 1학년 담임을 즐겁게 맡는 교사들도 꽤 있습니다.

1학년 담임의 생활교육

1학년 담임은 아이들의 발달단계에 맞는 생활교육 방법을 알아 두어야 합니다. 1학년 학생들은 주변 환경에 관심이 많습니다. 학급 친구에 대한 관심도 많고 담임교사에게 신뢰와 인정을 받기 원합니다. 그래서 담임교사에게 시도 때도 없이 친구의 잘못을 이야기합니다. 이럴 때는 다음의 표를 참고해 고자질과 알리기(신고)의 차이를 구체적으로 지도합니다.

고자질		알리기(신고)
누군가를 곤경에 빠뜨려 비난받도록 하는 일		누군가 다칠 수 있는 상황을 막기 위한 일
혼자 해결하거나 무시할 수 있는 일	VS	해결하려면 어른의 도움이 필요한 일
학급의 친구가 다치지 않는 일		학급의 친구가 다칠 수 있는 일
우연히 벌어진 일		이유가 있는 일
별로 중요하지 않은 일		중요한 일

그리고 아이들이 고자질을 많이 하는 것은 담임교사가 부정적인 내용에 더 적극적으로 반응하기 때문이라고 생각합니다. 담임교사가 긍정적인 내용에 더 적극적으로 반응하면 고자질을 줄일 수 있습니다.

초등학교는 유치원이나 유아학교와 다르게 학교 규칙이나 학급 규칙을 반드시 지킬 것을 요구합니다. 수업시간과 쉬는 시간이 정해져 있고, 급식은 모든 학급이 교실에서 먹거나 학교 식당으로 이동하여 먹습니다. 그리고 초등학교는 건물과 교실의 공간 구조와 배치가 다릅니다. 특히 복도는 신체활동 욕구가 왕성한 1학년 학생들이 전력 달리기를 하기에 딱이지요. 하지만 안전을 위해서 반드시 제재해야 합니다.

1학년 담임교사는 생활교육을 위해 자세하고 구체적인 방법을 고민해야 합니다. 제가 1학년 담임교사를 할 때 동학년 교사들과 함께 만든 생활교육 ppt를 공유합니다.[*]

마지막으로 1학년을 둘러싼 환경과 학생 배정방법을 고민해야 합

---

[*] (초등)저학년 생활교육(1) (cafe.naver.com/ket21/12930)

니다. 입학식 전 예비소집 기간에 정서행동 검사, 기질 검사, 성격 검사 등을 통해 학생의 정서 부분을 파악하여 학급을 배정하면 좋겠습니다. 서울의 일부 학교에서는 학교 예산으로 입학 전 학부모 동의를 받고 성격 검사를 실시해 이를 참고하여 학급을 배정합니다. 해당 학교 교사에게 문의하니 많은 도움이 된다고 하더군요.[*]

또한 1학년의 특수성을 감안하여 학급당 배정 인원을 줄이는 방법을 건의하고 싶습니다. 현재는 모든 학년의 학급당 인원이 비슷하지만 학년에 따라 조정하면 교육의 질을 향상시킬 수 있다고 생각합니다. 이것은 교사 수급 정책과 맞물려 있어 쉽지는 않겠지만 의지만 있다면 쉽게 실행할 수도 있을 것입니다.[**]

---

[*] 한국가이던스 레이븐지능발달검사, KCYP 아동청소년인성검사
[**] '세종시교육청 초등학교 1학년 학급당 학생 수 20명 시대', 〈충청투데이〉, 2021.9.27

7
아이가 제 능력 밖인 것 같아요

도저히 제 능력으로는 이 학생들을 다룰 수가 없습니다. 하루에도 몇 번씩 다투고 수업을 방해하고 교실을 나가 학교를 배회하는 행동을 합니다. 학급 교육활동은 무너지고 제 심신도 지칠대로 지쳤습니다. 이 아이 때문에 병원까지 다니고 있습니다. 아이의 반을 바꾸면 안 될까요?

- 3학년 A 학생은 평소 학교생활이 산만하기로 유명하다. 수업에 집중하지 못하는 것은 기본이고 발을 구르거나 종이를 찢고 책상에 낙서하는 등의 행동으로 수업을 방해하는 일을 계속 반복한다. 친구들과 잘 어울리지 못해서 자기 마음에 들지 않으면 툭 치거나 주먹이 나가고 꼬집고 욕을 하는 등 공격적인 행동 경향도 있다. 또 친구의 일에 간섭하기를 좋아해 자주 문제 상황을 만든다.

- 학급 내에서 만만해 보이는 친구를 괴롭혀서 자주 다툼으로 이어진다. 선생님이 제지하고 훈육하면 더 흥분하는 경향이 있으며 종종 교실을 뛰쳐나가 운동장을 배회한다. 이럴 때마다 교사는 A 학생의 안전이 걱정되어 아이를 찾느라 진땀을 흘리고, 결국 정상적인 수업과 학급운영이 불가능해진다.

- A 학생은 방과 후 돌봄교실에서도 비슷한 경향을 보이고 돌봄전담사 역시 담임과 같은 하소연을 한다.

- A 학생의 수업 방해와 개인적인 다툼으로 피해를 입은 다수 학생들의

학부모는 담임에게 대책을 마련해 달라는 민원을 제기한다. A 학생과 짝이 되는 것 절대 반대, A 학생의 반을 옮겨 달라, A 학생의 학부모 전화번호를 알려 달라 등 항의가 심각한 상황이다.

저는 학급운영이 점점 어려워지고 교육활동을 위한 에너지가 모두 소진되어 학교 출근이 싫어지고 그 학생을 피하고 싶은 마음뿐입니다. 도와주세요.

생활교육이 어려워 기피하는 학년이 점점 낮아지고 있습니다. 요즘은 저학년에서도 문제행동을 하는 학생이 많아지고 있기 때문입니다. 게다가 저학년은 막무가내로 떼쓰기, 집으로 가기 등의 행동은 물론이고 문제행동을 제지하면 바닥에 누워 울어 버리는 경우도 있습니다. 저학년의 특성일 수도 있으나 담임교사 입장에서는 참으로 난감할 일입니다. 사례 역시 비슷한 경우이지요. 그러나 담임교사가 우울증으로 병원에 다닐 정도의 어려운 상황이라 해도 학생의 반을 바꾸는 것은 바람직한 해결책이 아닙니다. 아이들 교육에서 폭탄 돌리기란 있을 수 없기 때문입니다.

이런 상황은 쉽게 해결될 수 없습니다. 담임교사가 혼자 해결할 수 있는 것도, 가정에서 훈육으로 해결할 수 있는 것도 아니고요. 학생에 대한 입체적인 진단을 실시하고 담임, 학부모, 전문가들이 모여 솔루션을 만들고 장기간에 걸쳐 적용해야 해결을 향해 한 걸음씩 나아갈 수 있습니다. 학생 상담, 부모 상담, 교사 상담 등 입체적인 상담을 통해 무엇이 문제인지 정확하게 진단해야 합니다.

학생, 학부모, 담임교사에 대한 상담과 그 결과

사례의 학생을 18회기에 걸쳐 전문 상담사가 상담한 결과는 아래와 같습니다.

- 학생의 자존감은 낮은 편이며, 자기 표현을 부적응적 방법으로 하는 경향이 있다. 타인의 마음 읽기를 어려워하고 자신이 원하는 상황이 아닌 경우 부적절한 방법으로 상황을 회피하는 행동을 보인다.
- 친구들과 좋은 관계를 맺고자 하는 욕구에 비해 또래관계 기술이 매우 부족하여 어린 동생들과 놀며 상황을 자신에게 유리하게 이끌어 가길 원한다. 자기 주장이 강한 친구와의 사이가 좋지 않을 수 있으며, 추후 지속적인 상담이 필요하다.
- 자기 인식과 타인 인식의 과정이 필요하며 작은 성취감을 경험함으로써 자존감이 향상되도록 주변의 도움이 필요하다. 또한 양육에 대한 부모교육이 필요하다고 생각된다.
- 곤충이나 벌레 잡는 것을 좋아해 이를 가지고 놀며 친구들을 괴롭히는 수단으로 사용하기도 한다.

전문 상담사가 부모를 만나 사례 학생에 대한 상담을 진행했으며 내용은 아래와 같습니다.

- 부모는 모두 40대 중반으로 맞벌이 부부이며 중산층의 지위를 유지하고 있다.
- 학생은 네 살에 겨우 말을 하기 시작하는 등 언어유창성 부분의

어려움으로 행동이 거칠고 산만하여 유치원 때인 다섯 살 무렵 병원 진료를 받은 적이 있다. 이때 모든 문항에 "똥"이라는 답변으로 일관하고, 컴퓨터 채점 도중 상담실 공기가 역겹다는 부정적 투사방법을 써서 뛰쳐나와 정상적 진단이 어려웠다.

- ADHD가 의심되어 약물을 복용했지만 두통이 심하다고 하여 일방적으로 복용을 중단한 상태다. 실제 두통이 심했는지에 대해 의심해 볼 여지가 있어 보인다. 주 양육자인 조부모는 규율 없이 지나치게 허용적이라 아동이 주도권을 행사하는 역할전도 현상이 나타난다.

- 학생은 경계선급 지능 및 ADHD가 의심되며 학습에 필요한 모든 기본 능력이 매우 저조하다. 워킹 메모리인 작업기능과 시각적 주의력 및 청각적 주의력, 추리 능력, 시공간적 추론 능력 등의 모든 기능도 떨어지지만, 특히 행동 억제력이 현격히 뒤떨어진다. 이런 특성은 학교생활이나 또래관계 상황에서 차례를 기다린다거나 타인과의 정서적 교류가 어려운 상황에서 행동장애로 인한 공격성을 유발한다. 학교에서 폭력적 성향을 보일 소지가 강하며 상황을 교묘하게 이용하여 교사나 학업 상황을 자신에게 유리하도록 통제, 조절하려는 것으로 분석된다.

- 일상생활에서도 타인의 권리나 입장을 침해하고 사회기준이나 규범을 위반하는 행동을 반복적, 지속적으로 시행하는 행동장애를 드러낼 것으로 보인다. 이는 파괴적이고 폭력적인 행동 패턴으로 규칙을 준수하기 힘든 문제가 발생할 수 있다. 아동은 행동 및 유전된 정서적 문제(실제 아버지 쪽에 선례가 있다고 함)로 인해 규

칙을 따르고 사회적으로 인정되는 방식으로 행동하기가 어려워 다른 사람들의 권리를 침해하는 공격적이고 파괴적이며 기만적인 행동을 할 수 있다.

- 고학년으로 갈수록 권위적 인물, 특히 교사와의 관계에서 문제가 지속적으로 발생할 것으로 보인다.

- 돌봄전담사에게 "죽여 버리겠다"는 식의 폭언을 서슴지 않고, 모든 규칙을 어기며 수업시간에도 자신만 열외가 되기를 고집할 것으로 보인다. 특히 통제 욕구가 매우 높아 모든 상황이 자기중심적으로 돌아가지 않을 때 적대적 공격 성향이 즉각 발현되어 나타날 수 있다.

학생과 학부모의 상담 결과는 다음과 같습니다.

- 학생

① ADHD, 발달지체. 분노조절의 어려움이 보이고 행동장애 징후가 완연하며, 향후 적대적 반항장애ODD: Oppositional Defiant Disorder 가능성이 있다.

② 조만간 학교나 또래관계에서 공격적 상황을 초래하여 학교폭력 발생이 우려된다.

③ 선제적 대응 차원에서 약물복용 및 심리치료가 필요함을 학부모에게 상세히 설명한다.

- 아버지

아버지는 아동의 문제에 이해가 깊고 협조적이나 아동 관리나 통제가 어렵다.

- 어머니

  어머니는 교사와의 신뢰 관계가 부정적이고, 아이의 문제는 인지하나 치료에는 적극적이지 않다. 때문에 학교생활과 정서적 발달에 걸림돌이 될 수 있다.

선생님과의 상담을 통해 학급 상황과 선생님의 내면을 들여다볼 수 있었으며 내용은 아래와 같습니다.
- 새 학년이 되어 학급을 잘 운영해 보려는 의욕이 있어 적극적으로 대응하였으나 번번이 난관에 부딪혀 좌절의식이 쌓였다.
- 학부모와 상담하였으나 학생에 대한 무관심과 의욕 부족, 그리고 맞벌이라는 이유로 조부모에게 양육을 떠맡기는 태도로 인해 부모에 대해 상당한 실망감이 생겼다.
- 문제학생으로 인해 교육활동에 대한 자존감이 떨어지고 피해를 받은 학생들의 학부모가 제기한 민원에 시달려 정신적인 흔들림과 우울증이 수반되었다.
- 교실에 들어가는 것이 두렵고 학생을 회피하고 싶고 무기력증이 생겨 병원 치료를 받고 있다.

상담 결과를 바탕으로 조금씩 변화를 일으키다

전문 상담사가 학생, 학부모, 담임교사와 상담하여 문제 상황을 진단했습니다. 문제 상황의 중심에는 학생이 있습니다. 학생은 어려서

부터 주의산만과 분노조절의 어려움이 있었으므로 전문 상담사 또는 의사의 도움을 받아 약물치료와 정서치료, 심리치료를 병행해야 합니다. 학부모는 문제 상황을 명확히 인식하여 어떻게 이를 개선할 것인지에 대해 생각을 공유하고 지속적인 관심과 개선을 위한 실천을 실행해야 합니다. 그리고 학교는 학생에게 전문 상담 등 필요한 지원을 하고 학생의 변화를 위한 부모교육도 실시해야 합니다. 부모교육은 담임교사가 아닌 상담 전문가의 도움을 받아 진행합니다.

학생은 일반 학생과 정상적인 관계를 만들기 위한 내적인 면에서의 회복 과정도 필요합니다. 학생은 어린 시절부터 ADHD 성향으로 인해 정상적인 친구관계 형성이 어려웠습니다. 따라서 단시간 내의 회복은 불가능할 것입니다. 대신 학생이 곤충이나 벌레 잡는 것을 좋아하므로, 학급 내에서 공부하기 싫어하거나 일탈행동을 할 때 학생이 좋아하는 곤충이나 벌레를 관찰할 수 있도록 허용하는 방법을 추천합니다. 학생의 안전과 보호를 위해 협력강사가 함께 곁을 지켜 준다면 괜찮습니다. 학생이 관심을 갖고 좋아하는 것과 관련해 작은 칭찬과 격려가 더해진다면 작은 변화를 일으킬 수 있는 충분한 계기가 됩니다. 예를 들어 '곤충 관찰일지'를 만들어 적대적인 반항 욕구를 학생 개별적인 관심 영역으로 전환시켜 학생에게 작은 위안과 행복을 가져다줄 수 있습니다.

담임교사는 자존감 추락과 에너지 소진에 따른 우울감과 무기력증을 해소하기 위해 쉼이 필요합니다. 교원치유지원센터를 이용한 심리상담, 심리치료, 힐링캠프 등의 치유 지원이 가능합니다. 여의치 않다면 학교 관리자는 잠시라도 병가, 연가 등을 내고 몸과 마음의 건강을 회복할 수 있도록 적극 지원합니다.

학교는 정상적인 학급운영이 이루어지도록 교육지원을 강구합니다. 학생의 학력 부진을 해결하기 위한 협력강사 제도가 있습니다. 협력강사가 해당 학생을 전담으로 밀착 지원함으로써 해당 학생과 타학생의 교육권을 모두 보호할 수 있습니다. 이는 학교의 예산이 허락하는 범위에서 최대한 회복력을 가질 수 있는 기간까지 운영하는 것이 바람직합니다.

Tip

학교에서 위와 같은 문제 상황은 빈번히 일어날 수 있습니다. 그러나 그 모든 일을 담임교사 한 사람이 책임지고 해결하기엔 벅찬 것이 사실입니다. 이런 경우 각각의 사례마다 개별적으로 관리되어야 하는데, 이는 학생, 학부모, 교사, 상담사 등이 상황을 입체적으로 공유하여 솔루션을 만드는 데 도움이 되기 때문입니다. 그리고 이 모든 과정에는 항상 학생이 중심에 있어야 합니다. 학생이 변화되기를 기다리고 공감하고 격려하고 칭찬하며 또 기다려야 합니다. 아이들은 아주 조금씩 변합니다.

관리자 갑질의 민낯

문제 상황 ①

교장 A는 평소 교직원들에게 친근함을 표시한다며 종종 반말을 사용합니다. "○○선생, 윗사람이 왔는데 인사 좀 하지? 내가 먼저 인사할까?"라고 지적하며 무안을 주기 일쑤고, 교재 선정 때가 되면 특정 교재를 주문하라고 지시하고 이를 거부하는 교직원에게 교장이 지시하는 것에 불복하고 말을 듣지 않는다고 추궁하는 등 비인격적 언행과 부당한 업무지시를 해 오다 교직원의 갑질 신고를 받게 되었습니다.

문제 상황 ②

교장 B는 일부 교사에게 정해진 출근 시간보다 일찍 나올 것을 강요하고, 자신의 의견과 맞지 않으면 "학교에 피해를 주면 함께 근무하기 어렵다"며 자신을 따를 것을 강요하고 "절이 싫으면 중이 떠나야지"라며 업무에 불이익을 준다고 협박합니다. 또한 자기의 의견과 다른 주장을 강하게 펼치면 "한번 해 보자는 거야? 그래 어디 한번 해 보자고!"라며 언성을 높이는 등 교직원들을 비인격적으로 대우했습니다.

우리 사회의 직장 내 갑질 문화에 대한 국민적 관심이 높아지면서 학교 내 갑질 근절에 대한 가이드라인도 만들어지고 갑질 신고센터를 운영하는 교육청도 생겨나고 있습니다. 두 가지 사례의 결과는 어떻게 되었을까요?

문제 상황 ①은 '비인격적 언행'과 '부당 업무지시'로 교육청으로부터 견책 처분(경징계)을 받았습니다. 문제 상황 ②는 직원에 대한 비인격적 대우로 경고 처분을 받았습니다. 사실 결과가 어떤 것이든 처분을 받은 사람과 갑질을 당한 사람 모두 이러한 상황에 마음이 불편할 것입니다. 그리고 이로 인해 직장 내에서 회복적 관계가 이루어지기 어려우면 정상적인 교직원 문화 역시 형성하기 어렵습니다.

그렇다면 학교 안에서 벌어지는 분야별 갑질 사례를 타산지석으로 삼아 존중과 배려가 있는 교직원 문화를 만들어 갑질 문제를 예방할 수 있다면 어떨까요?

타산지석으로 삼아야 할 다양한 갑질 사례

교육부가 제공한 교육 분야 주요 갑질 처벌 사례 중 초등학교 관련 사례를 모아 보았습니다.[*]

1) 법령 등 위반 유형

법령, 규칙, 조례, 내부규정 등을 위반하여 자기 또는 타인의 부당이

---

[*] '갑질 근절을 위한 매뉴얼', 서울시교육청, 2020, pp 55~59

익을 추구하는 유형

- 법령 등에 위반되는 업무지시

갑질 내용 : 교장이 교직원을 강요하여 학교 축제, 행사의 수익금을 횡령하고, 자신에게 필요한 물건을 사도록 하고 공용물을 사적으로 사용함. 배우자가 학교 내 스크린골프를 사용할 수 있도록 교직원에게 지시하고, 카드 결제한 금액을 현금으로 바꿔서 상납하게 하는 등 공정한 직무수행을 해치는 행위를 지시함.

처분 결과 : 중징계(교장에 대하여 갑질 행위 외 타 행위 포함하여 파면 처분)

2) 사적 이익 요구 유형

우월적 지위를 이용하여 금품, 향응, 기타 편의 등 사적 이익을 요구, 수수하거나 제공받는 유형

- 학생 간식, 학교 교구 개인적 사용

갑질 내용 : 교장이 돌봄교실 교육비 등으로 구입한 학생 간식을 검식한다는 명목으로 제공받고, 학교에서 구입한 화첩, 붓, 파레트 등의 교구를 개인적으로 사용하는 등 공용물의 사적 사용·수익 추구함.

처분 결과 : 중징계(교장에 대하여 해임 처분)

- 부당한 초과근무 지시 및 수당 부당수령

갑질 내용 : 행정실장이 직원들에게 부당하게 초과근무 실시를 지시하였고, 초과근무수당 부당수령을 지시하였으며, 학생 급식용 쌀

과 반찬을 횡령하도록 지시함.

처분 결과 : 중징계(행정실장에 대하여 해임 처분)

3) 부당한 인사 유형

자기 또는 특정인의 이익을 위하여 채용, 승진, 성과평가 등 인사와 관련하여 부당하게 업무처리를 하는 유형

- 방과 후 강사 채용 부당지시

갑질 내용 : 교장이 방과 후 학교 프로그램 강사 선정 시, 특정인을 선정시키기 위하여 담당자로 하여금 점수를 조작하도록 지시함.

처분 결과 : 경징계(교장에 대하여 견책 처분)

4) 비인격적 대우 유형

외모와 신체를 비하하거나 욕설, 폭언, 폭행 등 상대방에게 비인격적 언행을 하는 유형

-교직원에 대한 욕설, 폭언, 폭행

갑질 내용 : 초등학교 교장이 교직원 친목 여행 중 교직원들에게 욕설, 폭언, 폭행을 하였으며, 학교 회식 후 이동 중인 소속 교사의 차 안에서 교사에게 폭언, 욕설, 폭행을 함으로써 교직원들에게 신체적, 정신적 위해를 가함.

처분 결과 : 중징계(교장에 대하여 갑질 행위 외 타 행위 포함하여 해임 처분)

- 인격모독 폭언과 반말

갑질 내용 : 교감이 소속교사의 직무수행이 더디다는 이유로 지도라는 명목 아래 인격모독의 폭언과 반말을 하였음.

처분 결과 : 경고(교감에 대하여 갑질 행위 외 타 행위 포함하여 경고 처분)

- 인격 비하 발언

갑질 내용 : 교사가 교육실무사에게 환경미화와 관련하여 본인의 업무를 일방적으로 지시하고, 그 일을 잘 못하면 재촉하며 인격 비하 발언 등을 행함.

처분 결과 : 중징계(교사에 대하여 해임 처분)

5) 기관 이기주의 유형

발주기관이 부담하여야 할 비용을 시공사가 부담하게 하는 등 기관의 이익을 부당하게 추구하는 유형

- 특정 사업자 지원

갑질 내용 : 교장이 단체 티 구입, 농구부 유니폼 구매, 교재·교구 선정, 현장 체험 학습활동 지역 선정 등의 결정을 교직원의 의견을 수렴한 민주적 절차를 통하지 아니하고 독단적으로 결정함.

처분 결과 : 경징계(교장에 대하여 견책 처분)

6) 업무 불이익 유형

사적 감정 등을 이유로 특정인에게 근무시간 외 불요불급한 업무지

시를 하거나 부당하게 업무를 배제하는 유형

- 표창 관련 부당한 행사

갑질 내용 : 교장이 교육감 표창 추천 대상자인 교사에게 특별한 결격사유가 없음에도 표창 대상에서 제외하는 등 부당한 처우를 행함.

처분 결과 : 경고(교장에 대하여 경고 처분)

7) 부당한 민원 응대 유형

정당한 사유 없이 민원접수를 거부하거나 취하를 종용하고 고의로 처리를 지연시키는 등의 유형

- 민원접수 거부

갑질 내용 : 민원을 접수하는 과정에서 조사를 하지도 않고 민원을 처리할 수 없다는 이유를 들어 접수를 거부함.

처분 결과 : 민원은 신속, 정확, 공정하게 처리해야 할 의무가 있음(구두주의).

8) 사제, 도제 관계

갑이 을의 상급학교 진학, 진로 결정 등에 결정적인 영향을 미치는 관계에서 발생하는 갑질 유형

- 욕설, 정서적 학대행위

갑질 내용 : 초등학교 교사가 학생에게 교과시간 중 색종이를 만지

고 있어 주의를 주었으나, 말을 듣지 않는다는 이유로 욕설을 함. '집에 가서 예절교육 다시 받고 와라'라고 발언한 후 색종이를 찢어 책상에 흩뿌리는 행위를 하여 학생의 정신건강 및 발달에 해를 끼치는 정서적 학대행위를 함.

처분 결과 : 경징계(교사에 대하여 견책 처분)

9) 권력형 사학비리

사학법인 이사장, 총장 등 관리자가 사학을 사유물로 이해하여 발생하는 갑질 유형

- 인력 부당 동원

갑질 내용 : 사립학교 이사장이 학생 교육활동 이외의 목적으로 도자기를 제작하고 그 과정에서 지위를 이용하여 교원들의 인력을 부당하게 동원함.

처분 결과 : 경고(이사장에 대하여 경고 처분)

10) 기타 유형

그 외 따돌림, 부당한 차별행위, 모임 참여 강요, 갑질 피해 신고 방해 등 다양한 형태로 나타나는 유형

- 모임 참여 강요

갑질 내용 : 사립학교 법인 이사장이 교원들에게 노래방 참석을 묵시적으로 강요함.

처분 결과 : 경고 및 임원 취임 승인 취소(이사장에 대하여 경고 및 임원 취임 승인 취소 처분)

관행이라는 이름의 갑질 사례

교육 현장에서 관행이라는 이름으로 이루어지는 갑질은 그것이 갑질이라고 인식하지 못하는 경우도 많습니다. 이에 「공공분야 갑질 근절을 위한 가이드 라인」을 참고하여 관행적으로 이루어지는 갑질 사례를 더 알아봅니다.

1) 법령상 지도, 감독, 계약 관계 등 일방의 우월적 지위로 발생하는 부당행위

: 예산, 인사, 평가, 지도·감독, 정원, 재정집행, 인허가 등을 통한 영향력 행사

① 상급자가 자녀의 결혼식에 축의금을 냈는지 하급자에게 직접 확인

② 관리자의 비민주적인 회의 운영

③ 특정 공무원의 근무성적평정 순위 임의 변경

④ 물품선정위원회의 결정사항을 임의변경하여 특정 물품 구입

⑤ 교직원 복무 허가 시 특별한 사유 없이 무리한 사전 복명 및 규정에 없는 증빙자료 제출 등 지시

⑥ 재학 중인 학생과 학부모에게 "나한테 잘 보여야 한다, 잘 보여야 좋은 학교 갈 수 있다"고 말함

⑦ 학부모에게 집단행위를 요구하고, 말을 듣지 않는 학부모를 왕
　따시키는 등 보복행위

2) 을에게 업무적 또는 인격적 불이익을 주는 행위

: 부당한 인허가, 불허, 지연

: 부당한 전보 발령 및 승진 누락

: 불필요한 업무지시, 욕설 , 폭언, 폭행 등 인격모독

① 교사가 학생들에게 상습적, 반복적으로 폭언, 욕설, 폭행하는 행위

② 운동부 지도자가 정당한 사유 없이 학생의 출전 기회를 거부하
　거나 상급학교 진학에 부정적 영향력을 행사하는 행위

③ 자신과 마찰이 있거나 자신의 행위에 대해 상급자에게 알리는
　경우 반말 등 모욕적 발언과 함께 보복하는 행위

④ 같은 자료를 여러 번 제출했음에도 업무 관계자가 합리적 이유
　없이 자신의 수고를 덜기 위해 다시 제출하라고 요구하는 행위

⑤ 기간제 직원에게 주제를 알라는 등 폭언을 하는 행위

⑥ 전입, 신규 직원의 업무상 문의에 대해 그것도 모르냐는 등 무시
　하고 질책하는 행위

⑦ 직원회의 시 일부 직원에 대해 마녀사냥식으로 차별하고 부적절
　한 언행을 하는 행위

⑧ 교직원들에게 평소 "야", "너" 등 반말로 언성을 높여 말하는 행위

⑨ 부하직원을 험담하고 이간질시키는 등의 행위

⑩ 갑질 신고자(피해자)에 대해 업무 배제, 비인격적 대우 등 부당한
　처우를 하는 행위

3) 기관 내부에서 직위(급)상 상하 관계에서의 부당 행위

: 부당한 업무지시, 사립학교 직원 채용, 승진 특혜 부여

① 교직원이 일신상의 사유로 연가, 조퇴 등 복무를 신청하였음에
   도 특별한 사유 없이 허가하지 않고 반려하는 경우

② 관리자가 특정인을 별도 채용기준이나 절차 없이 채용토록 지시
   하는 경우

③ 정당한 사유 없이 휴가, 심야, 주말 등 사회통념상 근무가 적절
   하지 않은 시간에 업무를 지시하는 행위

④ 합리적 이유 없이 교직원의 연수출장, 초과근무 등을 제한하는
   경우

⑤ 특정직원이 마음에 들지 않는다며 임의로 업무를 배제하거나 부
   당하게 업무 부담을 주는 행위

⑥ 계약금액이 입찰대상임에도 특정 업체와 계약하도록 지시하는
   행위

⑦ 직원들에게 갑작스런 회식 참석을 강요하거나 특정 종교행사에
   참여하도록 강요하는 행위

⑧ 기관장 또는 상급자가 직원이 갑질 등을 신고하지 못하도록 방
   해하는 행위

⑨ 급식이나 간식의 외부반출을 지시하거나 교직원의 급식량 등을
   제한하는 행위

4) 갑이 우월적 지위를 이용해 사적 이익을 추구(사적 노무 요구 포함)

: 금품, 향응 수수, 사적 심부름, 편의 요구

: 상대기관(계약업체 등)에 책임, 비용 전가 등

① 교사 개인적인 일을 학생에게 심부름시키는 행위

② 교사가 운동부 훈련비, 실습비 등 명목으로 금품 등을 요구하거나 지원된 경비를 유용하는 행위

③ 본인이 먹을 간식이나 개인사용 물품을 학교 예산으로 구입하는 행위

④ 상급자가 본인의 교육 이수를 위해 온라인 강의를 들어 달라고 직원에게 부당하게 지시하는 행위

⑤ 상급자가 기간제 직원에게 "재계약해야지?"라며 여행에 동행할 것을 강요

⑥ 개인 모임에 직원을 동원하여 일을 시키는 행위

⑦ 개인적인 일에 대해 심부름 요구(세탁소에서 옷 찾아오기, 렌트카 운전, 야근 시 야식 사 오기, 본인의 자녀와 그 친구들 점심 사 주기, 본인의 가족 생일에 선물이나 케이크 등 사 오기, 강의자료 준비, 과제 작성 지시 등)

⑧ 학부모 상담 시 "혼자서 찾아오라"고 하거나 학부모에게 "입시철엔 선생이 갑인데!"라고 말하면서 사적 만남 제안

⑨ 계약 시 노무비 삭감, 물가 미반영, 안전관리비 미지급 등을 시공자에게 부담시키는 행위

⑩ 발주자(학교 등)가 부담해야 하는 비용(예산부족 등을 사유로)이나 계약에 없는 사안을 시공자에게 요구하거나 부담시키는 행위

갑질이란 사회적, 경제적 관계에서 우월적 지위에 있는 사람이 권한을 남용하거나 사실상 영향력을 행사하여 상대방에게 행하는 부당한 요구나 처우를 말합니다. 위법 또는 재량권 일탈, 남용에 해당하는 행위는 당연히 갑질입니다. 그리고 적법한 재량권 내의 행위가 인격적 모멸감을 유발하는 경우도 있는데 이것 또한 갑질에 해당합니다. 갑질 여부를 판단하는 핵심요소는 다음과 같습니다.

"'우월적 지위의 이용'은 행위자가 지위 또는 직책 등에서 생기는 사실상 우월적 영향력 행사하는 것으로 갑질의 필수요소이다. '직무상 적정범위를 넘는 행위'는 행위자에게 부여된 권한을 넘어서는 위법한 행사 또는 권한의 일탈이나 남용을 말한다. '심신고통 또는 유무형 손해발생'은 피해자에 대한 인격적 모멸감 유발 또는 공익 저해로 인해 발생하는 것이다."

갑질은 조직 외적, 내적으로 폐해가 심각합니다. 외적으로는 '공정성과 청렴성 저해→공공서비스 만족도 저하→교육기관 신뢰도 하락'이라는 악순환이 계속되며, 내적으로는 조직구성원의 직무만족도와 업무 능력을 저하시키며 조직목표 달성과 상호 신뢰를 바탕으로 한 협업, 상생의 분위기를 저해합니다.

고용노동부에 따르면 갑질로 인한 피해자의 결근, 근무태도 불성실 등에 따른 근로시간 손실분, 대체인력, 괴롭힘 조사 비용 등을 바탕으로 계산한 직장 내 괴롭힘 1건에 대해 발생하는 비용은 1,550만 원 정도입니다. 이처럼 갑질은 사회경제적인 비용이 많이 소모될 뿐만 아니라 직원들 사이의 신뢰 붕괴는 물론 정신적 피해가 발생할 수 있음을 함께 인지해야 합니다.

참고
1. '갑질 근절을 위한 매뉴얼', 서울시교육청, 2020, pp 55~59
2. '믿음과 신뢰를 앞세우는 이런 교장도 있다'
   (indischool.com/boards/square/29854134)

<참고서식>

1. 내부 갑질 여부 판단(예시)

내 용	YES 갑질	NO 갑질
1. 업무지시를 할 때 화를 내거나 욕을 한 적이 있다.		
2. 다른 직원 앞에서 특정 직원의 잘못을 과도하게 질책한 적이 있다.		
3. 공식적 자리에서 부하직원을 공식 직명이 아닌 "야", "너" 등의 반말로 부른 적이 있다.		
4. 직원의 외모나 의상, 출신지역이나 연령 등에 대해 지적한 적이 있다.		
5. 개인적인 일을 부하직원에게 시키기도 한다.		
6. 부하직원에게 긴급하지 않은 경우임에도 야근, 주말 근무를 지시한 적이 있다.		
7. 본인 의사와 상관없이 불필요한 회식, 야외활동 참여를 요구한 적이 있다.		
8. 소속 직원이 연차휴가나 병가 등을 신청하였으나 타당한 이유 없이 거부한 적이 있다.		
9. 특정 직원에게 타당한 이유 없이 업무를 과다 또는 과소하게 부여한 적이 있다.		
10. 사적인 이유로 부하직원에게 인사상 불이익을 준 적이 있다.		
11. 근무성적평가 등을 호의적으로 해 주겠다면서 편의를 요구한 적이 있다.		
12. 소속 직원의 인사요청사항(이동발령, 명예퇴직 등)을 받아 주는 조건으로 부당한 요구를 한 적이 있다.		
13. 특정인의 승진이나 근무성적평정 순위를 변경하도록 지시하거나 지시받은 적이 있다.		
14. 소속 직원에 대한 업무분장 시 직원의 의견을 묻지도 않고 자의적으로 정한 적이 있다.		

2. 외부 갑질 여부 판단(예시)

내 용	YES 갑질	NO 갑질
1. 입찰, 계약방식을 불공정하게 적용한 적이 있다. (부당한 수의계약, 단일사업 쪼개기 계약 등)		
2. 무리한 입찰조건을 요구한 적이 있다. (과도한 실적, 업종, 지역 제한, 특정업체 사양 요구 등)		
3. 입찰 참가자격 미달 업체나 후순위 업체를 정당한 절차 없이 낙찰자로 선정한 적이 있다.		
4. 계약 관련 상위 법령에 부합하지 않는 과도한 특약조건을 적용한 적이 있다.		
5. 인허가 및 민원 등 발주처가 책임질 민원을 시공사에 전가한 적이 있다.		
6. 계약 금액 산정을 불공정하게 한 적이 있다. (납품단가 후려치기 등)		
7. 정당한 사유 없이 기존 계약 내용을 변경하거나 새로운 내용을 추가하도록 요구한 적이 있다. (하자보수기간, 보증기간 연장 등)		
8. 대금 지급을 정당한 사유 없이 지연하여 지급한 적이 있다.		
9. 무면허 업체 하도급, 일괄 하도급, 동일 업종 간 하도급 등을 묵인한 적이 있다.		
10. 발주처로서 정당한 사유 없이 원도급자를 거치지 않고 하도급자에게 직접 업무지시를 한 적이 있다.		
11. 정당한 사유 없이 인허가 민원을 지연 처리한 적이 있다.		
12. 인허가와 관련 없는 사항의 제출을 민원인에게 요구한 적이 있다.		

3. 갑질 유발 직장문화 진단

※ 본 체크리스트는 각 조직 구성원이 직장문화 측면에서 갑질 행위 발생 가능성 정도를 자가 점검하여 갑질을 예방하기 위한 목적으로 활용할 수 있습니다. 기관별 특성에 따라 수정하여 사용하기 바랍니다.

점검내용	전혀 아니다 (0점)	아니다 (1점)	보통 이다 (2점)	그렇다 (3점)	매우 그렇다 (4점)
1. 상명하복의 서열적 구조로 권위주의 문화가 강하다.					
2. 관리자(상급기관)가 직원(하급기관)들의 말을 경청하지 않고 자신의 의견만 주장하는 경우가 많다.					
3. 관리자(상급기관)가 직원(하급기관)에게 지휘감독이라는 명목하에 부당한 업무지시를 하는 사례가 자주 있다.					
4. 업무처리 과정이나 결과가 투명하게 공개되지 않는다.					
5. 기관의 부당한 행위에 대해 직원들이 눈치 보지 않고 이의 제기를 할 수 없다.					
6. 사회적으로 문제가 될 수 있는 부당한 행위가 기관의 이익 차원에서 합리화 및 정당화되는 경향이 있다. (협력업체에 대한 비용 전가 등)					
7. 갑질 관련 내부신고제도가 존재하지만 신고하면 불이익을 당할 수 있다는 의식이 강하다.					
8. 우리 기관(부서)은 민간업체에 대한 관리, 감독, 인허가, 규제 업무를 주로 수행한다.					
9. 우리 기관(부서)이 수행하는 업무는 타 기관에 비해 업무적 독점성이 강한 편이다.					
10. 우리 기관(부서)에 소속된 하부기관의 수는 타 기관에 비해 많다.					

- 30점 이상 : 갑질 발생 가능성이 매우 높다.
- 21~29점 : 갑질 발생 가능성이 높다.
- 11~20점 : 갑질 발생 가능성이 보통이다.
- 10점 이하 : 갑질 발생 가능성이 낮다.

4. 갑질신고서

서울특별시교육청 갑질 신고서

○ 신고내용 특성상 처리 결과는 별도로 통보하지 않습니다.

○ 민원 처리 공무원의 불친절에 대한 항의, 학생인권, 교수학습활동 및 교권침해에 관한 사항 등은 갑질 신고 대상이 아니므로 해당 부서로 신고 바랍니다.

○ 신고내용이 구체적이지 않거나, 피신고자 소속 기관이나 피신고자를 특정할 수 없는 내용에 해당하는 경우에는 처리되지 않을 수 있습니다. 단, 신고자 본인을 특정할 수 있는 내용(소속, 직급, 성명, 연락처 등)은 신고내용에서 반드시 제외하여 주시기 바랍니다.

기관명			피신고자 (갑질행위자)	
행동강령책임관 상담여부	(○ / ×)			
갑질유형 (√체크)	① 법령 등 위반	② 사적이익 요구	③ 부당한 인사	④ 비인격적 대우
	⑤ 기관 이기주의	⑥ 업무 불이익	⑦ 부당한 민원응대	⑧ 기타
제목				
내용	※ 내용은 육하원칙에 따라 기재합니다. – 우월적 지위 이용 관련 : 가해자와 피해자의 관계 및 우월적 지위 악용 방법 등에 대한 서술 – 직무상 적정범위를 넘는 행동 관련 : 법령상 또는 사회통념상 상당하지 않은 행위에 대한 서술 – 신체적, 정신적 고통 또는 유무형의 손해 발생 등 관련 : 갑질 결과 피해에 대한 서술			
요청사항	※ 예를 들어 행위자로부터 분리(담당자 교체) / 화해 및 사과 / 행위자 징계 등을 기재합니다.			
첨부자료	※ 예를 들어 녹음파일, 진단서 등입니다. ※ 사실관계 확인을 위하여 증거를 추가 요구할 수 있으며, 증빙자료가 부실하여 사실관계 확인이 어려운 경우 자체종결 처리할 수 있습니다.			

5. 갑질신고센터 접수 건 처리 결과/갑질 조사 보고서(예시)

	갑질신고센터 접수 건 처리 결과/갑질 조사 보고서				
제목	○○중학교 학교장 갑질신고				
피신고인	○○중학교 학교장 김갑질				
처리기관	○○교육지원청 ○○지원과 장학사 포청천				
신고일	2020.2.1.	**접수일**	2020.2.5.	**처리 완료일**	2020.2.28.
신고 내용 (요약)	학교 업무를 추진하는 과정에서, 교직원들의 실수를 지나치게 꾸짖어 심각한 모멸 감을 느끼게 하는 등 평소 교직원의 인격을 무시하고 초과근무 또는 병가 등 복무 결재를 승인하지 아니하여 교직원으로 하여금 근무 의욕을 상실시킴				
조사 결과	**확인 사실**	2019년 3월~12월 교직원 4명(이○○ 외 3)에게 각 2회씩 폭언한 사실을 확인하 고, 2020년 1월~2월 교원 3명(김○○ 외 2)의 복무(초과근무, 병가, 돌봄휴가)를 이유 없이 지연 승인한 사실 확인함 ※ 갑질 상황(경위, 지속성)과 피해 정도 및 인과관계를 구체적으로 적시합니다.			
	갑질 유형		이익추구형 (사적이익 요구)	※ 갑질 판단기준(갑질유형)을 참고하여 본건과 가장 유사한 유형 선택	
		√	불이익처우형 (비인격적 대우)		
처리 방안	– 피해자의 의견 확인(징계 등 처벌요구) – 관리 감독 부서 의견 및 종합적 상황 판단				
처리 결과	– 2020년 2월 20일 ○○교육지원청 행정지원과(감사팀)에 품위유지의무 위반(근 거법령)으로 학교장 경고 처분 요구 – 2020년 2월 21일 본청 감사관, 중등교육과 경고 처분 요구 사실 보고				

Part 6
법률 대응

각종 민원과 소송, 피할 수 없다면 철저히 대비해요

코로나19 같은 변종 바이러스가 우리의 신체와 일상을 위협하듯이, 학부모 민원와 관련 소송 그리고 교권침해는 선생님들의 몸과 마음을 끊임없이 괴롭힙니다.

체벌은 고대부터 20세기까지 전세계적으로 흔한 교육방법 중 하나였습니다. 교사가 학생을 꾸짖는 건 당연히 교육의 일부로 여겨졌습니다. 또한 학교는 특별권력기관이라서 일반적인 법률이 적용되지 않는 경우가 많았지요. 체벌을 폭행죄, 꾸지람을 모욕죄로 처벌하지는 않았습니다. 하지만 불과 10여 년 사이에 아동을 체벌하면 폭행죄가 아닌 아동학대 혐의로 훨씬 강력한 형사처벌을 받을 정도로 상황이 달라졌습니다. 실제 이런 이유로 교사가 해임과 징역형까지 선고받는 사례가 늘어나고 있지요. 언성을 높이는 것만으로도 아동정서학대로 신고당하는 세상이 되었습니다. 또 학생과 학부모가 교사에게 행하는 범죄 수준의 교육활동 침해도 나날이 늘어가고 있습니다. 하지만 많은 교사들이 이러한 문제에 제대로 대응하지 못하고 있습니다. 그 이유는 무엇일까요?

사회 변화에 따라 새로 도입되는 법률이나 제도에 적응하기는 생각보다 쉽지 않습니다. 게다가 사회는 점점 더 빠르게 새로운 변화의 소용돌이에 휩쓸려 또 다른 문제와 그에 따른 법률이나 제도를 쏟아

냅니다. 따라서 선생님들이 다양한 법률 문제를 간접적으로라도 미리 경험하는 것은, 실제로 그러한 문제가 본인에게 발생했을 때 피해를 최소화할 수 있는 최선의 방법입니다. 이는 바이러스를 예방하는 백신과 같이 선생님들에게는 반드시 필요한 정보입니다.

교사들은 흔히 사회의 때가 많이 묻지 않은, 순진해서 법 없이도 살 사람들이라는 인식이 많았습니다. 그런데 이제는 법 때문에 못 살겠다는 교사들이 늘어나고 있습니다. 물론 교실 안에서 교사가 자신이 가진 작은 권력으로 많은 학생들에게 상처를 주고 교육적으로 해악을 끼치는 일도 종종 있었던 것이 사실입니다. 이런 일을 막기 위해서 명백한 비위를 저지른 교사를 합법적으로 징계하거나 처벌하는 일은 필요합니다.

하지만 교육 현장에서 일어나는 일들을 보면 뭔가 잘못되고 있다는 생각이 드는 것도 사실입니다. 왜 그럴까요?

열심히 일하는 교사가 민원을 당한다?

문제는 열심히 가르치려 애쓰는 교사가 법령을 잘 모르거나 법 적용의 맹점 때문에 억울한 조치를 당하는 일이 너무 많이 생기고 있다는 점입니다. 게으른 교사라면 당하지 않았을 일을 말이지요.

끊임없이 소리를 질러 수업을 방해하는 학생을 서둘러 진정시키려는 급한 마음에 큰 소리로 혼을 냈는데 학부모가 아동정서학대로 신고하여 고생하거나, 학교폭력 문제를 처리하는 과정에서 매뉴얼을 잘못 인지하여 학교폭력을 덮으려 했다는 오해를 받아 학부모 민원으로 고생하는 일이 종종 일어나고 있습니다. 하지만 이런 일은 뉴스거리도 되지 않습니다.

이보다 힘들고 어려운 일은 명백한 범법 행위를 계속하는 학생, 학부모, 동료 교사, 관리자 등에 대하여 정식 절차에 따라 해결하려 할 때, 증거불충분으로 진행이 어렵거나 생각지도 못한 다양한 방법으로 역공을 당하여 오히려 피해자가 처벌을 받게 되기도 하는 것이 현실이라는 사실입니다. 그래서인지 학교에서는 문제가 생기면 동료 교사나 관리자가 문제를 해결하려고 함께 노력하는 것이 아니라 해당 선생님에게 위로를 건네며 참고 넘어가자고 하는 경우가 많습니다.

교육활동 침해의 경우도 마찬가지입니다. 「국가공무원법」 제78조 제1항 제2호 '직무상의 의무를 위반하거나 직무를 태만' 규정에 따라 교육활동 침해를 은폐 축소하는 관리자는 행정 내부 징계 처분의 대상이 됩니다. 하지만 교육활동 침해 가해자에 대해 조치를 취하거나 형사고발 등을 진행할 때, 가해자가 피해교원과 관리자, 학교에 대하여 온갖 트집을 잡으며 역공을 하면 오히려 학교가 어려움에 처하거나 피해교원, 관리자 등이 민원조사-징계요구-형사처벌 등을 각오해야 할 일이 발생할 위험이 큽니다. 결국 무죄 판결이 나더라도 절차가 진행되는 수개월에서 수년 동안 무고한 선생님은 문제해결에 앞장섰다는 이유로 만신창이가 되기 십상입니다.

따라서 문제의 관련자들은 절차와 발생 가능한 문제 등에 대하여 충분한 지식이 있어야 합니다. 법대로 끝까지 갈 때 필요한 법적 준비는 무엇인지, 어디서 어떤 도움을 받을 수 있는지를 알아야 합니다. 정식 절차를 진행하지 않기로 한 때에도 피해를 최소화할 현명한 대응방법을 알아야 합니다.

한편 학교폭력의 경우, 은폐 축소하는 교사를 징계하기 시작하자 문제를 덮고 넘어가는 일이 줄어들어 심각한 문제의 해결에 일부 도움이 된 것이 사실입니다. 하지만 사소한 문제까지 모두 정식 절차를 거치려 하는 부작용도 적지 않습니다. 그리고 재발 방지와 피해 회복이 아니라 서로의 잘못을 물고 늘어져 징계를 피하는 것에 문제해결의 초점을 맞추다 보니 비교육적인 다툼만 계속하게 되는 것도 문제입니다.

최근에 학교폭력이나 교권침해 전문 변호사들이 늘고 있습니다. 인터넷에도 이에 대한 정보가 넘쳐납니다. 하지만 많은 교사들이 막상 문제가 일어나면 미숙한 초기 대처로 일을 키우기도 합니다. 변호사 직인이 찍힌 내용증명처럼 자체로는 아무 효력이 없어서 가볍게 넘어갈 일을 너무 두려워하다가 정작 중요한 경찰 조사를 제대로 준비하지 못하여 재판까지 가기도 하고요. 법률적인 조언을 얻기 위해 소개나 검색을 통해 만난 변호사는 계약 전에는 모든 걸 다 책임질 것 같더니 계약 후에는 별로 도움이 되지 않기도 합니다. 그래서 결국 패소하기도 하고요.

법치주의 민주국가에서 기본 법률 상식은 필수입니다. 교사 역시 예외일 수 없습니다. 교권침해 문제를 실제로 맞닥뜨리기 전에 자주 발생하는 교권침해 문제를 살펴보고 이에 대처할 수 있는 기본적인 법률 상식을 갖춰야 합니다. 선생님은 선생님 스스로 지켜야 합니다.

물론 위원회 출석이든 경찰 조사든 법조인 상담이든 피할 수 있다면 피하는 것이 제일 좋습니다. 하지만 피할 수 없다면 미리 대비하여 의연히 출석하고 떳떳하게 조사받고 현명하게 상담하여 문제를 해결해야 합니다. 병원에서 수술받는 일이 없는 것이 제일 좋지만, 수술해야만 하는 상황이라면 제대로 잘 받아야 하듯이 말입니다.

국민신문고에 민원이 올라왔어요

자잘한 민원들이 너무 많아요. 이런 것들을 제대로 처리하지 않는다면 제가 징계를 받나요? 사실 얼마 전에 국민신문고를 통해 민원을 받았는데, 그 내용이 너무 짜증이 났습니다. 제 SNS 프로필 사진 속 제 치마가 너무 짧다며 교사답지 않으니 조치를 해 달라는 겁니다. 게다가 머리를 감고 잘 말리지 않고 학교에 온다는 둥, 게을러서 학생을 지도할 자격이 없다는 둥, 스트레스가 너무 심합니다.

국민신문고에 민원이 접수되면 원칙적으로는 관련자가 답변을 해야 합니다. 하지만 민원들 중에는 법률적으로 전혀 문제가 되지 않을 일들이 많습니다. 접수자가 보기에 너무 황당한 경우도 많고요. 하지만 그렇더라도 일단은 공무원의 의무로 친절하게 응대해야 합니다. 다만 악성 민원이 반복된다면 접수를 거부하는 조치를 취할 수 있습니다.

완벽에 대한 강박이 있는 교사들이 있습니다. 틀리면 안 되는 시험을 수없이 거쳐서 여기까지 왔고, 항상 모범생으로 인정받으면서 살아왔기에 그렇습니다. 그래서 모두에게 인정과 존경을 받고 싶지만 그것은 현실에서는 불가능합니다.

쉬운 민원은 쉽게 처리하고 끝내자

사례와 같은 민원을 제기한 학부모의 의도는 무엇일까요? 혹시 자기 아이가 머리를 안 말리고 등교하려 하면서 '우리 선생님도 그런다'며 핑계를 댔을 수도 있지 않을까요? 아니면 여러모로 민감하고 교사의 영향을 많이 받는 시기에 짧은 치마를 입은 선생님의 프로필 사진을 보고 아이가 따라 하려 한다거나 선생님을 성적 대상으로 느끼는 것은 아닌지 괜한 걱정을 하고 있는 것은 아닐까요? 이도 저도 아니라면 그저 선생님께 뭔가 오해를 해서 어떻게든 시비를 걸고 싶었을 수도 있습니다. 혹은 그 학부모가 정신적인 문제가 있거나 그릇된 사고방식을 가졌을 수도 있습니다.

기본적인 경청과 공감으로 마음을 헤아리고 풀어 주면 대부분의 민원은 해결됩니다. 그리고 나서 개선 가능한 부분은 개선하고, 위법하지 않은 부분은 굳이 크게 신경 쓰지 말기 바랍니다. 대신 선생님이 해야 할 아이들 교육에 더욱 집중하세요.

사례 민원은 그다지 영향력이 없습니다. 그냥 사진을 바꾼다거나 공개 설정을 조정한다거나 정도로 쉽게 해결하면 끝날 일입니다. 신경 쓰지 말아야 할 것을 그냥 넘길 줄 알아야 신경 써야 할 중요한 일에 에너지를 사용할 수 있습니다. 그리고 요즘은 교사의 개인 SNS를 학생들에게 공개하지 않는 추세입니다. 간혹 아이들이 선생님에 대한 개인정보로 검색하여 찾아내기도 하는데, 그렇게 노출되는 곳이 드러나면 해당 정부를 삭제하면 됩니다.

걱정된다면 관련 법령을 찾아본다

SNS를 정리했음에도 해당 민원이 계속 신경 쓰인다면 관련 법령을 찾아보는 것도 괜찮습니다. 인터넷에 떠도는 왜곡된 소문에 흔들리지 말고, 관련 법령이나 정확한 판례 혹은 기사를 확인하면 좀 더 안심할 수 있습니다.

「국가공무원 복무규정」 제8조의2 (복장 및 복제 등)

① 공무원은 근무 중 그 품위를 유지할 수 있는 단정한 복장을 하여야 한다.

② 공무원은 직무를 수행할 때 제3조에 따른 근무기강을 해치는 정치적 주장을 표시하거나 상징하는 복장 또는 관련 물품을 착용해서는 아니 된다.

③ 특수한 직무에 종사하는 공무원의 제복 착용에 필요한 사항은 법률에 특별한 규정이 있는 경우를 제외하고는 해당 중앙행정기관의 장이 정한다.

「경범죄처벌법」 제1조 (경범죄의 종류) 다음 각호의 1에 해당하는 사람은 10만 원 이하의 벌금, 구류 또는 과료의 형으로 벌한다.

41. (과다노출) 여러 사람의 눈에 뜨이는 곳에서 함부로 알몸을 지나치게 내놓거나 속까지 들여다보이는 옷을 입거나 또는 가려야 할 곳을 내어놓아 다른 사람에게 부끄러운 느낌이나 불쾌감을 준 사람

그래도 신경이 쓰인다면 '프랑스 문신 초등교사'를 검색해 보세요. 공포영화를 싫어하는 분이라면 검색하지 마시고요. 선생님이 너무 무서운 문신을 해서 교육상 문제가 되었던 사안입니다. 혹은 중등학교 미술교사가 예술적 관점에서 자신의 알몸 사진을 인터넷에 게시했는데 그것이 퍼져 학부모들에게까지 알려진 사건도 있습니다.

Tip

학교에서 약 먹는 걸 챙겨 달라, 당뇨 주사를 놔 달라, 아이가 배변을 조절하지 못하니 직접 기저귀를 갈아 달라 등등의 요구를 하는 경우도 있는데, 그런 과한 요구를 거절하는 것이 선생님께 문제가 되지는 않습니다. 다만 거절에 대해 학부모가 앙심을 품고 다른 것으로 시비를 걸어올 경우 번거로운 일이 생길 수도 있으니 평소 학교생활을 조심해야 할 필요는 있습니다. 학부모가 소개팅 주선이나 특정 종교를 권하는 등의 요구를 지나치게 반복할 경우도 마찬가지입니다.

학급 커뮤니티의 학생 사진이 초상권 침해?

학부모님이 아이들의 학교생활을 볼 수 있도록 학급 커뮤니티에 수업 모습을 찍어 올리고 있어요. 이를 통해 저의 수업들을 기억할 수 있다는 점도 좋다고 생각하고요. 추가로 제 시간을 들여야 하는 일이라 솔직히 부담도 되지만 커뮤니티 운영이 학부모님의 불필요한 오해를 막을 수도 있고, 교육 효과도 좋은 것 같아서 다른 선생님들이 말리시는 데도 올해 도전했습니다. 사진을 보고 좋아해 주시는 학생과 학부모님들도 많지만 간혹 이런 문자를 보내는 학부모님이 계셔서 그만두려고 합니다.

"선생님이 학급 커뮤니티에 수업활동 찍어서 올린 사진을 봤는데요. 우리 애 사진이 너무 적어요. 가능하면 모든 아이들이 똑같이 사진에 나오도록 찍어 주세요. 누구는 3장이나 나왔는데, 우리 아이는 1장밖에 안 나왔어요. 그것도 옆모습이 조금밖에 안 나왔어요. 애가 그걸 보더니 너무 못생기게 나왔다며 실망이 이만저만이 아니에요. 이럴 거면 찍지 마셨으면 좋겠어요. 이거 초상권 침해 아닌가요?"

명백한 동의 없이 사진을 찍는 것 자체가 초상권 침해이기 때문에 학년 초 대개의 학교에서는 초상권 사용 동의서를 받습니다. 개인정보 침해가 갈수록 심해지고 있기 때문에 동의서는 그 내용이 교육적 목적을 위한 것이라는 전제하에 상당히 구체적이어야 합니다. 다만 너무 구체적으로 쓴 까닭에 조금이라도 벗어나는 경우 동의 여부를 가릴 법적 다툼이 생길 수도 있기 때문에 '~ 등' 같은 말을 넣어서 융통성을 부여하는 것이 좋습니다.

초상권을 침해하는 자체는 형사처벌의 대상이 아니지만, 초상권의 사용 정도에 따라 모욕이나 명예훼손, 성범죄로 연결되는 사례가 많아서 유사 범죄로 처벌될 수 있으니 주의해야 합니다. 얼마 전 속옷 빨래하는 초등학생 사진을 부적절한 제목 아래 자신의 SNS에 올렸다가 형사처벌과 함께 교사직을 잃은 선생님의 사건처럼 심각한 경우는 다릅니다. 아마도 정신적 피해를 봤다며 민사소송을 할 수는 있겠지만, 그것은 교사를 좀 번거롭게 하는 것 외에 학부모가 얻는 실익이 없어서 실현 가능성이 낮습니다.

사소한 실수로 없는 문제를 만들지는 말자

다만 상황이 지속되면 해당 학부모에게 교사에 대한 악감정이 쌓여 학교장이나 국민신문고 등을 통해 민원을 제기할 수도 있습니다. 그래서 당장 그만두는 것이 낫다는 것이 제 판단입니다. 그렇게 해도 법적으로 아무런 문제가 없습니다. 사진을 찍어 학급 커뮤니티에 올리는 것은 교육과정상 필수적인 것은 아니기 때문입니다.

그러면 사진 올리는 일을 그만두면서 "어떤 학부모님이 자신의 아이가 사진이 적게 찍혔다고, 이럴 거면 사진 올리지 말라고 하셔서 그만하겠습니다"라고 이야기해도 될까요? 있었던 일을 그대로 얘기하는 것이니 괜찮을까요? 아닙니다. 집에서 사진에 대해 불평했던 해당 학부모의 아이가 자기 때문에 이 활동이 중단됐다는 죄책감을 느낄 수 있으니까요. 학생에게 부정적인 감정이 생기면 그것이 교사에게 전이될 수도 있고, 나중에 큰 문제를 일으키는 발화점이 될 수도 있습니다.

학부모가 저렇게 이야기한 이유는 무엇일까요? 자신의 자녀를 좀 더 잘 돌봐 달라는 부탁을 서투르게 표현하다 보니 저렇게 이야기하게 된 것은 아닐까요? 마치 아이가 부모의 관심을 끌기 위해 하는 행동과 비슷해 보입니다. 그러므로 학부모가 궁극적으로 원하는 것이 사진 찍어 올리는 활동을 중단하는 것은 아닐 것입니다.

아이도 아니고 어른이 이런 행동을 하다니, 내가 학부모까지 돌봐야 하나 싶어 자괴감이 들 수도 있습니다. 아이의 문제는 대개 부모의 문제에서 비롯됩니다. 따라서 교사의 역할이 그만큼 커지고 있다는 걸 실감하게 됩니다. 학부모 속 어린아이의 마음이 교사에게 이런 식으로 쉽게 표출되는 것이 서글픈 현실이긴 합니다.

결국 공감은 모든 문제를 해결한다

그렇다면 활동을 그만두는 것으로 문제를 마무리하면 충분할까요? 학부모 상담의 핵심인 '경청, 공감, 한계 제시(정보제공), 대안 모색'의 순서를 적용해 보는 것은 어떨까요? 학부모의 섭섭한 마음에 공감하고, 교사는 좋은 의도로 이 활동을 진행하고 있음을 이야기하세요. 특히 해당 학생이 평소에 보였던 긍정적인 면을 언급하면서 더욱 잘 지도하고 신경 쓰겠다는 말을 덧붙이면 좋겠지요. 그리고 사진을 찍어 올릴 때 학생들이 골고루 잘 나올 수 있도록 더 주의 깊게 살피겠다고 이야기하는 겁니다. 이런 정도는 혹시라도 닥쳐올 민원에 대응하는 것보다 훨씬 쉬운 일일 것입니다.

다만 학생들이 고루 나오도록 신경을 쓰려면 사진을 올리는 횟수가 줄어들 수도 있으니 이 또한 이해해 달라고 예방적 차원에서 이야기할 수 있겠으나, 상황에 따라 굳이 하지 않아도 괜찮습니다. 왜냐하면 실제로 사진을 올리는 횟수가 줄어들 수도 있고 그러다 정말 거의 안 올리게 될 수도 있으니까요. 그리고 그 이유를 누가 물어본다면 학년 말이 되니 바쁜 일들이 많아서 사진을 더 찍어 올리기 어려웠다고 이야기하면 될 것입니다.

교사에게는 사진 찍어 올리는 일 말고도 아이들을 위해 해야 할 중요한 일들이 많습니다. 그러니 그 일에 얽매일 필요는 없습니다. 그러다 다른 의욕까지 다 꺾이게 되면 빈대 잡으려다 초가삼간 다 태우는 격일 테니까요. 사소한 문제이니 의연하게 잘 넘기기 바랍니다.

Tip

교사에게는 꼭 해야 할 일과 하면 절대 안 되는 일이 있고, 또 '하면 좋지만 안 해도 문제 되지 않는 일'이 있습니다. 학급 커뮤니티에 학생들의 활동사진을 올리는 것은 반드시 해야 하는 교사의 업무가 아닙니다. 그 일에 부담을 느끼는 교사라면 굳이 하지 않아도 아무런 문제가 되지 않습니다.

학부모의 반복된 협박을 받는다면?

저는 계속되는 민원에 때문에 불안과 우울, 각종 스트레스 장애를 겪고 있습니다. 문제는 A 학생을 B 학생이 놀린 일에서 시작되었어요. A 학생은 B 학생에게 공개사과를 받고 싶다고 했지만, 공개사과는 학생인권 때문에 어려운 일이잖아요. 고민 끝에 B 학생 학부모에게 연락해서 이 이야기를 꺼냈는데, 해결은커녕 30분간 고성과 욕설을 듣다가 다시는 이런 일로 전화하지 말라는 협박까지 받았습니다. 이후 하루 종일 스트레스 때문에 두통에 시달렸습니다.

어쨌든 A 학생은 B 학생에게 사과를 받았는데, 이후 더 큰 문제가 생겼습니다. A 학생이 다른 학생들에 대해서도 학교폭력 피해를 주장하며 계속 사과를 요구했고, 다른 학생들은 A 학생에게 자신들이 당한 피해를 주장하기 시작한 거예요.

결국 저는 이러한 상황을 A 학생의 학부모에게 말할 수밖에 없었습니다. 그랬더니 왜 피해자를 가해자로 만드냐고 문제를 제기하더니 '애들 교육을 제대로 시킨 게 맞는지 모르겠다'며 공격적인 말투로 교사에 대한 존중은 전혀 없이 자신의 불만을 퍼붓고 모든 책임을 저에게 전가했습니다. 그러면서 아이들이 작당하여 A 학생을 왕따시키려는 것 아니냐며 이 문제를 제가 학교폭력위에 신고해야 하고, 그렇게 하지 않을 경우 자신이 직접 문제 삼아 학교장 자체종결 말고 교육지원청 심의위로 올리겠다고 협박했습니다.

그러면서 A 학생이 6학년 1년 동안 잘못을 하더라도 절대 혼내지 말 것을 요구했습니다. 과거 2학년 때에도 같은 요구를 한 적이 있고 당시 선생님은 그렇게 해 주었다고 했습니다.

그리고 며칠 후에는 교장실까지 찾아가 저에 대한 불만을 토로했습니다. 저는 명예가 실추되어 너무 자존심이 상합니다.

교권보호위원회? 형사고발? 민사소송?

교사에 대한 학부모의 폭언과 협박에 대한 이 사례는 교권보호위원회 개최가 가능합니다. 따라서 법령에 명시된 조치도 받을 수 있습니다.

우선 교사는 교권보호 특별휴가 5일을 사용할 수 있습니다. 또한 시도교육청 교원치유지원센터 등을 통한 심리상담과 정신과 등 치료비도 지원받습니다. 만약 교권보호위원회에서 피해교원으로 인정받으면 예산 범위 내에서 지원 금액도 늘어납니다.

그리고 교권보호를 위해 필요한 조치로 '학교 차원에서 학부모에게 침해 행위 중단 요청 및 사과 요구', '학부모의 행위 중 형사 고발 사유가 있다면 고발 조치'도 가능합니다. 해당 학부모는 전화를 통해 반복적으로 교사를 불안하게 하는 말을 전하였으므로 「정보통신망법」 위반에 해당할 수 있습니다.

다만 학부모가 정당한 민원 제기 과정이었다고 주장할 수 있기에 형사고발에 대하여는 다툼이 생길 수 있습니다. 형사 사안에 해당할 정도면 녹음과 통화기록 등 명확한 증거가 있어야 증명이 쉽습니다. 또한 전화 빈도와 구체적인 해악을 고지하는 협박의 정도가 매우 심각해야 합니다. 단지 학부모가 큰 소리로 불평한 정도는 해당하지 않고, 반복적이고 구체적으로 부당하게 선생님을 불안하게 하면서 공포심을 유발하는 내용들이 포함되어야 합니다.

명확한 증거가 있고 정도가 심각하다면 선생님 개인적으로 고소하는 것도 가능하고, 선생님의 요청에 따라 교권보호위원회를 통해 관할청에서 형사고발하는 것도 가능합니다. 형사 요건을 뚜렷이 갖추었고 선생님이 원한다면 반드시 은폐, 축소 없이 형사고발해야 합니다. 관리자가 이렇게 못하도록 강요한다면 갑질 및 비위로 징계 대상이 됩니다. 모든 혐의가 인정될 경우, 학부모는 선생님과 합의하지 않으면 재판을 거쳐 벌금형을 선고받아 전과자가 됩니다. 또한 정신적 피해보상에 따른 거액의 손해배상금을 청구하는 민사소송을 할 수도 있습니다. 상황이 이렇게 되면 학부모는 웬만하면 사과를 합니다. 다만 뚜렷한 증거가 없거나 피해가 크지 않다면 배상금은 그리 크지 않을 것입니다.

명심해야 하는 것은, 학부모가 선생님에게 온갖 아동학대 의혹을 제기하며 맞고소할 수 있다는 것입니다. 그러면 길어지는 소송 과정으로 인해 선생님의 고통은 물론 처벌도 훨씬 커질 수 있습니다. 따라서 학부모를 상대로 형사고발과 민사소송을 하는 것은 명확한 증거가 있을 때를 제외하고는 추천할 만한 방법은 아닙니다.

그리고 학부모가 학교폭력 심의위에 올리겠다고 하는 것은 현행법상 정당한 권리를 주장한 것이라서 법적으로 협박에 해당한다고 보기는 어려울 듯합니다. 학부모 말대로 교육지원청에서 처리하고 위원회의 결정에 따르면 됩니다. 또한 학부모가 교장실로 찾아간 것도 담임교사가 자존심이 상할 일일 수는 있으나 행정체계상 교사의 대처에 부당함을 느끼면 부장교사나 교감, 교장 순으로 민원을 제기하는 것은 민원인의 정당한 권리라는 점을 기억해야 합니다.

혼내는 것이 아동학대라고?

아이를 '혼내지 말라'는 말의 의미도 교사의 상식을 넘어 사전적 의미와 법률적 의미를 따져야 합니다. 엄밀히 말해 '혼내는 행위'는 아동학대에 해당될 수 있습니다. 좀 더 자세히 살펴볼까요? '혼내다'의 사전적 의미는 "윗사람이 아랫사람의 잘못에 대하여 호되게(매우 정도가 지나치게) 나무라거나(잘못이나 부족한 점을 꼬집어 말하다) 벌을 주다"입니다. 그리고 '정서학대'의 법률적 의미는 "보호자를 포함한 성인에 의하여 아동의 건강·복지를 해치거나 정상적 발달을 저해할 수 있는 정신적 폭력 또는 가혹행위(「아동복지법」 제3조 제7호). 소리 지름, 무시 또는 모욕, 가정폭력에 노출, 아동에 대한 비현실적인 기대 또는 강요하는 행위 등이 포함됨"입니다. 그러므로 말장난 같지만 교사는 아이들을 혼내지 말고 교육적 지도를 해야 합니다.

한편 학급 내 경미한 사안은 담임교사가 중재하는 것이 맞지만, 사례의 경우 학부모가 학교폭력위를 요청하고 있으므로 생활지도부장 또는 학년부장이나 학교폭력 전담기구 구성원이 직접 사안을 처리해야 합니다. 그러므로 관리자나 부장교사에게 이 사건의 요지를 전달하고 학교폭력 사안 처리를 요청해야 합니다. 이는 담임교사가 의연히 대처할 수 있는 수준을 넘어섰고, 그렇게 하지 않으면 교사가 너무 힘들어지고 큰 실수를 할 위험도 높기 때문입니다.

Tip

폭언, 협박을 한 적이 있는 학부모와의 통화나 상담은 반드시 녹음하고, 이런 언행이 계속된다면 상담을 강제 종료하여도 무방합니다.

참고

서울시교육청 홈페이지의 부서자료실에 있는 특이 민원 대응 매뉴얼을 참고하세요.

말이 녹음되어 아동학대 신고를 당했어요

수시로 수업을 방해하는 아이가 반에 있습니다. 욕을 정말 많이 하고 제가 하는 말을 흉내 내고 조롱해서 참기가 힘듭니다. 반성문을 쓰게 해도 효과가 없어요. 때로는 친구들에게, 심지어 저에게도 도대체 어디서 배웠는지 모를 성적인 내용을 담은 욕설까지 합니다. 어떤 방법을 써도 효과가 없어서 저도 학생이 하는 욕설을 따라 하며 그 욕설을 직접 들으니 어떠냐 묻고 그것이 어떤 의미인지 설명해 줬습니다.

하지만 바로 문제가 터졌습니다. 학부모는 저를 아동학대, 모욕죄로 고소하겠답니다. 알고 보니 그 아이가 저도 모르게 녹음까지 했더군요. 아이는 충격을 받아서 학교에 나올 수가 없다며 결석 중입니다. 앞뒤 맥락을 뚝 자르고, 학부모는 제가 학생이 하는 욕설을 따라 한 그 부분만 계속 문제를 삼고 있습니다. "○○○라고 하셨지요? 교사가 학생한테 어떻게 그런 말을 할 수가 있지요? 절대 그냥 넘어가지 않겠습니다. 각오하세요."

학부모는 담임 교체는 물론이고, 거액의 손해배상금을 요구하는 민형사 소송을 준비 중이라고 합니다. 또 녹음을 언론사에 보내겠다고도 합니다. 정말 앞이 캄캄합니다.

교사의 실수에 더 엄격한 사회와 법률

개가 사람을 물면 뉴스거리가 되지 않지만, 사람이 개를 물면 뉴스거리가 된다는 말이 있습니다. 아이들이 욕설을 뱉는 건 일상적인 일이지만, 교사가 욕설을 하는 것이 녹음됐다면 그것은 뉴스거리가 됩니다. 앞뒤 맥락을 살피고 그동안 학생을 성심껏 지도한 것들까지 소명한다면 정상참작은 되겠지만, 무죄가 되진 않습니다. 아동학대의 인정 범위가 그만큼 넓기 때문입니다.

게다가 학생이 했던 성적인 내용의 욕설을 교사가 그대로 들려주었고, 학생은 그것으로 인한 정신적 충격을 주장하는 상태입니다. 이것이 인정된다면 교사는 성학대라는 성범죄 가해자가 될 수도 있습니다. 신체 접촉 같은 성추행이나 성폭행이 아니어도 성학대로 징역형에 해임 이상 징계가 따르는 것이 요즘 추세입니다. 완전히 무죄를 인정받기가 쉽지 않아 보입니다. 교사가 억울해하는 부분은 감경 사유일 뿐입니다. 따라서 학생의 지도는 교칙과 매뉴얼, 교육학 서적에 나오는 방법, 비교육자가 보더라도 충분히 납득할 만한 방법이어야 합니다. '넘치는 것은 모자람만 못하다'라는 말처럼 강한 방법은 강한 부작용을 부르기 쉽습니다.

흔히 알려진 것처럼 공개되지 않은 타인 간의 대화를 녹음하면「통신비밀보호법」상 도청·감청으로 형사처벌을 받을 수 있습니다. 하지만 사례의 경우 교실은 공개된 장소이며, 학생의 신변 안전과 아동학대 사실 증명을 위한 녹음이기 때문에 불법 녹음으로 처벌받거나 증거로 채택되지 않을 가능성은 매우 낮습니다.

100번 잘한 것에 대한 보상은 없고, 한 번 잘못한 것에 대한 처벌은 너무 큰 것이 교사들의 현실입니다.

사례는 선생님이 잘못한 부분이 명백하다고 볼 수 있기 때문에, 이 부분에 대해서는 분명히 사과하고 재발 방지를 약속하는 것이 좋습니다. 그런데 해당 학부모는 지금까지의 행동으로 볼 때, 교사가 사과하고 심지어 담임 교체가 된 후에도 계속 민원을 제기할 가능성도 있어 보입니다. 그 학교에 있는 걸 볼 수 없다면서 말이지요. 만약 그렇다면 교권보호 비정기 전보라도 요청해서 학교를 옮기거나 휴직하는 방법을 고려해 볼 수 있습니다.

사례와 같은 일이 생기면 관리자 또는 그 학부모와의 관계가 나쁘지 않았던 이전 담임교사의 중재를 요청하세요. 대부분의 학부모가 진정으로 원하는 것은 자신의 마음에 공감하고 자녀를 성심껏 지도하겠다는 다짐과 확신입니다. 그러므로 관계가 틀어진 선생님은 멀리 물러나고 보다 노련한 선생님이 그 학생을 지도하는 것이 나을 수도 있습니다.

교사는 어느 한순간만 놓고 봐도 문제가 없도록 학생들을 지도해야 합니다. 교직은 성직이라는 말의 무게가 느껴집니다. 성직자가 아닌데 성직자처럼, 학생의 어떤 비행과 모욕에도 교육자적인 인품을 보여야 합니다. 말이 쉽지, 현실에서는 너무나 어려운 일이지요. 하지만 이 어려운 일을 해내지 못한 교사에게 현행법은 너무 가혹합니다.

Tip

위 사안과 관련된 법률과 법률상 주요 개념은 다음과 같습니다.

1. 「아동복지법」

제17조 (금지행위)

2. 아동에게 음란한 행위를 시키거나 이를 매개하는 행위 또는 아동에게 성적 수치심을 주는 성희롱 등의 성적 학대행위(10년 이하의 징역 또는 1억 원 이하의 벌금)

3. 아동의 신체에 손상을 주거나 신체의 건강 및 발달을 해치는 신체적 학대행위

5. 아동의 정신건강 및 발달에 해를 끼치는 정서적 학대행위(5년 이하의 징역 또는 5천만 원 이하의 벌금)

2. 「아동학대처벌법」

제7조 (아동복지시설의 종사자 등에 대한 가중처벌) 아동학대 신고 의무자가 보호하는 아동에 대하여 아동학대범죄를 범한 때에는 그 죄에 정한 형의 2분의 1까지 가중한다.

3. 정서학대

보호자를 포함한 성인에 의하여 아동의 건강·복지를 해치거나 정상적 발달을 저해할 수 있는 정신적 폭력 또는 가혹행위(「아동복지법」 제3조 제7호)로, 소리 지름, 무시 또는 모욕, 가정폭력에 노출, 아동에 대한 비현실적인 기대 또는 강요하는 행위 등이 포함됩니다.

4. 성학대

보호자를 포함한 성인에 의하여 아동의 건강·복지를 해치거나 정상적 발달을 저해할 수 있는 성적 폭력 또는 가혹행위(「아동복지법」 제3조 제7호)로, 아동을 대상으로 하는 모든 성적 행위를 의미합니다. 성기 노출, 신체 및 성기 추행, 성기삽입, 음란물을 보여주는 행위, 성매매를 시키거나 성매매를 매개하는 행위 등이 포함됩니다.

초등학생이 교사에게 성추행을?

아이들이 제가 좋다고 안기면 저도 아이들이 사랑스럽고 좋았습니다. 그런데 아이의 손이 제 엉덩이나 배에 닿기도 하고, 심지어는 제 가슴을 갑자기 만지고는 '우리 엄마 것보다 작네요?'라고 해서 당황한 일이 있은 후로는 마냥 좋지만은 않더라고요.

게다가 고학년 아이들의 경우는 좀 더 불쾌한 기분이 들 때가 있습니다. 제 몸의 민감한 부위에 옆으로 지나가던 남학생의 손이 스치는 일이 종종 있거든요. 그래서 어떻게 할지 고민스럽기도 한데, 더 걱정스러운 일이 생겼어요.

그 남학생은 또래에 비해 키도 크고 여학생들에게 인기도 있는 편인데, 지나가는 여학생을 갑자기 껴안고 몸에 손대는 일이 종종 목격되는 거예요. 그러면 그 여학생과 주위 여학생들은 남학생에게 핀잔을 주기도 하고 뭐라고 나무라는 소리를 하는데, 정작 그 남학생은 그리 심각하게 여기지 않더라고요. 게다가 제가 관찰하기에 그 남학생의 행동이 점점 더 심해지는 것 같아요.

교사로서 훈육을 해야겠다 생각하면서도 괜히 나섰다가 일을 더 키우는 게 아닐까 걱정되기도 합니다.

초등학교에서도 고학년 학생의 성 관련 문제가 점점 심해지고 있습니다. 인터넷이나 스마트폰을 통해 너무나 쉽게 음란물에 접근할 수 있기 때문으로 보입니다. 같은 맥락에서 학생이 교사를 상대로 성희롱이나 성추행을 하는 사례도 드물지만 있습니다. 피해를 입은 교사는 속으로만 끙끙 앓을 수밖에 없다고 얘기합니다. 그러나 그냥 넘어간다면 그 학생은 자신의 행동을 대수롭지 않게 여기며 문제행동이 점점 더 심해질 수 있습니다. 재발 방지를 위한 교육이 학생의 수준에 맞게 이루어져야 하고, 그래도 개선되지 않으면 적절한 징계 조치가 필요합니다.

아동이 성범죄자 가해자?

아동을 성범죄자로 취급하는 일은 정말 어렵습니다. 아이들의 성에 대한 관심은 나날이 커 가는 반면에, 현재 성교육은 제대로 이루어지지 못하고 있습니다. 때문에 많은 학생들은 성희롱이나 성추행의 개념도 모르고, 그것이 범죄라는 인식조차 없습니다. 그러므로 우선은 교육이 필요합니다. 하지만 교육이 반복된 이후에도 행동이 개선되지 않으면 위원회를 열어 특별교육이나 심하면 전학 조치까지도 취해야 합니다.

어떤 범죄를 저질러도 만 10세 미만의 아동에 대해서는 직접적인 형사처벌을 하지 못합니다.* 선도위원회, 학교폭력위원회, 교권보호

---

* 민사책임은 존재합니다.

위원회의 징계가 가능할 뿐이지요. 물론 성범죄가 포함된 학교폭력이 발생한다면 교사는 수사기관에 무조건 신고해야 합니다. 다만 수사기관 의무 신고 대상은 성적인 의도로 해석될 수 있는 신체 접촉이나 불법 촬영과 유포, 성기의 고의적 노출 등 공연음란 수준의 행동일 경우입니다.

만 10세 이상이 되면 「소년법」의 적용을 받기 시작하여 경찰에 수사기록이 남고 심하면 소년보호재판을 통해 사회봉사나 특별교육을 명령받거나 감호시설이나 소년원에 송치될 수 있습니다. 이것은 전과기록은 아니지만 가정법원의 소년부에는 기록이 남습니다. 그리고 만 14세 이상은 성범죄 전과자가 될 수 있습니다. 아동 성착취까지 일어났던 N번방 사건을 계기로, 미성년자가 가해자일 경우에도 성범죄의 처벌 수위가 상당히 높아졌습니다.

초등학생에게도 필요한 성추행 예방교육

"상대방이 당황해하거나 기분 나빠할 말은 하지 말아야 하고, 명확히 동의하고 허락하지 않았다면 상대방의 몸에 손을 대면 안 된다. 그리고 때리거나 협박하지 않았어도 난폭한 행동을 했다면 폭행이고, 성적인 침해를 느낄 만한 행동이었다면 강제추행이다."

이것은 성추행 예방과 관련해 아이들이 반드시 알아야 할 사실입니다. 다소 어려울 수도 있지만 이런 사실에 관한 교육을 하고 부모님께도 이와 관련해 아이들과 이야기를 나눠 달라는 협조를 구해야 합니다. 그리고 이를 기록으로 확실히 남겨 놓아야 성추행이 될 수 있는 사례가 발생했을 때 문제를 해결하는 데 도움이 됩니다. 한편 중등에서는 이미 많은 피해 사례가 보고되었고 최근에는 초등에서도 성폭력 사안으로 강제전학까지 일어났습니다. 이런 경우 가정법원에 소년보호 재판과 민사상 손해배상을 요구할 수 있습니다.

성추행과 관련된 명확한 개념을 미리 심어 주지 않는다면, 아이들의 성적 행동은 습관이 되고 나중에는 걷잡을 수 없는 수위의 문제행동으로 발전할 수 있습니다. 초등학교 시절부터 제대로 알려 주지 않으면 중학교 이후에 대형사고를 일으킬 수 있고, 어쩌면 초등학교 시절까지 들추어 교사에게 책임을 물을 수도 있습니다.

교사가 성추행 피해를 당했다면

드물긴 하지만 성추행 피해를 당한 선생님들에 대한 이야기가 들려올 때가 있습니다. 너무 당황스럽고, 이런 피해를 어디에 털어놓기도 어렵다는 얘기가 주를 이룹니다. 아직까지도 이런 문제는 누군가에게 털어놓는 것이 금기시되는 분위기가 지배적입니다. 때문에 선생님들은 *끙끙* 속앓이를 할 뿐이지요.

학교에도 성고충상담원이 남녀 교원 각각 지정됩니다. 보통 보건교사나 체육부장, 교감 선생님 등이 해당 역할을 맡습니다. 물론 이분들에게 상담을 하는 일도 어렵긴 마찬가지일 것입니다. 그렇다면 평소 친분이 있는 동학년의 믿을 만한 선배 교사는 어떨까요? 만약 내가 당한 기분이 이상한 경험이 성추행이 맞는지 의심스럽다면 조심스럽긴 하지만 다른 선생님들에게 그 같은 경험이 없었는지 알아봄으로써 피해 사실을 확인하는 것도 필요합니다. 그러면 학생을 지도할 근거가 좀 더 확보되는 셈이지요.

내가 교사로서 이런 일까지 당해야 하나 싶은 괴로운 마음이 들 수도 있습니다. 그럴 때는 위클래스의 전문상담 선생님이나 교육청에서 제공하는 교원치유지원센터 전문상담, 교직원 공제회 등에서 제공하는 무료 전문상담 등을 찾아 도움을 받으세요.

Tip

성폭력 피해자를 돕는 기관들

1. 한국성폭력위기센터(02-883-9284)
2. 한국여성인권진흥원 여성긴급전화(☎1366)(women1366.kr, 카카오톡 검색창에서 'women1366'으로 검색)
3. 성폭력피해자 지원센터(1899-9075)

억울하게 아동 성학대 혐의로 조사를 받게 되었어요

초임 남교사입니다. 학생들이 저를 잘 따르다 보니 몇몇 여학생들은 좋아한다며 안겨 오기도 했습니다. 나를 좋게 생각해 주는 학생들이 고맙고 다행이라고 느끼면서도, 혹시 문제가 될까 봐 조심스레 밀쳐 내곤 했습니다. 그리고 제가 책상에 앉아 있을 때 무릎 위에 앉으려고 하는 여학생들의 행동은 걱정되는 측면이 있어 의도적으로 하지 못하게도 했고요. 한번은 차를 몰고 퇴근하는데 집이 먼 학생이 걸어가고 있길래 잠시 태워 주기도 했는데, 소문이 이상하게 나서 참 당황했어요. 결국 학교 밖에서는 학생들을 만나도 모른 척하게 됐습니다.

특히 여학생들은 이유도 알 수 없게 토라지고 칭얼대는데 어떻게 해야할지 답이 안 나오더라고요. 저를 놓고 여학생들끼리 경쟁하는 것처럼 느껴질 때는 내가 착각하나 싶기도 하지만, 정말 어디서 이런 관심을 받나 싶은 생각도 들었습니다.

그러다가 하늘이 무너지는 일이 터졌습니다. 제가 여학생들을 강제로 껴안고 만지고 차에 태우고 은밀한 곳으로 데려갔다는 등 이상한 소문과 신고 때문에 아동 성학대 혐의로 조사가 시작된 겁니다.

대형사고입니다. 아동학대 조사관에게는 최대한 말을 하지 말고,

바로 변호사를 선임해야 합니다. 성범죄와 아동학대는 명백한 증거를 확보하기가 어렵고 피해가 매우 크며 피해자의 신고가 힘들다는 공통점이 있습니다. 따라서 피해자의 구체적이고 일관된 진술만으로도 유죄 판결이 내려지기가 쉽습니다. 물론 아동학대 조사관, 경찰, 검찰, 법원으로 이어지는 각 단계마다 조사한 내용이 일관되어야 하므로 일관성을 충족시키는 것이 그리 간단한 일은 아닙니다.

피의자가 된 교사는 조사를 받는 초기부터 적극적으로 무죄를 증명해야 합니다. 만약 일부 잘못이 사실이라면 자신이 저지른 잘못과 저지르지 않은 잘못을 명확히 구분하는 것이 선행되어야 합니다. 그리고 저지른 잘못을 인정하여 합당한 죗값을 치러야 합니다. 그래야 저지르지 않은 잘못으로 인한 형벌을 피할 수 있습니다. 가능한 모든 증거를 동원하여 초기대응을 제대로 하지 못하면, 길어지는 재판 과정에서 만신창이가 되어 극단적 선택을 할 가능성도 커집니다.

성인을 대상으로 했다면 범죄가 되지 않는 언어적 성희롱이라도 미성년자를 대상으로 했다면 아동학대 범죄가 됩니다. 게다가 초기 진술에서 신체 접촉이 있었다는 사실이 확인되고, 그것이 성적으로 기분이 나빴다는 아동의 진술이 한 번이라도 들어가면 상황은 더욱 심각해집니다. 초기부터 직위해제 상태에 놓이게 되는 것이죠. 게다가 이런 혐의만으로도 교사는 언론을 통해 수만 명의 네티즌들에게 파렴치한으로 매도당하게 됩니다. 이후 증거불충분 등으로 형사상 무혐의 판정을 받더라도 해임 이상 징계가 내려질 수도 있습니다.

교사가 아동 성학대 문제에 연루되지 않기 위한 가장 현명한 처신은 서로 간 확실한 동의나 누가 보더라도 용인될 만한 상황이 아니라면 신체 접촉이 불가능한 거리를 유지하는 것입니다. 단 둘이 차에 타거나 교실에 있는 등의 상황 자체를 만들지 말아야 합니다.

Tip

이런 일이 왜 발생할까요? 선생님의 부주의에도 원인이 있겠지만, 여학생들의 지나친 행동을 평소 허용한 것이 원인일 수도 있습니다. 남자 교사의 경우 여학생들의 애정 표현이 지나칠 경우 그 마음은 알아주되 행동은 조심해야 한다는 것을 분명히 알려 줘야 합니다.

참고

유용한 교육 법령 정보와 매뉴얼

1. 국가법령센터 : 교원지위법, 학교폭력예방법, 아동복지법 등의 법률과 시행령, 교육부 고시 (law.go.kr)
2. 2020 개정 교육활동 보호 매뉴얼 (bit.ly/322keDn)
3. 아동학대예방 학교용 가이드북(교육부) (bit.ly/3GOMMPj)
4. 유치원 어린이집 아동학대 조기 발견 및 관리 대응 매뉴얼(교육부·보건복지부) (bit.ly/3seW1V4)
5. 학교폭력 사안처리 가이드북 2021년 개정판(교육부) (bit.ly/3yB2Np6)

위 매뉴얼이나 가이드북은 관련 법령, 고시, 지침 등이 자주 바뀌기 때문에 보통 매년 2월 말이나 3월 초에 전체적으로 수정되어 게시됩니다. 학교에도 한 부씩 배부되며, 교육부와 시도교육청 홈페이지 자료 게시판에도 올라옵니다. 간혹 법령 개정과 지침 변경으로 같은 연도에 다시 수정되는 경우도 있으므로 사안 발생 시에는 이를 반드시 확인하기 바랍니다.

학생이 휴대폰 불법촬영을 한 것 같아요

이제 막 자기 스마트폰을 갖게 된 학생의 이야기입니다. 사진 찍기에 재미가 붙었는지 친구들이 찍지 말라고 해도 무시하고 계속 찍어대더군요. 그런데 그 학생이 계단을 올라가는 여학생이나 여선생님을 올려다보며 촬영한다든지 하는 모습이 목격되곤 했습니다.

휴대폰을 보자고 하니까, 어디서 들었는지 자기 핸드폰을 강제로 볼 수는 없는 거라고 하더군요. 저는 괜히 학생인권 침해로 민원을 받을까 봐 그냥 넘어갈 수밖에 없었습니다. 저대로 두었다가 더 심각한 일을 저지르지 않을까 걱정됩니다.

허락 없이 남의 사진을 찍는 것 자체가 초상권 침해입니다. 이로 인해 정신 또는 재산상의 피해가 발생한다면 민사소송을 통해 손해배상을 해야 할 수도 있습니다. 물론 학생은 배상할 돈이 없을 테니 보호자가 그 책임을 져야 합니다.

단순한 초상권 침해보다 훨씬 심각한 범죄가 바로 몰래카메라라고 불리는, 성적인 목적의 불법촬영입니다. 최근에는 N번방 사건으로 관련 법이 더욱 강화되어 불법촬영의 범위가 상당이 넓어졌습니다. 그래서 사진을 촬영할 때 노출이 있는 의상을 입고 있는 사람이 함께 찍했고 그 사람이 불법촬영을 주장하면 촬영한 사람은 성범죄자로 몰릴 수 있습니다. 스마트폰 기술이 워낙 발달해서 중요 부위만 확대해서 저장해 두거나 유포하여 적발되는 사례도 적지 않기 때문입니다.

초등학생들에게 휴대폰 카메라는 아주 좋은 장난감입니다. 성에 관한 교육을 제대로 받지 못한 학생들은 그것이 얼마나 큰 범죄가 될 수 있는지도 모르고 별생각 없이 습관적으로 사진을 찍을 수 있습니다. 하지만 이런 행동이 선을 넘어 범죄가 되는 일은 생각보다 쉽게 일어날 수 있습니다.

실제로 이런 사진들이 학생의 호기심이나 이제 막 눈뜨기 시작한 성적인 욕구를 충족시키는 데 이용될 수 있습니다. 불법 사이트를 통해서 돈을 버는 수단이 될 수도 있고요. 최근에는 이런 범죄에 연루되는 연령이 점차 낮아져 이젠 초등학생에게도 일어날 수 있는 일이 되었습니다.

명백한 범죄라면 반드시 신고해야

만 14세 이상이 이런 불법 촬영 범죄를 저질렀을 때 피해자가 누구인지 모르거나 합의가 되지 않을 경우 성범죄 전과자가 될 수 있습니다. 만 10세 이상부터 만 14세 미만의 촉법소년들도 소년보호재판을 받으며 전과는 아니지만 조사한 기록이나 재판기록이 남을 수 있습니다. 처분 이후 아무 사건이 없다면 괜찮겠지만, 억울하게 비슷한 사건과 연관되었을 때 불리하게 작용할 가능성이 높습니다. 그러니 어려서부터 나쁜 습관은 바로 없애야 합니다.

선생님이 명백한 범죄사실을 인지했다면 신고의무가 발생합니다. 남녀 할 것 없이, 성적 수치심을 줄 만한 촬영이라면 수사기관에 신고해야 합니다. 특히 동성끼리 장난이라는 이름으로 강제나 강요로 옷을 벗기고 촬영한다면 이는 대형사고입니다.

그러니 불법 촬영의 조짐이 있을 때 예방적 차원에서라도 학부모와 연락하여 교육적으로 주의를 줄 것을 부탁하는 것이 좋습니다. 그래야 이후 피해자가 나타나 신고하더라도 선생님은 자신의 의무를 다한 것이 됩니다. 만약 명백한 피해 사진이 확인되었다면 선생님은 더더욱 신속하게 신고해야 합니다. 그러지 않는다면 학교폭력 사안을 은폐 축소한 것이 됩니다.

휴대폰 제출 거부 문제는 다시 촬영하지 않도록 주의를 주고 넘어갈 수도 있습니다. 하지만 촬영 현장이 목격되는 등 불법 촬영의 뚜렷한 근거가 있다면 경찰 출동을 통해서 압수, 조사할 수 있습니다. 그냥 넘어가면 피해가 상당히 커질 수 있기 때문입니다. 그래도 제멋대로 사진을 찍는 행동이 개선되지 않는다면, 교내 각종 위원회를 통해 접근하는 것이 좋습니다. 그러면 교사 개인이 져야 할 부담이 줄어들 수 있으니까요. 그래도 개선되지 않는다면 경찰에 신고해야 할 수도 있습니다.

교사를 촬영해서 유포하는 행동도 교육활동 침해입니다. 이는 중등 남학생에게서 매우 빈번히 발생하는 심각한 문제행동으로, 최근에는 초등학교에서도 정도는 비교적 약하지만 유사한 사례가 보고되고 있으니 주의하기 바랍니다.

이와 관련하여 디지털성범죄 피해가 발생할 경우에 도움을 받을 수 있는 곳은 여성가족부 디지털성범죄 피해자 지원센터(d4u.stop.or.kr, 02)735-8994, 평일 10:00-17:00)입니다.

「교육활동 침해 행위 및 조치 기준에 관한 고시」[교육부고시 제2021-26호, 2021. 10. 1., 일부 개정] 중 사안과 관련한 부분을 살펴봅니다.

제2조 (교원의 교육활동 침해 행위) 교원의 교육활동(원격수업을 포함한다)을 부당하게 간섭하거나 제한하는 행위는 다음 각 호와 같다.

1. 「형법」 제8장 (공무방해에 관한 죄) 또는 제34장 제314조 (업무방해)에 해당하는 범죄 행위로 교원의 정당한 교육활동을 방해하는 행위

2. 교육활동 중인 교원에게 성적 언동 등으로 성적 굴욕감 또는 혐오감을 느끼게 하는 행위

3. 교원의 정당한 교육활동에 대해 반복적으로 부당하게 간섭하는 행위

4. 교육활동 중인 교원의 영상 · 화상 · 음성 등을 촬영 · 녹화 · 녹음 · 합성하여 무단으로 배포하는 행위

5. 그 밖에 학교장이 「교육공무원법」 제43조 제1항에 위반한다고 판단하는 행위

학생의 무리한 장난으로 사고가 났어요

현장 체험학습이 있어서 출발 전에, 또 현장에 도착한 후에도 안전교육을 실시했습니다. 그런데 평소에도 행동이 과격했던 A 학생이 무리한 장난을 치다가 다치고 말았습니다. A 학생의 학부모는 교사가 지도 감독을 소홀히 했다며, 거액의 치료비와 위자료를 요구했습니다. 또 요구가 받아들여지지 않으면 학교장부터 다른 선생님들까지 그동안 잘못했던 일들을 찾아내 형사, 민사, 행정 소송을 모두 걸겠다고 협박했습니다. 며칠 후 학교에 변호사 도장이 찍힌 내용증명 우편이 도착했습니다. 고소를 예고하는 그 통지서에는 우리 학교를 폄하하는 글들이 어려운 법률용어들과 함께 가득 적혀 있었습니다. 그리고 A 학생의 삼촌이라는 사람도 학교에 찾아와 빨리 조치하지 않으면 언론에 제보하겠다고 으름장을 놓았습니다.

무지가 공포를 불러옵니다. 사례의 사건은 사실 별일이 아닙니다. 교사가 안전교육과 관리를 제대로 실시했는데도 불구하고 학생의 잘못으로 인해 사고가 난 것이기 때문에 교사는 책임이 없거나 경과실 정도가 인정될 것입니다. 그러면 개인이 배상하지 않고 국가에서 치료비를 배상합니다. 민사소송을 하여도 소송 비용에 비해 판결로 기대할 수 있는 금액이 매우 적고, 행정소송을 하여도 관련자가 징계를 받거나 손해배상을 할 일은 거의 없습니다.

요즘은 교육청에서 법률적 지원을 상당 부분 제공하니 도움을 청하는 것이 좋습니다. 괜히 교육청에 연락했다가 학교가 감사를 받거나 문제가 생기면 어쩌나 고민할 필요 없습니다. 교육청의 1차 목적은 선생님들이 무고한 침해를 받지 않고 교육에 전념하게 돕는 것입니다. 사실 문제가 불거지면 교육청도 곤란하기 때문에 초기대응이 가장 중요한 것을 알고 그것을 돕기 위해 장치를 마련한 것입니다.

이런 사건을 몇 번 겪은 교사들은 학교가 두려워할 것이 없다는 것을 압니다. 다만 사건이 진행되면 많이 번거로울 수는 있습니다.

소송하겠다고 위협하는 진짜 이유는?

소송 위협은 갑작스런 사건으로 학교에 대한 섭섭한 마음이 생긴 후 거기에 평소 자녀에게 가졌던 미안함과 학창시절 상처까지 뒤섞여 폭발한 학부모가 보일 수 있는 행동입니다. 학교를 공격하는 것이 자녀를 보호하는 일이라고 생각하는 것이지요.

자녀의 비행을 교사의 잘못으로 상쇄시켜 징계를 면하겠다는 시도가 매우 빈번하게 일어납니다. 그러나 이런 시도는 자녀의 비행에 대하여 학교와 협력해 지도할 기회를 놓치게 할 뿐 아니라 교사를 곤경에 빠뜨려 다른 학생들에게도 악영향을 끼칩니다. 처음부터 학부모와 소통이 잘 되었으면 이렇게까지 되지 않았을 텐데 하는 아쉬움이 있습니다.

하지만 소송은 자신이 정당하다 해도 길게는 수년 동안 이어지는 과정이 힘들 뿐 아니라 승소해도 큰 이득이 없고 일부라도 패소한다면 피해가 적지 않습니다. 그래서 학부모 상담을 통해 화를 풀어 주고, 학교 측에 명백한 잘못이 있다면 사과하고 학생을 성심껏 지도하겠다고 다짐하는 등 적당한 선에서 합의하여 소송까지 가지 않는 것이 현명한 결정일 수 있습니다.

간혹 정말 돈을 목적으로 저런 협박을 하는 경우도 있는데, 그럴 때는 더욱더 걱정할 필요가 없습니다. 진짜 소송이 진행된다면 소송비용에 비해 받아 낼 수 있는 액수가 매우 적을 것이기 때문입니다. 협박을 통해 수백만 원을 받아 내려는 '안 되면 말고' 전략인 것이지요.

변호사 선임, 어떻게 해야 할까?

어쩌다 정말로 고소장이 접수되어 교사가 경찰 조사를 받게 되거나 재판이 진행되는 상황이 생기기도 합니다. 초기 조사는 응급상황시 골든타임처럼 중요한 시기입니다. 이럴 때는 경찰 조사 전에 교사노조 등 교원단체에 문의하여 교권침해 사건에 경험이 많은 변호사를 소개받거나 교육청에 등록된 변호사 인력풀을 알아보는 것이, 교사 스스로 인터넷을 검색하는 것보다 나을 것입니다.

최소 3명 이상의 변호사와 상담한 후 계약하길 바랍니다. 변호사 선임료는 통상 330~550만 원 이상입니다. 이때 가장 중요한 것은 변호사에게 자신이 잘못한 부분, 불리한 부분을 빠짐없이 얘기해야 정확한 조언을 들을 수 있다는 점입니다.

여러 변호사와 상담을 해서 선임할 필요가 없는 사안이라고 판단되면, 상담 시에 들은 조언에 따라 스스로 진행하는 방법도 가능합니다. 그러나 추천하지는 않겠습니다. 왜냐하면 변호사의 수임료가 매우 큰 돈인 것 같지만, 재판 과정의 불안함과 패소 시 피해에 비하면 적은 액수일 수 있기 때문입니다.*

수임료가 엄청난 전관 변호사나 대형 로펌이 무조건 좋은 것은 아닙니다. 직접 연락하며 언제든 편안하게 상담할 수 있는 변호사가 좋습니다. 유튜브 등에 검색하면 확인할 수 있는 변호사 선임 및 소송 진행 상 주의사항을 충분히 숙지하고, 한번 계약하면 환불받기 어려우니 계약 조건을 꼼꼼하게 살핀 후 계약하기 바랍니다.

그렇게 고민해서 계약했다면 변호사를 믿고 침착하게 진행합니다. 물론 변호사가 내 마음처럼 다 해 주지는 않을 것입니다. 또 사건을 가장 잘 아는 사람은 교사 본인이므로, 변호사는 전문 법률 지식으로 도움을 주는 사람이라 생각하며 단계마다 내용을 확인받는 정도가 좋습니다.

상대 측에서 언론을 동원하여 학교를 압박하기도 하는데, 이것은 증거가 불충분하여 전략적으로 학교를 괴롭혀서 굴복시키려는 의도일 때가 많습니다. 정보 왜곡을 막기 위해 비밀을 유지하고, 언론에 대해서는 교감이나 관련 부장 등으로 창구를 일원화하여 대응합니다.

---

* 변호사에게 경찰서 조사 동행 1회 수임을 하는 것도 방법 중 하나입니다. 해당 부분에 대해서는 변호사와 상의하기 바랍니다.

보건복지부 '2020년 아동학대 주요통계'에 따르면, 2020년 초중고 교직원에 의한 아동학대 인정 건수는 총 30,905건 중 882건입니다. 코로나19 이전인 2018~2019에는 연간 2,000명 이상의 교사가 아동학대 가해자 판정을 받았습니다.

아동학대 행위자로 신고가 되면 시청, 그리고 경찰서 여성청소년계에서 관리하는 '국가아동학대정보시스템'에 신고사항과 신상정보가 등록될 수 있습니다. 관련 기관이 아동학대 행위자로 판단할 경우, 재판 전이라도 국가아동학대정보시스템에 아동학대 행위자로 등록될 수 있습니다. 이렇게 등록되는 교직원이 연간 1,000~2,000여 명에 달합니다. 이들은 재판의 처분 결과와는 별개로, '학생에 대한 신체적·정신적·정서적 폭력 행위'이므로 비위의 정도에 따라 견책에서 파면까지 징계를 받을 수 있습니다. 아동학대 사건의 경우 재판을 받으면 10퍼센트 정도가 징역형의 집행유예 이상이 선고되며, 그러면 당연히 해임이나 파면 등 중징계를 피할 수가 없습니다. 무죄나 공소기각은 1퍼센트 내외이며, 때론 벌금형만으로도 해임 처분이 내려지기도 합니다.

학교폭력 가해학생, 교육활동 침해학생, 정신·정서 장애 등으로 인한 심각한 수업 방해 학생 등에 대한 지도나 위원회 등의 절차가 진행되면, 해당 학생의 학부모가 반발 수단으로 관련 교사를 일단 아동학대 의심으로 신고하는 사례가 급증하고 있습니다. 일단 신고가 되면 검찰에서 무혐의 판단이 나올 때까지 보통 6개월, 심하면 1년 이상의 시간이 걸립니다. 게다가 무혐의가 나오면 다른 혐의로 또 신고하는 경우도 적지 않습니다. 관련 선생님은 만신창이가 되어 정신과 상담을 받고, 결국 정상적인 수업이 불가능해집니다.

신고나 소송 위협이 있을 때 잘 대처해야 하는 부분과 크게 걱정하지 않아도 되는 부분을 잘 구별할 수 있도록 평소에 법률적 상식을 갖추고, 관련 사안이 발생하면 교원단체 등의 전문가에게 신속히 도움을 받기 바랍니다.

자녀의 특수교육을 거부하는 보호자

매일 산만한 행동에 끊임없이 혼잣말을 중얼거리기도 하고, 아무리 부드럽게 타일러도 소리를 지르거나 주위 학생들을 때리곤 합니다. 심지어 저도 여러 번 맞았습니다. 주먹으로 안 되면 할퀴거나 머리카락을 잡아당기거나 깨물기도 합니다. 상담 선생님께 여쭤보니 소아정신과 치료나 특수교육이 필요할 것 같으니 전문가의 진단검사를 받도록 하자고 하십니다.

문제는 상담 선생님과 함께 이런 의견을 말씀드려도 학부모님이 절대 받아들이려 하지 않는다는 것입니다. 우리 애를 모자란 사람 취급하지 말라거나, 선생님의 능력 부족을 우리 애 탓으로 돌리지 말라고 하네요. 그러면서 교사가 사랑으로 아이를 이끌어 줘야지, 문제아 취급하면서 쫓아내려고 하면 안 된다고, 또 검사 얘기를 꺼냈다가는 가만두지 않겠다고 합니다.

체벌이 허용되던 과거에는 자신이 이런 행동을 하다가는 선생님께 맞을 수도 있겠다는 두려움 때문에 행동이 억제되어 큰 문제가 되지 않았습니다. 하지만 요즘 아이들은 선생님이 나한테 함부로 하지 못한다는 것을 본능적으로 알고 있습니다. 게다가 맞벌이나 이혼의 증가 같은 사회적 요인으로 부모와 친밀한 애착을 적절히 형성하지 못하고 또 어려서부터 스마트폰에 과도하게 노출되는 등 이로 인한 정서적인 문제가 크게 증가하고 있습니다.

정신과 치료 대상과 특수교육 대상은 엄밀히 구별해야 합니다만, 전문가의 진단이 있기 전까지 일반적으로는 구별하기가 매우 힘든 것이 사실입니다. 게다가 많은 부모님이 그 사실을 받아들이기 어려워합니다. 사례의 학부모처럼 말이지요. 문제는 저 상황이 계속되면 선생님과 같은 반 학생들, 그리고 그 누구보다 학생 본인이 계속 피해를 본다는 것입니다.

현행법상 특수교육 대상자라 하더라도 본인이 원한다면 통합학급에서 교육을 받을 수 있으며 정신과 치료를 강제할 수도 없습니다. 본인과 보호자의 안타까운 심정과 그 선택을 이해하고 존중해야 하겠지만, 그렇다고 같은 반 학생들을 저런 상황 속에 계속 방치해야 하는 걸까요? 학생들은 모든 것을 묵묵히 견뎌 내야 하는 걸까요?

학부모의 자발적 협조를 얻을 수 없다면?

아무리 장애 때문이라 해도 그로 인해 주위에 피해를 주면 손해배상 의무와 형사적 책임이 있을 수 있습니다. 장애가 위원회나 법원에서 감경 사유가 될 수는 있지만, 무조건적인 면죄 사유가 되진 않습니다. 교사의 권유에도 불구하고 계속 진단검사 및 처방을 거부한다면 해당 학생이 교칙을 어긴 부분에 대하여 위원회를 개최하고 교내봉사, 사회봉사, 특별교육, 출석정지, 학급교체, 강제전학 등 징계 처분을 할 수 있습니다.

징계 처분이 무슨 소용이 있을까 싶지만, 교실 내에서 담임교사의 노력이 한계에 도달했을 때는 도움이 될 수도 있습니다. 특히 특별교육을 부과한다면 위센터 등의 전문가에게 진단검사를 받게 할 수 있습니다. 이렇게 하면 치료나 특수교육을 받아들이는 학부모가 꽤 있습니다.

위원회를 여러 번 개최했는데도 불구하고 개선되지 않고 극심한 폭력을 계속 행사하면 어떻게 할까요? 강제전학도 가능하긴 하지만 소위 '폭탄 돌리기'는 좋은 방법이 아닙니다. 학생이 현행법상 만 10세 이상이면 학교에서 「소년법」에 따라 가정법원으로 통고하여 소년보호처분을 내리는 것이 가능합니다.

「소년법」 제32조 (보호처분의 결정) ① 소년부 판사는 심리 결과 보호처분을 할 필요가 있다고 인정하면 결정으로써 다음 각 호의 어느 하나에 해당하는 처분을 하여야 한다

6. 「아동복지법」에 따른 아동복지시설이나 그 밖의 소년보호시설에
   감호 위탁
7. 병원, 요양소 또는 「보호소년 등의 처우에 관한 법률」에 따른 소
   년의료보호시설에 위탁
8. 1개월 이내의 소년원 송치
9. 단기 소년원 송치

대개는 이런 조치를 취하기 전 학부모가 치료를 시작합니다. 하지만 가정 형편이 극히 어렵거나 아동학대 방임 수준인 가정에서는 이 조치까지 실행해야 할 수도 있습니다.

문제는 국가에서 운영하는 소년보호시설 인프라가 극히 열악하다는 점입니다. 국가 예산이 쓰여야 할 곳에 제대로 쓰이지 못하는 일이 많습니다. 미래 세대의 변화를 위한 소년보호시설 인프라가 빠른 시일 내에 확충되고 개선되면 좋겠습니다.

Tip

유, 초등 단계에서 적절한 치료가 이루어진다면 그 학생은 건전한 사회 구성원으로 돌아올 가능성이 매우 큽니다. 하지만 적절한 시기에 치료를 거부한다면 부모의 바람과는 다르게 아이의 인생에 더 큰 어려움이 생길 수 있습니다. 지자체에서는 매년 예산 소진 시까지 진단검사나 치료비용을 지원해 주기도 하니, 선생님은 필요하다고 판단될 경우 학부모에게 지자체의 지원을 받아 진단검사와 치료를 받을 수 있음을 안내합니다.

폭탄 교사(?)를 퇴출하라

우리 학교에 폭탄 교사로 유명한 선생님이 전입을 오셨습니다. 소문에 의하면 과거에 학부모 민원으로 유죄판결을 받아 벌금형과 징계를 받은 적도 있고, 담임 교체도 몇 번 당해서 더 이상 담임도 맡지 않는답니다. 동료 교사들과도 갈등을 빚어 이전 학교 동료 교사 수십 명을 고소하기도 했는데, 물론 무혐의로 끝났다고 합니다. 그런데도 본인은 계속 억울하다고 하면서 자신은 잘못이 없는데 모두가 자신을 괴롭힌다고, 자신은 교권침해 피해자라고 주장한답니다.

그래서 이번에는 다른 선생님들과 마주칠 일이 거의 없는 가장 가벼운 업무를 받으셨는데도 다른 선생님들과의 마찰이 끊이지 않습니다. 수업 들어가는 반마다 학생들이 그 선생님 행동이나 수업 내용이 이상하다고 하고요. 학부모 상담에서도 아이들이 그 선생님이 수업시간에 이상한 행동을 한다고 그러는데 어떻게 된 거냐고 종종 질문을 받습니다. 주변 선생님들 말씀에 따르면 어쩌다 업무상 이야기를 나누게 되면 일단 신경질에 비아냥부터 시작한다고 하네요.

공무원이 철밥통이라지만 이런 분들까지 함께해야 하나 싶습니다. 저나 동료 교사들이 불편하고 일을 더 나눠서 하는 건 둘째치고, 학생들 보기에 너무 부끄럽고 미안합니다.

어느 직장에나 그 직무에 부적합한 사람이 20퍼센트 정도는 있다고 합니다.* 그러니까 100명의 직원 중 20명쯤은 없어도 조직이 잘 돌아갈 거라는 얘기입니다. 심각한 경우는 조직에 오히려 해가 되기도 하고요. 그나마 교직은 엄격한 선발과 지속적인 교육을 통해 그런 사람의 비율이 5퍼센트 정도 될까요? 어찌 보면 정말 다행이다 싶습니다.

문제는 그 5퍼센트의 교사가 도움이 안 되는 정도를 넘어 주위에 점점 더 심각한 피해를 주는 경우입니다. 그러다 보면 학생들에게도 적지 않은 악영향을 주고 교사 집단 전체에 대한 불신을 조장하게 됩니다. 이런 교사를 통제하기 위해 제도를 마련할 수도 있지만, 그것이 성실한 교사들의 교육활동에 걸림돌이 될 수도 있어서 이마저도 쉽지 않습니다. 폭탄 교사를 퇴출시키려다 정작 교직에 정말 필요한 바른말을 잘하는 교사, 새로운 교육활동을 끊임없이 시도하는 교사들이 걸려들 우려가 있다는 말입니다.

선량한 교사와 학생들을 보호하기 위해, 해가 되는 교사는 반드시 통제하고 개선하고 혹은 퇴출해야 합니다. 그래야 공교육이 회복됩니다.

폭탄 교사(?)를 퇴출시키려면?

현재 폭탄 교사 퇴출을 위한 제도들은 제 구실을 못하고 있습니다. 교원능력개발평가에서 최하점을 받으면 특별 연수를 받아야 하고, 그

---

* 파레토 법칙, Pareto principle

래도 개선되지 않으면 퇴출을 검토합니다. 하지만 절차상의 문제나 지나친 온정주의 또는 몰이해로 인해 퇴출 대상 교사들에게 적절한 처방이 이루어지지 못하는 실정입니다. 오히려 노력하는 교사들의 자존감을 꺾는다는 평가도 있습니다.

명백한 징계사유나 범죄행위가 있다면 특별감사나 징계위원회를 개최할 수 있습니다. 그러나 관리자가 이를 실행하기 위해서는 명확한 증거와 증인이 확보되어야 하고 역공당할 우려가 적어야 합니다. 지목된 교사는 어떻게든 학교나 관리자, 동료 교사에 대해 트집을 잡아 물의를 일으키려 할 가능성이 크기 때문입니다. 이런 상황은 갑질 부패 관리자 문제에서도 마찬가지입니다.

그렇다면 털어서 먼지 안 날 만한 선생님들이 역공당할 가능성을 최대한 대비한 상태에서, 녹음, 녹화, 목격 학생과 교사들의 진술 등을 모두 모아 감사를 의뢰하거나 형사고발을 진행해야 합니다. 하지만 앞장섰다가 아무도 도와주지 않으면 난처한 입장이 될 수도 있다는 걸 모두 알고 있어서 '고양이 목에 방울 달기'처럼 좀처럼 쉽게 나설 수 없는 것이 현실입니다.

그나마 이제는 각 시도교육청의 '질환교원심의위원회'를 이용할 수 있습니다. 질환교원심의위원회의 운영방식은 다음과 같습니다.

서울특별시교육청 「질환교원심의위원회 규칙」(2021. 2. 15.)

1. 제정 이유

가. 정신적·신체적 질환교원에 대하여 직무수행 가능 여부를 객관적이고 공정하게 심의하여 치료 기회를 부여하고 재활방안을 제공

하는 등 치유 지원으로 신분상의 불이익을 방지하고,

나. 질환교원으로부터 학생을 보호하고 학습권을 보장하여, 학교 내 갈등, 학생 및 학부모의 민원을 해결하고 공교육에 대한 신뢰를 회복하고자 질환교원심의위원회 규칙을 제정하려는 것임

2. 주요 내용

가. "질환교원"은 서울특별시 교육감이 설치한 학교에 소속한 교원 중 특별장학 또는 감사 결과 정신적·신체적 질환으로 장기적·지속적으로 정상적인 직무수행이 불가능하다고 판단되어 심의를 요청받은 교원을 말함 (제2조)

나. 질환교원의 직무수행 가능 여부 심의는 의사의 진단서 또는 소견서, 학교장 의견서, 이해당사자의 의견 청취 등을 통해 객관적이고 공정하게 이루어지도록 함 (제6조)

다. 교육감은 특별장학 또는 감사 실시 기관(부서)으로부터 질환교원에 대한 심의를 요청받은 경우 위원회에 즉시 심의를 요구하고 위원회는 30일 이내(단, 위원회 의결로 30일 연장 가능)에 교육감에게 심의 결과를 통보하여야 함. 위원회의 심의 결과는 "직무수행에 문제없음", "교육감 자체 처리(상담 또는 심리치료 권고 등)", "직권휴직 심의 회부" 중 하나로 결정함 (제10조)

라. 이 규칙에 따라 위원회와 해당 교원 관할 교육공무원인사위원회의 심의를 거쳐 휴직하였던 교원이 복직원을 제출하면 위원회는 복직원을 제출받은 날로부터 14일 이내(단, 위원회 의결로 14일 연장 가능)에 교육감에게 심의 결과를 통보하여야 함. 위원회의 심의 결과는 "복직", "직권휴직연장 심의 회부", "직권면직 심의 회부" 중 하나

로 결정함 (제15조)

질환교원심의위원회에서 직권휴직으로 정신과나 심리치료 등을 받게 하고, 그 기간이 지났는데도 복직할 만큼 회복되지 않는다면 직권면직으로 교직에서 퇴출시키는 제도입니다. 교사가 근무 중 당한 사고나 심각한 교권침해로 인해 생긴 질환이라면, 공무상 요양 심사를 통해 치료비와 봉급을 모두 보전받을 수 있습니다.

Tip

'폭탄 교사'라 불리는 분들도 깊이 알게 되면 안타까운 사연이 있는 경우가 많습니다. 죄는 미워하되 사람은 미워하지 말라는 말처럼, 혐오의 대상으로 여기기보다는 어떻게 피해를 최소화하고 문제를 해결할 것인지에 초점을 맞춰 대응해 나가야 할 것입니다.

질환교원심의위원회 등 교사를 퇴출할 수 있는 제도가 마련된 후, 혹시 나도 나중에 퇴출 대상이 되는 것이 아닌가 불안한 마음에 제도의 폐지를 주장할 수도 있습니다. 하지만 국민의 신뢰를 회복하고 공교육을 정상화하려면, 부작용을 최소화하는 방향으로 제도가 정착되어야 합니다. 그리고 정말 심각한 상황이 발생하기 전 해당 교사가 정서적, 신체적 어려움을 치유할 수 있도록 배려하는 것 역시 중요할 것입니다.

심각한 원격수업 관련 교권침해

원격수업에 학생들의 참여를 유도하기 위해 제 얼굴을 드러내고 열심히 수업했습니다. 원격수업 중 수업이 재미없다고, 집어치웠으면 좋겠다고 욕하고 키득거리는 말이 들리거나 채팅창에 올라오는 일도 있었습니다. 그것까지는 어떻게 참아냈는데 도저히 참을 수 없는 일이 일어났습니다. 학생들이 자주 들어가는 게시판에 저에 대한 모욕적인 글과 함께, 제 얼굴이 이상한 사진과 합성되어 여러 번 게시되어 있던 걸 뒤늦게 확인했습니다. 너무 모욕적이라서 도저히 수업을 할 수가 없네요.

원격수업 교권침해, 얼마나 어떻게 일어날까?

교사노조연맹에서 2021년 1학기 개학 직전 실시한 '온라인 수업 중 초상권(인격권) 침해 현황에 대한 긴급 교사 설문 조사' 결과, 8,435명 교사 중 7.7퍼센트, 651명이 원격수업 중 초상권 침해 경험이 있다고 응답했습니다. 이 중 학생에 의한 침해 사례가 686건, 학부모에 의한 침해 사례는 418건으로 나타났는데, 성희롱에 해당하는 것도 무려 41건이나 있었습니다.

이후 5월 3일 공개한 전교조의 설문 조사 결과, 4월 15일부터 27일까지 설문에 참여한 유초중고 교사 1,341명 가운데 738명, 55.2퍼센트가 원격수업과 관련해 교권침해를 당한 적이 있다고 답했습니다. 그리고 학생의 교권침해 10건 가운데 7건은 수업 방해였습니다.[*]

교사의 사진을 무단으로 찍어 단톡방에서 돌려 보며 외모 품평, 비하, 성희롱을 하거나 지역 맘카페에 올리는 사례 등도 많았습니다. 또 수업 중인 교사 사진에 낙서해서 게시한 사례, 우스꽝스러운 장면을 캡처하여 자신의 이모티콘으로 사용한 사례, 담임교사의 사진을 전화번호와 함께 누구나 들어올 수 있는 오픈채팅방에 올려놓은 사례, 온라인 수업 중 학생이 성적 발언을 하고 자신의 신체를 노출한 사례, 속옷만 입고 수업에 들어온 사례, 딥페이크로 교사의 사진을 야한 사진과 합성하여 올린 사례 등이 보고되었습니다. 그리고 이런 일은 원격수업이 계속되는 한 바이러스가 확산되듯이 더욱 확산될 가능성이 큽니다.

원격수업 교권침해에 대응하는 법

1) 관련 화면을 캡처하여 증거를 확보한다

윈도 캡처 프로그램으로 관련 화면을 캡처합니다. 이게 어렵다면 휴대폰 동영상이나 사진을 찍어도 괜찮습니다. 이때 문제가 되는 부분뿐 아니라 앞뒤 맥락을 파악할 수 있도록 전체 영상이나 사진을 확

---

[*] '욕설에 상체 노출까지…교사 절반 "원격수업서 교권 침해 경험"', 한겨레, 2021.5.3. (hani. co.kr/arti/society/schooling/993677.html)

보하고 시간, 참여자, 올린 사람 등을 모두 확인할 수 있도록 상세히 캡처합니다. 증거가 확실해야 위원회 진행 및 징계 처리에 효과적입니다.

게시판에 올라온 글은 크롬 브라우저 [오른쪽 점 3개] – [인쇄] – [PDF로 저장] 기능을 활용하여 링크와 페이지 전체를 고스란히 저장합니다.

만약 당황하여 캡처를 하지 못했다면 육하원칙에 따라 전후 맥락이 맞도록 상황을 상세히 기록합니다. 특히 목격자가 있는 경우 반드시 기록합니다. 이것도 증거가 됩니다. 다만 목격자의 기억은 왜곡되기 쉬우니 교권 담당교사에게 신고한 후 목격한 학생에게 가능한 빨리 구체적인 확인서를 받는 것이 좋습니다. 가능하다면 가해학생의 것도 받아 둡니다.

2) 섣부른 대응을 조심하고 침착하게 대처한다

학생들 앞에서의 섣부른 대응은 문제해결을 더욱 어렵게 만들기도 합니다. 대면 수업 중 교권침해가 일어났을 때도 말을 아끼고 시간을 두고 지도해야 하듯이 원격수업 중에도 마찬가지입니다. 즉각 대응하다가 저지른 사소한 실수가 교사에게 잘못이 있다고 주장할 빌미가 될 수도 있습니다.

교권침해는 선생님이 잘못해서가 아니라 해당 학생이 미숙하고 행동 조절에 문제가 있어서 발생한 일입니다. 교사는 그런 미성숙한 학생의 성장을 도와야 합니다. 하지만 이것은 교사에게도 쉬운 일이 아닙니다. 평소에 건강하고 마음이나 업무에 여유가 있어야 가능한 일입니다.

이를 위해 교원치유지원센터는 전국 17개 시도교육청과 연계하여 교사에게 무료 심리상담과 법률자문을 제공하고 있으니, 평소 마음에 어려움이 있으면 꼭 상담을 받아 보기 바랍니다. 또한 교원치유지원센터 자료실에는 교육부 매뉴얼과 교권침해 예방교육 동영상 등 유용한 자료들이 있습니다.

교육청은 교사들의 교육활동과 회복을 돕기 위한 곳입니다. 따라서 교권침해 시 교육청에 문의하면 기본적으로 비밀이 보장되고 교사가 동의한 부분에 대해서만 지원이 이루어집니다. 교육청 문의가 너무 부담스럽다면 소속 교원단체 사무실이나 담당자에게 연락하는 것도 괜찮습니다.

3) 다친 마음을 챙기고 치유한다

교권침해를 당했을 때 교사에 따라 그 반응도 다양합니다. 침착하게 대처할 수 있는 분도 있고, 가슴이 두근거리고 분한 마음이 지속되어 고통스런 분도 있고, 눈물과 울음이 장기간 멈추지 않고 호흡이 불안해질 정도로 심각한 상태가 되는 분도 있습니다. 바로 정신의학과를 찾아 약물 처방을 받아야 하는 분도 있고요.

각 시도별로 절차가 조금씩 다르긴 하지만, 교권침해에 의한 통상적인 정신과 진료비 등에 대해서는 교육청에서 지원해 주니 활용하기 바랍니다.

4) 필요하다면 특별휴가를 사용한다

교권침해가 발생하면 관리자에게 상황 보고 후 나이스 복무사항에서 '특별휴가'를 한 번에 5일까지 사용할 수 있습니다. 이는 연가나 병가가 아닙니다. 여러 가지 교권침해가 반복된다면 특별휴가는 제한 없이 사용 가능합니다. 다만 동일 사안에 의해 5일 이상 쉬어야 할 때는 병가를 사용합니다.

5) 범죄에 해당하는 교권침해는 경찰에 신고한다

가해자와 증거가 명확한 범죄에 해당하는 심각한 교권침해에 대해서는 교권보호위원회를 통해 징계를 진행하거나 법원 통고(만 10세 이상)를 검토할 수 있습니다. 또 형사고발과 민사 손해배상 청구도 가능합니다. 「교원지위법」에 따라 피해교원이 요청하는 경우, 관할청은 형사처벌 규정에 해당한다고 판단되면 형사고발해야 합니다. 만약 관리자와 관할청이 이를 거부하거나 고의로 지연시키면 법률 위반과 직무태만으로 징계 사유가 됩니다.

한편 익명으로 올라온 교사의 심각한 초상권 침해라면 경찰의 도움을 받아야 합니다. 대면에 비해 쉽게 일어날 수 있지만, 그 피해가 훨씬 크기 때문에 처벌도 더 강력합니다. 사이버수사대에서 IP를 추적해 주기도 하지만, N번방 사건처럼 심각한 범죄를 수사하기에도 경찰 인력이 부족해서 실질적으로 도움을 받기 어려울 수도 있습니다.

원격수업 교권침해와 관련한 법률은 다음과 같습니다.

1. 「성폭력처벌법」

제2조 (정의) ① 이 법에서 "성폭력범죄"란 다음 각 호의 어느 하나에 해당하는 죄를 말한다.

1. 「형법」 제2편 제22장 성풍속에 관한 죄 중 제242조(음행매개), 제243조(음화반포 등), 제244조(음화제조 등) 및 제245조(공연음란)의 죄

제14조 (카메라 등을 이용한 촬영) ① 카메라나 그 밖에 이와 유사한 기능을 갖춘 기계장치를 이용하여 성적 욕망 또는 수치심을 유발할 수 있는 사람의 신체를 촬영대상자의 의사에 반하여 촬영한 자는 7년 이하의 징역 또는 5천만 원 이하의 벌금에 처한다.

② 제1항에 따른 촬영물 또는 복제물(복제물의 복제물을 포함한다. 이하 이 조에서 같다)을 반포·판매·임대·제공 또는 공공연하게 전시·상영(이하 "반포 등"이라 한다)한 자 또는 제1항의 촬영이 촬영 당시에는 촬영대상자의 의사에 반하지 아니한 경우(자신의 신체를 직접 촬영한 경우를 포함한다)에도 사후에 그 촬영물 또는 복제물을 촬영대상자의 의사에 반하여 반포 등을 한 자는 7년 이하의 징역 또는 5천만 원 이하의 벌금에 처한다.

④ 제1항 또는 제2항의 촬영물 또는 복제물을 소지·구입·저장 또는 시청한 자는 3년 이하의 징역 또는 3천만 원 이하의 벌금에 처한다.

제14조의2 (허위영상물 등의 반포 등) ① 반포 등을 할 목적으로 사람의 얼굴·신체 또는 음성을 대상으로 한 촬영물·영상물 또는 음성물을 영상물 등의 대상자의 의사에 반하여 성적 욕망 또는 수치심을 유발할 수 있는 형태로 편집·합성 또는 가공한 자는 5년 이하의 징역 또는 5천만 원 이하의 벌금에 처한다.

2. 「정보통신망법」

제44조의7 (불법정보의 유통금지 등) ① 누구든지 정보통신망을 통하여 다음 각 호의 어느 하나에 해당하는 정보를 유통하여서는 아니 된다.

1. 음란한 부호·문언·음향·화상 또는 영상을 배포·판매·임대하거나 공공연하게 전시하는 내용의 정보

3. 공포심이나 불안감을 유발하는 부호·문언·음향·화상 또는 영상을 반복적으로 상대방에게 도달하도록 하는 내용의 정보

제70조 (벌칙) ① 사람을 비방할 목적으로 정보통신망을 통하여 공공연하게 사실을 드러내어 다른 사람의 명예를 훼손한 자는 3년 이하의 징역 또는 3천만 원 이하의 벌금에 처한다.

② 사람을 비방할 목적으로 정보통신망을 통하여 공공연하게 거짓의 사실을 드러내어 다른 사람의 명예를 훼손한 자는 7년 이하의 징역, 10년 이하의 자격정지 또는 5천만 원 이하의 벌금에 처한다.

지은이

황덕현_ 32년 차 초등교사로, 2022년도 마지막 학교 이동을 기다리고 있다. 2003년부터 2019년까지 생활지도부장, 5~6학년 학년부장을 역임하였다. 학년 단위 생활교육 방안에 많은 관심이 있어 선생님에게 도움이 될 수 있는 자료를 개발하고 있다. 2019년 모범공무원상을 수상하였고, 한국청소년정책연구원 학교폭력예방 어울림 프로그램을 집필 및 강의하였다. 서울특별시교육청 학교폭력예방 및 사안처리 컨설팅 단원으로도 활동 중이다.

고영규_ 교육대학교 졸업 후 충청북도의 초등학교에 근무하며 학교폭력 및 인성생활 업무를 6년째 맡고 있다. 현재 한국교원대학교 초등교육과 대학원 박사과정 중으로, 교육부 교권보호 자료 집필진으로 참여하였다. 초등 커뮤니티 인디스쿨에서 학교폭력, 교권침해, 특이민원 사례를 소개하며 선생님들과 기초적인 대응방법을 상담하고 있다.

왕건환_ 고등학교 국어교사로 일명 '왕국어'라 불린다. 교육 커뮤니티 돌봄치유교실의 운영진으로, 이 책의 공저자들을 만나 함께 활동 중이다. 교육부 교권보호 자료 집필진으로 참여했으며, 교사노조연맹과 서울교사노동조합에서 교권보호 팀장으로서 어려움에 처한 선생님들을 상담하며 돕고 있다. 대표 저서로 《교사 119, 이럴 땐 이렇게》가 있다.

이상우_ 일반대 법학부를 졸업한 뒤 교대에 진학하여 늦깎이로 교직에 들어왔다. 교육대학원 상담 석사과정을 졸업했으며, 수년간 학교 현장에서 학교폭력 관련 업무를 맡으면서 다양한 학생과 학부모들을 만나고 상담했다. 현재 전교조 교권기획국장으로 전국의 교사들에게 도움을 주고 있다. 티처빌, 창비원격연수원 등에서 학부모 상담과 교권 관련 원격연수를 진행하였고, 초등 커뮤니티 인디스쿨에서 '사수기산'이란 닉네임으로 생활교육과 학부모 상담 글을 꾸준히 올리고 있다.

이영기_ 아이들이 좋아 교직에 몸담은 지 32년이 되었다. 아동에 대한 신뢰와 자발성, 민주적 공동체를 바탕으로 한 자유로운 교육이 아이들을 행복하게 할 수 있다는 확고한 믿음을 갖고 있다. 교대 졸업 후 미술(판화)을 전공, 꾸준한 작업으로 대한민국미술대전 및 국내외 판화 비엔날레에서 다수 입상했으며, 개인전도 6차례 개최하였다. 지금은 교장으로 근무하면서 교육공동체인 교사-학생-학부모-지역사회가 어떻게 하면 함께 행복한 교육 환경을 만들 수 있을까 궁리하며 지내고 있다.

홍경은_ 이화여자대학교 초등교육학과를 졸업하고 2005년부터 초등교사로 재직하고 있다. 연구부장을 맡은 지 3년째로, 학생들이 자기주도적인 생활습관을 갖는 데 도움을 줄 수 있는 달력을 개발하여 특허권을 출원 중이다. 또 학생들이 언텍트로 체험할 수 있는 안전 프로그램 '안전이 습관이'를 개발하는 데에도 힘을 실었다.

검토해 주신 분들

김한나(작가), 안현민(초등교사), 이나연(법무법인 공간 변호사), 전형배(중등교사), 정인옥(초등교사), 정지은(초등교사), 박종민(서울동부교육지원청 변호사), 서민수(경찰인재개발원 교수)